# 教育實習新論

賴清標　主編

謝寶梅　江志正　顏佩如　任慶儀
呂鍾卿　楊銀興　陳慧芬　賴清標
曾榮華　魏麗敏　侯世昌　溫子欣
游自達　合著

五南圖書出版公司 印行

# 主編序

　　實習是從理論學習過渡到實際工作的必要歷程。從事的工作愈是專業，實習的歷程就愈重要，實習的時間也愈長，例如醫護工作。教師工作攸關學生身心發展、品德陶冶和知識學習，重要性不言可喻；教育實習是引導師資生成為教師的關鍵，輕忽不得。

　　教育實習的進行當然以實際到學校參觀、見習、試教，並有一段時間的集中教學實習為主。但是在教育實習課程初始，乃至前述見習、試教、集中教學實習進行時，一本涵蓋教師工作各個層面的教育實習教科書，實有助於師資生全面關照教師工作，做好必要準備；並於畢業取得教職進入學校任教後，得以成為勝任的教師。

　　我自己早年畢業自臺中師專，後來回到母校任教，期間多年擔任教育實習課程，深感需要有一本兼具理論和實務，並能涵蓋教師工作各個層面的教育實習教科書，以發揮教育實習課程引導學生勝任教職的積極功能。然而由於教師工作涵蓋甚廣，要以一己之力撰寫教育實習教科書，實在力有未逮。幾經規劃，終於在民國86年時，得以邀請校內十餘位教師，各就自己專長主題撰寫，合作完成《教育實習》一書，頗覺欣慰。

　　此書出版後，採用者不少，幾乎年年再刷。期間在民國91年因應國民中小學九年一貫課程的實施，做過一次修訂。

　　歲月易逝，教育實習修訂迄今，已逾十年；這段期間國內教育措施頗多改變，教育法令更新不少，例如：師資培育學程從廣泛開設走向緊縮；禁止體罰正式列入《教育基本法》；國民中小學九年一貫課程有所修正；幼托整合已經實施；十二年國民基本教育更在爭議不斷中上路。。在此一時空背景下，編撰一本新的「教育實習」教科書實有必要。

　　於是在五南圖書出版公司的鼓勵下，自己不畏艱難，鼓足餘

勇，再度投入編撰教育實習一書的工作。由於自己曾在臺中教育大學（原臺中師專、臺中師範學院）任教多年，並曾任校長，得以順利邀集各具專長的同仁共襄盛舉；在組成作者群後，幾經討論，確立編寫的二大原則：1.納入最新的教育措施和法令，2.內容涵蓋國中部分，不以國小爲限。

　　自己一生從事教育工作，曾在小學任教五年；後來返回母校任教，並有幸擔任校長；民國95年校長任滿退休，轉任中臺科技大學教授；不意在99年底臺中縣市合併爲臺中市後，因緣際會出任教育局長兩年。累計超過40年的教育工作經驗，深深體會良師是教育成功的關鍵。希望這本集十餘位作者心力完成的《教育實習新論》一書，能對培育優秀師資眞正會有幫助。

賴清標

# 目　錄

主編序

謝寶梅

# 第一章

# 教育實習的基本認識

　　教育實習在引導師資生專業化的歷程中是不可缺少的要素，因爲教師的工作是一種專業，如同醫生、律師、建築師等職業，其入門的實習十分重要，有必要在準備教育的後段安排教育實習，培養教師必備的知能。教育實習需要結合師資培育大學、實習學校，以及相關單位的力量，建立良好的實習制度，俾能發揮培育師資最大的功能。本章的內容乃針對職前準備教育之教育實習介紹，全章分別就其實施方式及功能與目標、教育實習場所與活動、教育實習輔導單位與人員、教育實習評量等四部分說明。

##  壹　教育實習的實施形式及功能與目標

　　我國師資培育的教育實習，長久以來是區分爲兩個階段實施，第一階段安排在師資培育大學準備教育的專業課程中之一門課程，爲以教學實習爲主的實習。第二階段是修畢專業課程學分離開大學，進入學校進行爲期半年全時的教育實習。實習歷程提供師資生接觸教育實務及未來的工作對象和環境，對於教師知能養成有重要的意義。

### 一、教育學程的教學實習與半年教育實習

　　《師資培育法施行細則》規定培育師資之教育學程，含專業課程及半年的全時教育實習。根據民國102年6月17日發布的師資職前教育專業課程科目及學分對照表實施要點，中小學師資培育教育專業課程應修學分之中包含有教學實習，並要求各大學規劃各類科師資職前教育專業課程應包括實地學習，提供師資生於修習教育專業課程期間至高級中等以下學校及幼兒園參觀、見習、試教、實習、補救教學、課業輔導或服務學習，其時數規定中等學校至少54小時，國民小學至少72小時。教師養成教育的專業學程，實習課程僅設有兩個學分的教學實習，通常安排在學程的最後一學期，由於課程實施時間有限，因此，宜在教育專業學程的教育方法學課程中結合教學實務，方能讓師資生獲得足夠接觸和體驗教育實務的機會。

　　另外，各師培大學應根據教育部頒布之《師資培育法》及其施行細則，以及師資培育之大學辦理教育實習作業原則之規範，制訂半年教育

實習實施要點。師資生依個人狀況，可以申請8月起至翌年1月止，或2月起至7月止的實習。實習學生參與教育實習課程事項包括教學實習、導師（級務）實習、行政實習、研習活動。每名實習生在實習期間，大學將安排指導教師與實習學校的實習輔導教師共同督導。實習生應熟悉其修習教育學程大學之實施要點，依規定參與實習活動及在職責範圍內學習教育實務。

## 二、教育實習的功能

　　教育實習的主要功能是為了協助師資生體認教育工作，嘗試教師的角色，並經過臨床試驗教學，將教學理論與實務加以連結，從中累積教學的實務知識，逐漸能靈活運用教學方法和技術，及勝任輔導兒童的工作。此外，希望師資生從實習中體認優良教育工作人員的專業素養，而樂意奉獻教育工作，進而啟發研究教育問題的興趣，願意不斷追求專業成長。優秀教師不是天生的，他必須具備豐富的知識，並進而在教室中經過歷練，以建立教師的教育知能。所以，教育實習的歷程對於專業養成有重要的意義。以下分別就六項教育實習的功能加以說明：

### ㈠體認教育工作

　　師資生可能幻想教育工作的神聖而決定要成為教師，並且從過去在課堂上觀看教師教學多年的經驗，已經稍微認識教育工作，但是，因為這種學習並不是主動積極去體認，故而所得的認識很有限，甚至影響到後來的教學信念。早期曾以社會學的研究方法，深入研究教師這個行業的有名學者Lortie（1975）就曾提出這樣的看法。所以，藉著實習的經驗，師資生才能深入體會教育工作是怎麼一回事，以及瞭解教師角色的多樣性，並認真思考自己的志趣與能力是否合適擔任教師，或是調整面對未來從事教育工作的信念和心態。

### ㈡連結理論與實務

　　在師資培育大學修習教育專業課程，可以充實準備教師的理論基礎，但對於成為一位教師，還需要許多臨床實習的經驗，以驗證理論及學習如

何變通運用理論。依據理論而來的教學和輔導的技巧，必須在教學實務中試驗後修正，並經過反省思考，建構理論實務知識，才能成爲靈活教學的教師。

### ㈢運用教學方法和技術

教學的情境是不斷變化的，影響教學情境的因素又很多，師資生學習了教材與教法、兒童心理學、學習心理學、教學原理等專業課程，雖然有滿腹理論知識，面對複雜的教學情境，就未必能夠適切地判斷和採取適當的行動。因此，師資生必須在教室中試驗，並重複練習使用各項教學方法和技術，才能靈活運用課本所習得的教學法則，甚至能特別爲低成就的學生尋找補救的教導策略。

### ㈣累積教學的實務知識

教室、學校和社區的許多事物，是課本上無法學到的，必須要置身其中，才能有所接觸或有所見聞。譬如學校行政與人事的運作、教學資源如何獲得、學生問題背景的認識、社區與學校之關係、家長帶給教師的壓力、以及如何與家長溝通等，師資生或實習生必須在學校中，開始累積這些實務知識，學習如何融合教育理論，而發展出有效教學與輔導兒童的方法或策略。

### ㈤激發教育研究的興趣

教育工作必須因應時代的變遷而有所變革，二十一世紀的社會更需要優秀的教育人員教育下一代。所以，教育實習的功能不只是讓學生接觸和學習教學事務而已，本著培育優秀教師的理念，希望師資生具有靈活思考的能力，積極主動的發現教育的問題，瞭解問題的現象，才會進一步的思考如何解決問題，並樂於迎接教育的革新。

### ㈥體認教育人員的專業素養

教育是項專業，教師對於促進文化發展，培育下一代的健全人格，和維持國家社會的穩定和進步，有其不變的責任，又因爲時代的變遷，教師的責任會隨之變更擴張（林清江，1983）。因此，教師必須具備宏大的志

願與服務的精神，願意不斷追求新知，培養樂意犧牲奉獻的信念。這種專業素養無法光是閱讀書本上冠冕堂皇的主張，或是聽教育人員的大道理就可以體會的。理想的教育實習的措施，可以讓實習生親自接觸優秀的教育人員，產生認同學習的意義。

### 三、教育實習之養成知能目標

一位教師應具備的基本知能，就是教育實習的學習目標。教師的工作任務主要為教學、輔導學生、參與學校組織任務，因而其教育知能大致分為四大類：基本學科知識與教學能力、輔導能力、參與學校行政運作能力。然而這些能力並非短期可以建立，有賴長期養成。在有限的實習時間內，活動的安排只能在上述幾個大項下，在實際教學情境中讓實習生嘗試練習或接觸認識。整體而言，教育實習希望實習生能夠在以下三個層面的知能有所進展：

(一)**教學環境與對象的接觸學習**

1. 認識教學環境。
2. 認識與瞭解教學對象。
3. 體認教師的工作角色與職責。

(二)**教學與相關工作方面的學習**

1. 計畫教學。
2. 運用教學方法與技術。
3. 分析兒童的問題以及輔導兒童。
4. 處理級務與教學相關的學校行政業務。

(三)**專業態度與思考研究能力方面的學習**

1. 發展教育理念。
2. 建立反省批判思考的能力。
3. 建立良好的人際關係以及合作的態度。
4. 思考教育問題以及建立問題解決的能力。
5. 發展教育研究的興趣和能力。

## 貳　教育實習活動與場所

　　師資生接受準備教育階段，為了符合學習原理，實習過程是採漸進的方式進行。根據接觸和參與教學實務程度的深淺，分學校和其他教育機構的參觀、優秀教師教學觀察學習，以及必須在學校實施的見習及試教等三個層次的學習活動。此外，在半年實習期，還會安排接觸和嘗試級務及學校行政工作。並不是所有的教育實習活動都在實習學校或其他教育機構實施，有部分實習活動是在大學內由指導教師帶領之下進行。以下分別就參觀學校或教育機構、大學教室實施的實習活動、學校教學觀察見習與試教，以及級務與行政實習等實習活動，介紹實習活動的意義、安排、實施方式、準備事項，及作業要求等。

### 一、學校或教育機構參觀

#### ㈠參觀的意義

　　教育實習最基本的活動之一便是觀察，目的在認識學校現場和教師的工作性質。凡是準備進入或剛進入教育學程的學生，在正式實習之前應提供機會參觀學校，經由引導和介紹，認識學校的組織、環境、和職責任務，以及對未來的教學對象有所瞭解。有研究（Scruggs & Mastropieri, 1993）指出實習之前具備有一些經驗者，會比沒有經驗者有較好的實習表現，因此，該安排機會讓師資生接觸認識未來教學對象與環境措施，可以增進後階段的職前準備教育的學習效果。參觀活動通常為安排一般性質和較廣泛的學校事務，像認識學校的校園環境、行政措施、教師教學的大致情形、學生的作息等。在學校參觀之外，亦可視需要安排教育行政機構及社教機構，以瞭解國家的整體教育措施。由於參觀學習較為花費時間，可以利用媒體補實際參觀學校或機構多樣性之不足。

#### ㈡參觀活動的計畫與準備

　　所有的參觀活動都應事先詳細規劃，其主要的理由有二，首先是因為教學的工作牽涉複雜的事項，活動前的安排與準備，可以讓實習生系統

而有效地學習。其二，這項學習活動是在國小或社教單位實地學習，必須有行政協調和處理的準備工作。所以，各實習指導教師在師培中心召集和協調之下，經過多次的會議決定參觀事宜，將之列入實習計畫中按進度實施。另外，最能提供實習生學習效果的參觀前準備工作，是指導教師要和實習生事先列舉和討論參觀事項，也就是提供實習生學習的焦點，避免實習生個別依據自己的興趣意向參觀，如同「盲人摸象」，各有不同的體會和想像。實習指導教師要事先和實習生溝通參觀目的或學習目標，以掌握參觀學習的焦點。

### ㈢觀察的注意事項

為了尊重接受參觀的學校，應儘量減少對學校的干擾。實習生要遵守規定，例如適當的衣著、準時到達、表現適切的禮貌、集合和隊伍行進方式等。在參觀場所內，則要注意如何不干擾到辦公室工作和教室的學習活動，如何對引導參觀或解說的人員表示尊敬和謝意，以及如何提問題的態度和技巧等。

### ㈣參觀前後的座談會與檢討會

正式的參觀活動，參觀之前最好安排簡單的引導說明，但是，偶爾會因為時間不足而省略。參觀後的座談會是必須要舉辦的，討論參觀的事項和交換意見心得，其目的是讓參觀者有更深入的學習。座談會中，接受參觀的學校將說明學校的措施和教育理念，被參觀活動或場所的負責人也會針對業務或教學說明，參觀者也藉這個機會提出問題。為了能充分且深入的探討參觀所得，回到大學的教室會再進行討論活動，以激發學生思考，並讓實習生互相交換意見和分享心得。

### ㈤參觀記錄

參觀活動之後需要寫記錄，這是實習生被規定的作業之一。透過記錄的寫作，能夠對教育問題產生省思，擴充教育理念或反省原來的信念。這項文字資料便是實習生專業成長的一份實際記錄。如何記錄乃視各校的規定以及實習指導教師的要求而定。記錄表格統一由師培中心設計印製，

針對不同的參觀內容，經過分析之後，列舉參觀事項製成表格，方便裝訂定成冊。實習生在參觀之前，應予以引導如何有效的參觀與觀察。由於目前的教育專業課程的教學實習僅有二學分，實習生的學習應以教學為主。附錄表一「教師示範教學觀察心得記錄表」是整體性的教學參觀心得記錄表。指導教師亦可自行視實際參觀活動的實施情形設計活動單，引導實習生在參與活動之後思考及寫作。

## 二、大學教室實施的實習活動

教育實習或教學實習以在實習學校進行為主，另有實習前後的準備和檢討或研討活動，必須在師資培育大學的課堂上進行。此外，為了加強及補足實習學校實習的功能，在大學的教室可進行許多學習活動，以下僅就微型教學、利用教學錄影帶觀察教學、模擬情境的討論教學、行動研究等學習活動加以說明：

### ㈠微型教學的實施

微型教學（micro-teaching）是由Allen及其同仁在史丹福大學所發展的一項技術（Allen & Kevin, 1969; Perrott, 1977）。這種教學設計的主要目的是在進入學校實習之前，提供師資生一項教學練習的機會，系統地訓練特定的教學活動與技巧．經過此項練習活動，才能允許在真正的教室實習教學，可說是正式實習教學之前的必備條件或要求。在歐洲國家及其他地區國家也有實施成效的報告（Ismail, 2011; Kilic, 2010; Klinzing, Hanz-Gerherd & Floden, 1991）。微型教學的意義是將正式班級的教學微縮成部分的教學，在實驗的情境中，以四到七個成員為小組，教學的時間是一小段的，大約5到20分鐘，演練者需要表現出預定的教學技能。

過去不少研究（如李園會，1987; Borich, 2006; Good, Biddle, & Brophy, 1975; Laut, Keller, & Rauschenbach, 1992; Porter & Brophy, 1988; Stallings, 1976; Richardson, 2001）列出能提高學習成就的重要教學技巧，微型教學即可將這些技巧作為實習生演練的項目。這些技巧如：集中學生注意力、引起學習動機、提供前導組織、陳述教學目標、講述技巧、走動、擅用停

頓、活動轉換、表達期望、語言與非語言行為、運用不同層次的發問技巧、舉例講解、安排多樣的刺激、重複重要學習內容、適當的結束、回饋……等。

參與的實習生需要預先準備，將待練習技巧的教學計畫與指導教師討論過。演練者表現的每項教學技巧都有標準可以評量，而其標準則是根據有效教學的研究結果為基礎。指導教師在運用這樣的教學練習時，須列舉和介紹各項教學技能及其預期表現之標準，讓演練者有努力的目標。若將實習生演練的過程攝錄下來，教學之後，小組成員與指導教師共同觀看與分析錄影帶，提供教學者回饋，學習的效果會更好。如果時間許可，微型教學應以「計畫─教學─回饋─再計畫─再教學─再回饋」的循環實施，效果方顯見，並落實師資生的教學能力評量。

### (二)利用教學錄影帶觀察教學

觀察優秀教師的教學是實習階段重要的一項學習，但是前往學校觀察教學，不僅勞師動眾，帶給學校接待的負擔；又因觀察教學時間限於一或兩節，並且多數人集中在一個教室觀看，而觀看後的討論時間十分有限，因此效果不大。所以，除了這種教學參觀或觀察之外，應該在大學教室裡，充分的利用教學錄影帶進行教學分析與討論。目前已有許多教學錄影片，可供這種學習使用。建議實習指導教師帶領實習生運用各種網路資源，觀察優秀教師教學影片，在討論教學過程中，可以隨時停頓，和重複播放某個片段，做刺激回憶的思考活動，深入的探討不同的處理方法，培養批判和反省思考的能力。

### (三)模擬情境的案例討論教學

前述微型教學是將實際的教學情境，縮小規模在實驗情境中進行。而模擬情境（simulation）的案例教學已經廣泛使用在專業人員養成教育。其應用在實習活動，是讓師資生能設身處地的思慮未來可能遭遇到的問題，就問題情境和相關因素共同討論，並提出解決問題的對策，例如負責的班級有一位融合教育的學生該如何安排教學、學生偷竊事件如何處理、家長抗議不公平要如何溝通等問題。大學的指導教師可以從學校蒐集這些

真實的問題案例，亦可以蒐集初任教師親身遭遇到的事件，作為討論的主題。教學實施的方式，就像法律系的學生討論實際案例和扮演法庭上的角色一樣。因為這些問題是真實發生過的，很能吸引學生熱烈參與探討。透過模擬情境的問題討論，能夠培養師資生積極面對問題的態度以及解決問題的策略。

### ㈣ 行動研究的進行

為了培養學生對教學相關的問題有更深入的思考與分析能力，多年前即有一些學者（Bercik, 1991; Liston & Zeichner, 1990; Wedman et al., 1985; Wright & Kasten, 1992; Zelazek & Lamson, 1992; Chant, Heafner, Bennett, 2004） 建議要求實習生進行行動研究。行動研究能夠讓實習生獲得更多有關於課程、教學行為、教室管理、以及學生方面的理論和法則，和實務運用及解決問題的知識。行動研究的進行，實習生自己必須設計研究計畫，針對某項特定的策略，從執行到結果進行分析。此一研究過程，能幫助實習生將此經驗運用到其他的教育歷程上，願意主動的去嘗試新的技巧或策略。

因為行動研究需要執行者具備有基本的知識，並且要投入較多的時間，大四教學實習的課程實施，無法要求實習生嘗試行動研究，半年實習期間即可將行動研究列為專業學習活動，要求學生當成作業完成。如果實習班級的輔導教師具備這種研究能力，就可以合作研究的方式進行，兩者均可從中得到專業成長。指導教師可視學生和輔導教師的能力等條件而決定是否採行。

## 三、學校教學觀察見習與試教及級務與行政實習

師資培育大學為提供師資生實務學習的場所，遴選供教育實習之高級中等以下學校及幼兒園、特殊教育學校（班）作為教育實習機構。實習指導教師接受大學之師培中心行政支援，安排實習生參觀與教學實習，並建議選擇和申請半年實習的學校。教育實習機構通常是辦學績效良好的學校，若是與大學簽定為專業發展學校，則更為理想。在實習機構的實習活

動說明如下：

### (一)教學觀察

#### 1. 觀察的意義

觀察是人類主要的學習方式，實習的觀察是較深入的、有主題的學習活動，同常以教學觀察為主，有目的且系統有計畫地選擇記錄的學習活動，例如教師的教學方法或技術、師生互動或同儕互動，以及教室管理技巧的運用等。由各校教育專業學程的實習指導教師安排這項活動外，亦可在正式實習展開之前，結合各教育專業課程的教學實施，如初（中）等教育、發展心理學、教學原理、輔導原理與實務、班級經營等學科。在實習課程中進行的觀察學習，因時間有限，應以學習教學為主要目的，其他的課程如觀察個別兒童輔導或是學校文化等，應該結合其他課程配合實施。

#### 2. 觀察活動的實施

因為觀察活動的目的是對教學因素深入瞭解和驗證理論，需要較長的時間進行，一般的參觀活動並不能夠達成此項學習目標。此外，因為觀察教學會帶給受觀察的教師很大的壓力，並不容易獲得學校同意，所以很難有機會針對某一教學因素深入觀察。較實際的做法是配合見習活動，實習生根據指導教師的要求，依照計畫進行觀察活動，如此安排便能夠在自然的情境中得到觀察學習的機會。

#### 3. 觀察的準備

觀察學習雖然與以研究為目的所進行的觀察不一樣，不需要具備嚴謹的觀察程序和技巧，但實習生仍應預先瞭解觀察的方法和要領，並對觀察事項有較廣泛而深入的認識，才能瞭解觀察事件的意義。因為主要的觀察事項是教學因素，觀察者必須知道什麼是有效教學，才能體會教師運用教學技巧的用意，也才有學習意義。實習生的觀察準備工作包括：

#### (1)確定觀察目的和觀察事項

教學觀察的學習活動，目的是要深入瞭解教學因素對教學效果的影響。為了提升觀察學習的效果，在時間充裕的條件之下，讓學生的觀察焦點定在某個層面，例如：教室環境層面、可以觀察學生座位的安排、室溫

及燈光、班級布置、學生流動空間及路線、教室內外美化綠化等問題。又如教師的教學方法和技巧層面，例如教師對待學生的態度取向、教師解說教材的技巧、發問的技巧、學生之間的互動和合作、教師引起動機的內容與新教材的關聯性等。總之，有關教學過程的因素，教師的物理環境、教師的教學方法和技巧、教室常規等，均可分別依據其效標列舉爲觀察細目。

**(2)蒐集和閱讀相關資料並深入研討**

前面所舉觀察事項之例子，如教師發問技巧及其影響；學生不專注行爲的定義，以及常發生不專注行爲有哪些；又什麼是合作態度和行爲，教師主導的合作和學生自發的合作之辨識等。實習生需要在觀察前閱讀指定資料，或經過實習指導教師選定主題的講授和研討之後，最有助於觀察學習。

**(3)選擇觀察對象、場地及時間**

經由大學指導教師的安排，以及實習生自行依據專業發展需要規劃，可以擇定觀察事項和對象，並配合著學習機會進行觀察。例如：在試教之前的見習，爲了瞭解可能影響試教順暢進行的障礙，可以先鎖定上課不專心兒童爲觀察對象進行觀察。此外，在試教期間，則可擇定教師的教學方法和技巧進行觀察。

**(4)確定要如何進行觀察**

學習性質的觀察，一般採取不受時間限制的自然觀察爲主，並且可視觀察者的能力同時觀察一個以上事項，意即不必排除目標行爲以外有意義的學習事件。

**4. 觀察記錄與資料分析**

寫觀察記錄是一件繁重的工作，原則上儘量針對教學過程有意義的教學活動和學生的學習和表現行爲，不遺漏地做觀察筆記，再於事後整理資料，並標記觀察事件，然後做登記和分析的工作。例如將教師所有的發問問題以及學生的反應予以詳實記錄，事後分析其問題類型，並比較不同類型的問題和學生的反應情形。又如將學生不專心上課的時間、地點、行爲型態、發生當時的刺激源，以及如何發生的事件內容加以記錄，意即要掌

握何時、何地、什麼、為什麼及如何等五個W，於結束觀察後，分析其意義。為了方便記錄，亦可將計畫觀察的事項做成結構性的觀察記錄表，在觀察的時候登記觀察發現，然而，這種學習對學習教學者而言，較無法深入的分析其實質意義。因此，建議實習生將自然發生的事件做原始而完整的記錄，再於事後分析，並於研討會時和指導教師及同學共同研討。

### (二)半參與學習的見習

教學實習及級務實習，應以循序漸進為原則。半年教育實習的開學後第一週至第三週以見習為主。見習的意義及實施說明如下：

#### 1. 見習的意義

見習的意義含有部分參與的性質，參與的程度端看指導教師的要求而定。參觀和觀察的活動是以旁觀的立場，學習教學工作事務，見習則是半參與的學習活動，在班級輔導教師督導之下，協助處理教學工作的事務。見習活動是實習生在學校花較長的時間觀察和參與實作，從認識學校系統的運作、班級日常作息、教師級務處理工作、熟習學童等，進而擔任教師助理，嘗試協助教師指定的工作。如：協助準備教學資料、布置教學情境、共同帶領教室外的教學活動、負責小組學習或討論活動、批改考卷和作業及其他級務處理。除了教學見習之外，亦可商請學校行政人員提供行政見習的機會。見習的意義，是實際接觸教學和級務處理的工作，能夠獲得真實的經驗，展現自己的能力。這項學習活動自然比參觀和觀察層次的學習更具效果，開始從經驗中建立教學技巧和處理級務的能力。

#### 2. 見習的實施

見習的實施有兩種型態，一種是列入實習計畫正式安排的活動項目、實習生在既定的時間內進行。這種見習活動主要是排定在正式試教之前的學習活動，讓實習生熟悉即將試教班級的狀況，與班級的輔導教師請教試教的各事項，熟悉其教學例行工作方式，評量學生作業的一貫作法與標準，以避免在往後的試教與處理級務的方式與該班教師有太大差距。另一種見習是長期的，用部分時間的方式跟隨優秀的級任教師學習。這種見習活動是由指導教師各自規定，自大三開始，實習生自行接洽見習學校班級

和時間，利用平常沒有課的時間，或是寒暑假未結束，而學校已開學之際的第一、二週到學校見習，擔任教師的助理，處理級務和協助教學事務。

由於見習的活動是讓實習生嘗試參與工作，所以不宜讓數位實習生集中到某班級中，原則上一個班級一人，最多不得超過兩個人，才有充分的學習機會。爲了加強這種實習生自行接洽的見習活動之效果，大學的指導教師應該有整體而詳細的規劃，並由實習輔導單位統一編印見習手冊，其中列有各項需要完成的見習事項、時數、目標、實習生的角色及其他需知等。如此就可以明確的讓實習生有所遵循，國小的指導教師也可據以安排工作給予實習，並方便檢核見習成果。實習活動進行完畢，由班級的指導教師在實習手冊上認證。

### 3. 研討會

由於見習的班級是分散的，所以輔導教師與見習生的檢討活動是個別的、機動的隨時進行，這種指導是針對發現的問題而研討，有最直接的學習效果。完成一個階段的見習，回到大學的班上，實習生彼此分享經驗，共同和指導教授研討見習所發現的問題，這種研討是實習生分析問題及反省思考的機會，能夠擴充教育理念，並面對自己準備教育工作的抉擇，進而調整本身專業發展的方向。

### 4. 見習日誌撰寫

見習日誌是專業成長的記錄，實習生將每日見習參與工作的情形、發現問題的現象和思考做記錄，大學指導教師能夠據以評量實習生見習時候投入學習的程度。日誌是每日記載的工作，所以可用固定的簿本記錄，或以表格用電腦輸入，結束實習後列印裝訂成冊，作爲檔案資料。

## 三教學實習（試教）

繼見習之後爲試教活動，即所謂的教學實習。在這個階段，亦應逐步地讓實習生試教一些科目單元的部分教學，接著才讓他們較獨立的負擔完整的單元或一課的教學。教學實習是指經過事先安排，實習生的教學計畫須經過審閱和指導，在有人監督的情況之下進行教學。在這個時段，爲了賦予實習生較受學生尊敬的地位，學校可以稱呼他們實習教師。實習教師如何得到完整的教學實習經驗，以下分項說明其實施過程：

### 1. 試教的安排

在班級中跟隨輔導教師學習，並接受觀察與指導之下進行試教，這是實習生獲得最直接經驗的方式。試教的目的是讓實習生有機會將所學運用到實際的工作上面，嘗試將個人理念在教室中試驗，學習組織教材、採用教學方法和技術，體驗互動情境中教學的複雜性，學習變通運用之道，並認識學生差異性與個別需求，同時也鼓勵實習生不斷的反省與調整自己的教學。

以往的教學實習，大多由實習生負責實習班級的所有教學和級務工作，原班的輔導教師及科任教師擔任觀察指導的角色，這種學習方式，實習生沒有充分的時間準備教學，更無法深入地檢討教學得失而從中吸取經驗。為了顧及實習生的負擔和充分學習的意義，不宜完全包下班級的教學活動，理想的安排是讓他們在第一週擔任兩個科目完整單元的試教，第二週再嘗試另兩個科目，依此安排，並可隔單元巡迴擔任各科的教學。沒有擔任教學的時間，便由原班的輔導教師或由科任教師示範教學，或協商到別班觀察優秀教師的教學，實習者成為觀察學習的角色，如此可以得到較多的學習。

### 2. 教學計畫

試教過程中，首要之務是做教學計畫。擬定計畫在教學前應該經過指導教師審閱，提供可行的建議：如計畫會不會太過理想抑或沒有把握教學目標？教學資源的取得有無問題？如何擬定教學計畫和使用教學方法，請參考本書的相關章節。在教學實習最初階段，每次教學前二、三日應將教學計畫和輔導教師詳細討論請教，以確定進行教學的細節，教學準備經過討論，教學後的檢討就能得到較多的教學方法或技術的專業成長。

### 3. 試教的準備

教育實習對大多數的實習生而言，是一個重要的磨鍊，因為這個階段的實習，開始面對學生，個人表現的好壞，直接影響到試教對象。實習生應具有責任感，充分做好準備工作，從教學實習中瞭解自己的教育準備以及從事教育工作的潛能如何。以下列舉的事項，提供實習生準備試教之參考：

- 填妥自己的基本資料，包括姓名、性別、大學年級別、主修、副修、專長、聯絡電話和地址等。在初次接觸實習班級的時候交給輔導教師。
- 準備一份自我介紹的講詞，以應輔導教師的要求對班上學生自我介紹。
- 保持虛心的學習態度，敏銳體察指導教師和輔導教師的期望和要求。
- 與所有接觸的人保持良好的禮貌及友善關係。
- 儘速認識試教的學生。
- 熟悉學校的教學資源，如圖書及電腦網路設備等，在教學前確認可借得到或正常運作，並預備替代的教學活動方案。
- 準時參加實習活動和各項會議，以及按時完成交辦事項。
- 保持良好的體力精神以應付緊張的教學實習，以充滿活力和熱誠的態度面對學生和工作。
- 穿著打扮適當，表現有精神；表現愉悅和堅定的態度。
- 因特殊的意外狀況未克到實習班級，應及早通知輔導教師和指導教師。

### 4. 接受觀察與評量

進行試教時，需要接受觀察，以獲得改進意見。觀察的型式有二，一為正式的團隊觀察，一為非正式的觀察。理想的正式觀察是由大學的指導教師、班級的輔導老師、另一位資深教師，以及在同班級的實習生共同觀察。但是後面兩個成員可以視情況而定，一般學校未必能支援其他教師共同觀察；又如果班級只有一位實習生，就不會有同儕參與觀察。讓同儕觀察的用意是同學之間可以彼此學習，即使觀察到的是缺失，也可從檢討會中，得到較佳做法的指導。正式的觀察次數，要視大學教師所指導學生人數而定，在實習期間每位學生至少要安排一次的正式觀察，主要的目的是評量和指導。正式的觀察活動，要有觀察前的討論活動，實習生應備妥教學計畫，向觀察人員說明教學流程、活動內容，以及要表現的重點技巧；指導者應視情況提供意見，使教學計畫更有學習意義。至於非正式的觀

察，是由班級輔導教師在實習期間隨時進行觀察。

### 5. 檢討會

教學觀察之後有檢討會，由實習生提出他在整個教學進行中的發展、思考與行動，以及自己分析成功和失敗之處。再由指導教師和班級的輔導教師分別提出意見或指導方向。檢討會是針對教學中各事件做具體的討論，應兼顧理論與實際，才能給實習生較大的指導。至於非正式的觀察，則由班級的輔導教師隨時觀察實習生的教學，並於當日之內提供回饋。

### 6. 研討會

研討會是由大學的指導教師負責規劃和主持的討論活動，研討的目的是促進實習生思考教育問題。在集中實習期間，指導教師召集其負責指導的全體學生，每週應聚會至少一次。研討的場所可在實習的學校或是大學的教室，研討時間應選在不影響學校實習的時段爲佳。

教學檢討會是針對教學觀察的結果做較具體的討論，研討會則是對實習期間遭遇到的各項問題，從教育哲學、歷史、社會學、文化等角度做較廣泛的探討，促使實習生思考影響教學的因素，體認學校行政體系的問題，亦可激發他們檢視自己的教育理念和學養，面對自己從事教育工作的意願和態度。此外，研討會還有一項重要的功能，就是讓實習生抒解實習期間的壓力，理解到絕大多數實習生均會經歷到困難，避免因挫折感而自我懷疑從事教職的能力。

### 7. 教學（實習）日誌撰寫

在實習期間寫實習日誌是必要的。日誌的敘寫，主要是鼓勵準教師自我思考在實習過程中接觸到的問題，如教學方法、教材選擇和呈現、學生反應、班級管理、與學生互動、學校行政、人際相處、家長的問題等事宜。實習生每次進行觀察（或參觀）、見習和試教的活動之後，都應該撰寫實習日誌。雖然集中試教期間，準備教材較爲忙碌，每天要撰寫實習日誌，對實習生而言，是一項負擔，但是這項寫作有其重要意義，透過日誌寫作，養成自我分析的習慣，如同教學檢討會的功能，可以促進批判和反省思考的能力。爲了落實這項自我反省與記錄的工作，安排教學和級務實習的負擔就要適當，寧可減少實習事項的份量，而要求每一樣實習工作都

要經過充分的檢討，提供回饋以及自我反省的機會，才能真正獲得專業成長。指導教師在要求實習生進行寫作活動之際，不妨列舉一些思考項目，甚至應該提供寫作的範例作為參考，日記的記載才不致流於形式化。

### ㈣級務和行政實習

教師的工作是複雜多樣的性質，除了教學之外，還要負擔教室內所有的事務之經營工作，並隨時要配合教室外的各單位行政層級所推動之活動事項。一位級任教師所處理的班級事務與學生學習及輔導活動密切相關，是他人無法代勞的事項。因此，實習生應該在學校集中實習階段和後來的半年實習期間，以見習的方式半參與學習級務工作，在成為正式教師之前，熟悉這些事務的處理原則及技巧。

目前教育部訂定的教育專業學程中的實習是「教學實習」，由於學分數限制，實習時數減少，各師資培育大學以教學的練習為主要的實習活動，因此實習重點應以學習教學和以教學相關的級務處理為主。為避免因實習影響到學校的正常運作，行政實習採用變通的做法，以行政業務報告方式，讓實習生短短的半天時間，認識學校各行政單位職責與業務，此外，教學實習期間，有機會直接或間接的接觸上放學路隊的導護、升降旗的進行、整潔及秩序的檢查和評鑑，以及學校運動會的策劃及實施等行政運作。

行政事務的參與學習可留待半年教育實習階段實施。半年實習期間，教學實習占45%、導師（級務）實習占30%、行政實習占15%、研習活動占10%為原則。本書另有章節介紹小學班級級務及學校行政工作，請讀者參閱，本章不贅述。

以上的所有實習活動的安排，應考慮一個重要的原則，就是逐步安排學習活動，逐漸增加實習生的實習負擔，以增進實習生的實務能力。表1-1為實施階段、實習活動、場所、負責指導人員及養成知能一覽表。

表1-1　漸進式的實習實施階段、活動安排、指導人員、場所及養成知能表

| 實施階段 | 活動方式 | 指導人員 | 場所 | 養成知能 | 備註 |
|---|---|---|---|---|---|
| 進入教育專業學程前或最初試探 | 參觀觀察 | 大學教師 | 實習學校 | 認識教學環境、對象、工作事項與職責 | |
| | 日誌撰寫 | 大學教師 | | 發展教育理念 | |
| | 討論會 | 大學教師及實習學校人員 | 大學或實習學校 | 發展教育理念及知能 | |
| 大四教學實習 | 微型教學 | 大學教師 | 大學教室 | 教學技巧 | 結合專業課程實施 |
| | 模擬情境討論 | 大學教師 | 大學教室 | 體認教育問題、建立批判思考及問題解決能力 | |
| | 參觀學校教學及行政措施臨場／錄影帶觀察教學 | 學校行政主管班級輔導教師大學教師 | 實習學校大學教室 | 學校制度與措施教學方法及技術 | |
| | 見習 | 班級輔導教師 | 實習學校 | 行政／級務／教學工作的認識及見習 | 見習中可以擔任教師助理，並嘗試一或兩節課之教學 |
| | 日誌撰寫 | 大學教師 | | 建立反省思考能力及教育理念 | |
| | 檢討會 | 班級輔導教師 | 實習學校 | 教學方法及技術、兒童輔導、級務處理等能力 | |
| | 研討會 | 大學教師 | 實習學校大學教室 | 發展教育理念及批判反省思考能力 | |
| 半年教育實習 | 觀察 | 班級輔導老師 | 實習學校 | 教學方法和技術及輔導兒童 | 除實習計畫排定之觀察外，可以結合見習活動主題取向的深入觀察 |
| | 見習 | 班級輔導教師及行政人員 | 實習學校 | 認識試教對象、工作性質；建立教學知能及合作態度和方法 | 從部分參與級務處理到負擔大部分級務 |

**表1-1（續）**

| 實施階段 | 活動方式 | 指導人員 | 場所 | 養成知能 | 備註 |
|---|---|---|---|---|---|
| 半年教育實習 | 臨場試教及每日檢討會 | 班級輔導教師 | 實習學校 | 教學計畫與教學能力 | 分階段進行 |
| | 行政工作實習 | 行政人員 | 實習學校 | 級務處理能力及學校行政事務認識 | 實習時間不充裕，應以級務相關之行政事務為主，其他學校行政事務實作可視情況安排 |
| | 行動研究 | 大學教師 | 實習學校 | 發展問題解決能力 | 考慮可行性，可與班級輔導教師合作進行 |
| | 研討會 | 大學教師 | 實習學校大學教室 | 發展教育理念 | |

註：本表實習活動及培養專業知能為舉例，實習指（輔）導教師應自行參酌增減調整。

 **教育實習輔導單位與人員**

　　在實習期間，與實習生密切相關的單位是師資培育大學設置的師培中心，而參與指導的人員主要有大學的指導教師和學校實習班級的輔導教師，實習生應對輔導單位及教師的職責和角色有所認識，以尋求需要的支援。在相關法規界定師資生在實習期間都仍是學生身分，然而半年實習期間，學校一致的稱呼其為實習教師。

## 一、教育實習輔導單位的職責

　　根據《師資培育法》的規定，師資培育大學應設師培中心，負責實習及就業輔導等任務。教育實習指導單位的職責主要有：與地區的學校、行政機關、以及相關教育人員發展和建立良好關係，擬定教育實習政策及實施，蒐集和保存實習資料，和教育實習評鑑等措施。至於直接與實習生的

實習活動相關的工作，大致有以下七項：

### (一)訂定大學教育實習實施要點及教育實習計畫

依據教育部規定，師資培育大學需訂定教育實習實施要點，作為大學制定實習制度的準則。另外，師培中心固定每學年（期）開學之前的例行事務，為擬定實習計畫，並在學期之初召集實習指導教師及相關人員，溝通實習相關事宜。計畫中列有實習目的、實習班級、指導教師、實習活動時間表、評量等事項，各大學可編製實習手冊，提供實習生及輔導人員更多訊息。

### (二)安排實習指導教師

師資培育大學實習指導教師的安排，宜具有中小學或其他教育機構一年以上之教學經驗，負責指導學生擬定實習計畫、到校輔導、觀察教學演示、主持返校座談、評閱作業及報告和實習檔案等，並負責溝通協調實習生與大學及教育實習機構間的意見，反應教育實習實施所發現的問題，並促進各項實習措施的改革。

### (三)實習學校的接洽與建立合約

1. 實習指導教師輔導實習生決定實習學校，以下條件可作參考：

(1)有優秀的行政人員和教師。

(2)軟硬體設備良好，並能提供充分教育實習環境。

(3)辦學績優學校。

(4)有強烈的合作意願。

(5)學校人事和諧。

(6)各項制度推行容易。

(7)交通便捷。

2. 建立合約

除了大學附設實驗學校有義務提供實習之外，其他學校與師資培育大學之間只是合作關係。因此，需要簽訂提供實習的約定，配合師資培育大學的實施計畫，列入學校行事曆實施。有實習教師的學校，就如同教學

醫院一樣，其辦學績效得到社會及行政主管機關的肯定，學校教師應積極支持鼓勵學校接納師資生到校實習，實習生將帶給實習學校追求進步的刺激，而輔導教師則會得到指導後進的精神回饋。

### ㈣遴選優秀教師擔任輔導實習教師的職責

學校的實習輔導教師是實習生很好學習和認同的角色對象，其地位應該受到肯定與尊敬，教育行政主管機關及師資培育大學應給予「臨床輔導教師」的榮譽職稱。建議學校在指派輔導教師的時候，應考慮如下專業素養和能力（謝寶梅，2006）：

1. 在學校中有受肯定的表現。
2. 有積極熱愛工作的專業態度。
3. 有良好的溝通能力。
4. 有良好的教室管理與有效教學的技巧。
5. 知道如何靈活運用教學方法教課程內容。
6. 與同事有良好關係。
7. 能敏銳察覺問題並有問題解決的技巧。
8. 能妥善規劃及善用時間。
9. 能瞭解實習生的工作困難。
10. 有熱忱願意助人的態度。
11. 有繼續追求新知的意願。
12. 能適度的表現權威。
13. 對學校行政體系與運作有清楚的認識。

### ㈤安排輔導教師的講習會

為了讓參與輔導實習生的人員對指導工作有充分的認識，師培中心應該辦理講習會，增進輔導教師的指導能力。講習會的辦理，可以利用週三教師進修時間系統的安排研習，亦可利用假期密集的安排研習課程。講習的內容可以包括：實習生的工作困擾、教師專業成長之介紹、實習生的指導原則、教學輔導理論與實務、觀察技巧、有效教學的理念、成人發展與學習特質、溝通技巧、重要的教學新知等。

### ㈥安置實習教師

實習生見習以及試教的班級，要選擇什麼年級的班級？一個班級安置幾位實習生？是由實習輔導單位以及負責規劃實習課程之責的指導教師共同決定。大四的教學實習，由於活動時間有限，班級最多不宜超過兩位學生，實習生彼此作伴降低焦慮，還可以一起備課，成為同儕互評的諍友關係。至於半年教育實習期間，則按規定一個班級以一人為原則，但可以安排他們到不同年段的班級，觀察優秀的教師教學，並瞭解不同階段學生的發展特質。

### ㈦提供教學實習的資源

在實習期間，實習生需要用到許多教學資源，例如教學準備所要參考的書籍資料，以及在製作教具所需要用到的材料等。其中，教科書和教師手冊是實習輔導單位應該統籌蒐集或購買的，若能設置教學資源中心，將更符合理想，能提供職前準備教育更有效的教學資源。

## 二、教育實習指導人員的職責

負責教育實習指導的人員主要有兩位，一位是師資培育大學所安排的指導教師，另一位則是實習學校班級的輔導教師。班級的輔導教師可以提供實務方面的直接指導，實習生可以即學即用。因此，實習生在實習學校實習之指導責任，應以輔導教師為主，加強輔導教師的指導功能是最能提高實習效果的做法。由於大學的指導教師仍有其他職務和課程負擔，不能夠經常到實習學校深入指導每一位實習生，因此，其角色除了規劃良好的實習課程以引導實習生專業化之外，在國小實習期間，還應該扮演著連結理論與實務的角色，並擔任與輔導教師及其他行政人員溝通實習事務之責，建議和溝通整體實習輔導方向，畢竟教育實習仍是大學應該主導的學習活動。

實習生應該瞭解不同的指導人員有不同的角色與職責，才能對指導人員有合理的期望，大學校院的指導教師和學校班級的輔導教師在指導實習教師所應負擔的主要職責分別如下：

## (一)師資培育院校的指導教師

1. 規劃教育實習課程。

2. 指導在大學校內進行的實習活動。

3. 聯絡實習學校，分配實習生到各班級。

4. 與學校建立和維持良好的關係，帶動合作的熱誠，讓學校能夠多提供實習生學習機會。

5. 與班級的輔導教師充分溝通實習事項、實習生特質、指導原則。

6. 設計和提供評量工具，並與校長、行政人員、班級輔導教師溝通評量事項與標準。

7. 解決實習期間發生的各項問題。

8. 主動關心實習生並擔任諮詢的角色。

9. 主持研討會。

10.觀察實習生試教並參加檢討會。

11.負責最後的總結評量。

12.提供輔導教師專業成長的回饋，尤其是改進教學的新資訊。

13.負責輔導教師的講習和研討會。

## (二)實習學校的輔導教師

師資生完成大學學業和教育專業學程應修習學分，將赴簽約實習的學校進行半年的教育實習。師資培育大學與符合實習條件的學校簽約，師資生自行決定學校，提出申請並與學校簽約。實習學校的考量以辦學績效良好、是個學習型組織、全體教師積極追求專業成長，若有具備輔導教師證書的教師則更理想，一些研究（丁一顧、張德銳，2006；康木村、柳賢，2010；Hobson, 2010; Hoffman, Edwards, O'Neal, Barnes, & Paulissen, 1986; Huffman & Leak, 1985; Zeichner, 2002）發現輔導教師在引導新手教師計畫中是一個重要的角色；輔導教師是同事，又是顧問、朋友，能提供實際的建議和給予心理上的支持，影響實習生最為深遠。

輔導教師的指導內容包括以下：

1. 準備接受實習生來臨的各項工作，包括告知學生有實習生將來班

級一段時間的事實，以及實習生需知事項如：教師義務、班級兒童資料、特殊的兒童、例行工作、實習期間的座椅和個人物品放置處……等。

2. 對實習生表現熱誠的歡迎，建立良好關係。

3. 介紹學校教學資源如何取得、圖書館和各專科教室位置，以及認識相關人員等。

4. 介紹學校作息和午餐使用情形。

5. 安排實習生見習的各項事務。

6. 安排實習生試教的時間和課表，及行政和總務工作負擔事項。

7. 指導實習生完成教學計畫的各事項。

8. 指導實習生班級經營的原則和策略。

9. 示範教學。

10.觀察教學。

11.主持試教前後的討論與指導。

12.協助評量實習生的表現。

13.實習生心理困擾的諮商。

除了輔導教師之外，學校的校長和其他行政人員也都負有指導實習生之責。校長主要是督導整個教育實習的實施，是個仲裁及解決問題的重要角色；而其他行政人員，如各處主任及組長亦有指導和監督之責，設定實習生基本表現的準則、安排班際的實習活動，提供實習資源和指導行政實習事項等。實習生的指導需要結合相關人員的努力，依據完善的指導計畫執行，以確保提升教育實習的品質和功能。

 ### 肆　教育實習的評量

教育實習是師資養成的重要歷程，因此，在這個歷程中，實習生各項能力之習得與發展，就應該予以完整的記錄。良好的評量可引領督導人員及實習機構安排適切的實習活動，提供實習生發展教育專業的多元能力，並從中獲得回饋，讓實習生檢視本身的專業表現情形，進而調整和強化不足之處，以符合未來成為稱職的教師之專業標準。以下分四點說明教育實

習評量應受到重視的理由、從多元評量瞭解學生的專業表現、教育實習評量的範圍與目標、利用檔案促進實習生專業發展。

## 一、教育實習評量的功能

每位實習生在實習歷程中，都必須接受持續且完整的評量，並從中獲得回饋改善個人專業學習狀況，評量記錄應該就是實習生專業發展的一份記錄。實習生應該瞭解評量的重要意義，不只是期待分數結果，而是以開放的不畏懼的態度接受評量，正確的看待評量的實質意義。從實習生的立場而言，會希望指導人員告知評量方式、內容和標準，瞭解指導人員對他們的期待為何，如何評量他們的表現。另從指導教師的立場而言，則秉持評量的基本原則，需要公平和客觀的評量實習生，實習活動之初即要向實習生分析和溝通評量項目、方式與標準，也就是告知實習生努力學習與表現的方向。同時也需要安排適切的活動，讓實習生有機會練習，以及有情境表現被期望表現的知能。

另外，教育實習的評量尚具備有一項重要的功能，那就是作為改善師資培育課程與教學的一個參考。譬如，如果評量結果顯示大部分大四學生的教學計畫能力不足，或在試教中顯現學科知識貧乏，就應該檢討師資培育課程的缺失。再者，藉教育實習評量，儘早發現實習生的需求及困難，例如從事教育工作的性向及適應方面的問題，以便協助克服困難，或是輔導轉入其他行業的準備教育。所以，教育實習的評量有重要的功能，參與實習指導的人員都應具有上述之共識，經由評量確保實習的品質，成為完善的教育實習制度之一環。

## 二、多元評量引導實習生專業表現

教育實習活動的設計本來就是依據實習生應該建立的能力設計，而其評量就根據活動性質以及學習目標而設計。根據前述的實習活動，有參觀和觀察、見習、試教、行政及級務學習，為了充分瞭解實習生學習成果，每一樣學習都需要予以評量，參與督導實習的人員都應擔負評量的責任。多元評量的意義，包含多種評量工具或方式，以及多人參與評量，包括大

學實習指導教師以及合作實習學校的實習輔導教師及其他參與督導的行政
人員。

在評量工具的使用方面，師資培育機構大多會依據實習生的實習活
動項目設計表格式的作業，供實習生在活動完成後書寫心得或觀察記錄。
實習生觀察優秀教師的教學記錄表如附錄表一「教師示範教學觀察心得記
錄表」，實習生可就教學原理及班級經營等所學教學方法及技術作為預期
觀察項目，如：教學之初告知學習目標、清楚講解、引導專注學習、激發
思考、活動轉換、媒體運用、師生互動、發問技巧、練習與運用、時間分
配、回饋、非語言行為等。各式表格的項目依實習活動的目標而定，文字
的書寫內容是指導教師主要用以評定實習生的學習表現，據以評定等第的
考量是內容的深度與廣度。

至於實習生的試教，則有輔導教師和指導教師的現場教學觀察表，附
錄表二「實習生教學觀察評量表」及表三「教學實習教學演示評量表」。
除了實習機構及大學督導人員的評量之外，試教期間，通常會有兩個或數
個學生為一組，分配在一個教室實習，要求實習教師同儕互評教學，評量
表如附錄表四「實習生教學觀察同儕互評表」，能夠讓實習教師彼此評述
表現狀況，如同看一面鏡子，察覺自己的表現，學習或避免同伴的優點或
缺失。至於實習生的自評，亦可採用自評表如附錄表五「實習生教學自評
表」，是要求實習教師自我設定表現目標，並且在工作完畢之後進行自我
評量。自我評量的目的是讓實習生自我省思教學表現，評量表的編定就如
同觀察表一樣，將實習的內容分析成細目，學生據以自我檢定表現的程
度。除了檢定項目之外，也提供一些開放性的題目，要求學生以陳述的方
式說明教學的狀況、準備教材的情形、設計教學活動的理念等。自評的資
料可以提供指導教師瞭解學生的思考理念、態度、解決問題的方法，作為
未來指導的參考。但是，這種評量資料不宜作為評定分數的依據，並且將
這個決定在事前告知實習生。

在半年實習期間，實習學校一般會累積平時對實習生教學及級務處
理表現進行觀察與評量，而於實習結束前會安排正式的教學演示，接受輔
導教師及指導師正式的教學評量。除了教學觀察的評量表之外，尚有其他

評量表如附錄表六「實習生級務實習評量表」、表七「實習生整體表現評量」，評量層面包括：省思態度、敬業精神、溝通能力、教學能力、輔導能力、行政配合、進修研習等。

觀察記錄有較客觀的評量表，是針對實習演練事項而編訂，級務實習評量表、行政實習檢核表，可以採評量表或檢核表的形式。評量表和檢核表都是將教育實習的行為表現用文字敘述，由評量者就實習生在特定行為表現的情形予以評定。這些觀察表常以評定量表的形式編製，將行為表現良好與否的程度，分幾等予以評定，有三到七等不同的區分方式，通常以四或五等為多。每一個數字代表表現程度的意義。而檢核表則以是與否評量各項表現是否通過。

除了以上的各式評量之外，在情境中的案例討論或實習活動結束後的討論會，也都是很好的評量機會。在師生和同儕互動中，有很好的口頭雙向或多向的溝通機會。藉著討論會，可以討論關於試教的教學計畫、教材教法的運用、教室管理、教學資源的使用、級務處理、學校人事關係等問題。檢討會是在實習活動之後進行，從中得知實習生的思考問題和處理事務的情形。尤其是實習活動之後，應該立即趁記憶猶新之際舉行檢討會，實習生才能從檢討當中得到回饋。檢討會應該在輕鬆氣氛之下進行，實習生需要培養正確的學習態度，虛心接受批評。指導教師口頭評述的時候，對表現理想的部分要多予鼓勵，缺失部分則應從正面的說明如何做會更好，可以減少實習生的挫折和焦慮的情緒。

## 三、教育實習評量的範圍與指標

實習生必須要知道他在實習歷程中，是如何被評量的，以及瞭解是如何被期望表現，才有努力的方向和目標。教育實習評量的事項就是教育實習活動的內涵，換句話說，我們安排學生的學習活動的內容就是評量的重點。本章前面所述之各項實習活動的性質，就是評量工具擬定的依據。例如參觀或觀察學習，主要是觀摩優秀教師教學，那麼在觀察的時候，就希望學生描述觀察所得，並反應其觀察心得，實習生記錄這樣的觀察報告，就要寫得很深入，並且顯示出分析批判的能力。又如，試教期間的日誌，

就要針對個人的教學，充分的檢討和反省，以顯示出在教室學習所獲得的專業成長。由於教育實習不只是認知與技巧能力的學習而已，同時也要體認教師的專業風範素養，和激發從事教育工作的興趣，因此，實習生在專業學習的態度和性向也是評量的重點之一。

實習生在實習活動的表現指標，乃依據師資培育人員期望學生在實習歷程中習獲的能力之標準而定。指導教師依據本章前面所列舉的教育實習的目標擬定具體目標，就成為教育實習評量的指標。以試教表現之評量而言，有效教學就是評量的指標。雖然教學是一個複雜的活動歷程，何謂有效教學很難有定論，然而，累積過去數十年教學研究的成果，仍然可以找出許多用來評量教師能力的參考標準。例如教師的特質，像熱誠、有信心、聲音質地、幽默感等；又如掌握學生的認知和學習心理，像清楚的呈現有組織的教學內容、學習的工作行為、回饋的運用、學習氣氛、對學生表示高期望等。這些教師效能的參考標準有很多，必須加以分析統整，並能依實際需要，選擇作為評量參考的標準。

## 四、建立專業發展檔案與促進實習生教育專業發展

教育實習的評量，是持續的將教師發展的過程予以記錄的一份資料，可以分析實習生成功和失敗的原因，評量的工作不僅是給分數而已，也要說明何以如此的原因。因此，除了需要設計量化評量工具之外，也需要質的評述，才能提供實習生較完整的學習狀況和改善方向。檢討會是提供說明的最好方式，因為它可以雙向或多向溝通，可以解釋和說明。另外，信件式的書面報告也是一個好方式。但是，理想的書面評量報告需要花很多時間寫作，因為實習工作包含太多層面，要一一提供實習生的評述並不容易。變通的作法，是在評定量表或檢核表上加一評語欄，讓實習指導人員用文字敘述意見，如此便能保有一份系統的、兼具質與量的評量記錄資料。此外，實習期間的日誌、指導教師觀察的軼事記錄，以及與學生的談話等資料，均可作為質的評述的參考。

根據師資培育之大學辦理教育實習作業原則中的規定，實習生應於教育實習期間繳交師資培育之大學規定之教育實習作業或報告，並於期

末整理成個人實習檔案，送交指導教師及輔導教師評閱。如果檔案之建置，能兼顧專業發展過程中的各項表現，則可以製作成為歷程檔案（portfolio）。歷程檔案的內容，除了將代表教學專業表現及參與學校活動的紙本成果資料整理成冊之外，還可附上代表個人能力的影音資料。完整的檔案，可以清晰的呈現個人的專業能力，用在求職面談是很好的媒介。近年來，已漸漸有師範教育人員重視和採用歷程檔案的方式加強師資培育的效果，並用於評量師資生。因為個人專業發展記錄資料的建立，能夠促進反省、自我評量和專業成長，用歷程檔案評量已成為一般評量方式之外的另一種選擇，以提升教育品質（Wei & Pecheone, 2010）。綜合一些學者（Hastings et al., 1994; Shannon, 1994：Kennedy, 2000; Wieseman, 2004）的做法及筆者的構想，檔案的內容可以包括：個人的教育理念（哲學）、個人資歷、教學計畫（最成功與最不好的計畫）、可以代表實習生個人知識和技能的資料、自我評量、自製的教具、教學活動單設計成品、教學評量的工具（試卷）、行動研究、實習日誌等。在各資料中，實習生隨時可以用卡片書寫自己對該項資料內容省思結果，插入資料中。指導教師應該定期評閱這份資料，以瞭解實習生的學習進展，以及哪些方面需要輔導或協助改進。

# 參考文獻

丁一顧、張德銳（2006）臨床視導對國小實習教師教學效能影響之研究，**師大學報：教育類，51**(2)，219-236。

李園會（1987）。**微縮教學**。國立臺中師範學院。

林清江（1983）。**文化發展與教育改革**。臺北：五南。

康木村、柳賢（2010）教學相長：融入協作教學之實習輔導模式研究，**科學教育研究與發展季刊，57**，89-120。

Allen, D. & Ryan, K. (1969). *Microteaching.* Reading, MA: Addison-Wesley.

Bercik, J. T. (1991). *School based/university collaborative effort: A preservice model.* Paper presented at the annual conference of the National Council of States on Inservice Education, Houston, TX. November, 21-26.

Borich, G. (2006). 有效教學法，郝永葳譯，臺北：五南。

Chant, R. Heafner, T. Bennett, K. (2004). Connecting personal theorizing and action research: Preservice teacher development. *Teacher Education Quarterly*, summer, 2004, 25-42.

Good, T., Biddle, B. &Brophy, J. (1975). *Teachers make a difference.* New York, NY: Holt, Rinehart & Winston.

Hastings, et al. (1994). *Learning through assessment: A project approach.* Paper presented at the annual meeting of the American Association of Colleges for Teacher Education, Chicago, IL.

Hobson , A. J. (2010). Student teachers' perceptions of school-based mentoring in initial teacher training. *Mentoring and Tutoring: Partnership in Learning，10*(1), 5-20.

Hoffman, J. V., Edwards, S. A., O'Neal, Barnes, S. & Paulissen, M.(1986). A study of state-mandated beginning teacher programs. *Journal of Teacher Education, 37*(1), 16-21.

Ismail, S. A. A. (2011). Student teachers' microteaching experiences in preservice English teacher education program. *Journal of Language Teaching and Research, 2*(5), 1043-1051.

Kennedy, M. M. (2000). *Teacher assessment and the quest for teacher quality: A handbook.* San Francisco CA: Jossey Bass.

Kilic, A. (2010). Learner-centered micro teaching in teacher education. *International Journal of Instruction, 3*(1), 77-100.

Klinzing, Hanz-Gerherd&Folden, R. R. (1991). *The development of the microteaching movement in Europe.* Paper presented at the annual meeting of the American Educational Research Association, Chicago, April3-7. (ERIC Document Reproduction Service No. ED352341)

Laut, J., Keller, D. &Rauschenbach, J. (1992). *Critical teaching skills.* Paper presented at the annual meeting of the Association of Teacher Educators, Orlando, FL. February.

Liston, D. P. & Zeichner, K. M. (1990). Reflective teaching and action research in preservice teacher education. *Journal of Education for Teaching, 16*(3). 235-254.

Lortie, D.(1975). *School teacher.* Chicago, IL: The University of Chicago Press.

Perrott, E.(1977). *Microteaching in higher education: Research, development and practice.* Society for Research into Higher Education Ltd., at the University of Surrey, England.

Porter, A. & Brophy, J. (1988). Synthesis of research on good teaching: Insights from research on teaching. *Educational leadership, 45*(8), 74-85.

Scruggs, T. E. & Mastropieri, M. A. (1933). The effects of prior field experience on student teacher competence. *Teacher Education and Special Education, 16*(4), 303-308.

Shannon, D. M. (1994). *An evaluation for the development of preservice teachers.* Paper presented at the annual meeting of Center for Research on Educational Accountability and Teacher Evaluation Institute, Catlinburg, TN.

Stallings, J. (1976). How instructional processes relate to child outcomes in a national study and follow through. *Journal of Teacher Education,* 27, 43-47.

Richardson, V. (2001). *Handbook of research on teaching.* 4th ed. American Educational Research Association. Washington, D.C.

Wedman, J. et al (1985). *Reconceptualizing student teaching program: A synthesis.* Paper presented at the annual meeting of Association of Teacher Educators, Las Vegas, OR, February.

Wieseman, K. C. (2004). *Mandated Standards-Based Electronic Portfolio Assessment for Measuring Preservice Teacher Quality.* Paper presented at the annual conference of the American Educational Research Association, 2004, San Diego, CA. April 12-16.

Wright, J. L. & Kasten, B. J. (1992). *New lenses for self discovery.* Paper presented at the annual meeting of the Association of Teacher Educators, Orlando, FL. February, 15-19.

Zelazek, J. R., Lamson, S.(1992). *Action research and the student teacher: A framework for problem-solving and reflective thinking.* Paper presented at the annual meeting of the Association of Teacher Educators, Orlando, FL. February, 15-19.

# 附錄

表一：教師示範教學觀察心得記錄表
表二：實習生教學觀察評量表
表三：教學實習教學演示評量表
表四：實習生教學觀察同儕互評表
表五：實習生教學自評表
表六：實習生級務實習評量表
表七：實習生整體表現評量表

## 表一　教師示範教學觀察心得記錄表

| 觀察者 | 系別年級 | | 姓名：<br>學號： | 觀察日期<br>　年　月　日 |
|---|---|---|---|---|
| 教學年級 | | | 教學者 | |
| 教學科目 | | | 教學單元 | |
| 教室環境 | | | | |
| 教學方法及技術 | | | | |
| 心得 | | | | |
| 教師評閱 | | | | |

## 表二 實習生教學觀察評量表

觀察對象：　　　　觀察者：　　　觀察時間：　年　月　日

以下是實習生教學表現的觀察事項，請輔導教師仔細觀察或和實習生談話中，瞭解其專業能力的進展狀況。請每個星期記錄一次，並利用本表及白紙做文字敘述，請儘量舉述事實，如實習生教學之技巧運用、與學生互動方面的文字敘述，俾便進行專業成長之分析。表現標準代表意義：

\*表現傑出：與有經驗的教師示範教學一樣表現出色　　\*表現普通：尚可接受的表現水準

\*表現很好：與有經驗的教師一樣表現的水準　　　　　\*表現不佳：表現有待改善

\*表現不錯：能平穩的應付問題，符合正常的表現

| | 表現<br>傑出 | 表現<br>很好 | 表現<br>不錯 | 表現<br>普通 | 表現<br>不佳 |
|---|---|---|---|---|---|
| ˙具備教學學科知識 | ☐ | ☐ | ☐ | ☐ | ☐ |
| ˙在教學之前能清楚的陳述教學目標 | ☐ | ☐ | ☐ | ☐ | ☐ |
| ˙運用不同的教學方法和技術 | ☐ | ☐ | ☐ | ☐ | ☐ |
| ˙用方法吸引學生的注意力 | ☐ | ☐ | ☐ | ☐ | ☐ |
| ˙鐘響之後能迅速的讓學生開始或恢復學習活動 | ☐ | ☐ | ☐ | ☐ | ☐ |
| ˙選用適當的教學輔助資料 | ☐ | ☐ | ☐ | ☐ | ☐ |
| ˙善用組織教材的能力 | ☐ | ☐ | ☐ | ☐ | ☐ |
| ˙有步驟的呈現教材 | ☐ | ☐ | ☐ | ☐ | ☐ |
| ˙清楚的對學生指示工作 | ☐ | ☐ | ☐ | ☐ | ☐ |
| ˙具備標準的國語說寫能力 | ☐ | ☐ | ☐ | ☐ | ☐ |
| ˙適當的引導兒童已有的認知概念以認識新的知識 | ☐ | ☐ | ☐ | ☐ | ☐ |
| ˙發問問題清楚並符合教學的主要概念 | ☐ | ☐ | ☐ | ☐ | ☐ |
| ˙教學情境中讓學生思考及探究問題 | ☐ | ☐ | ☐ | ☐ | ☐ |
| ˙善用評量以瞭解學生的學習結果 | ☐ | ☐ | ☐ | ☐ | ☐ |
| ˙藉由與學生的互動提供學生回饋 | ☐ | ☐ | ☐ | ☐ | ☐ |
| ˙用技巧激勵學生學習動機 | ☐ | ☐ | ☐ | ☐ | ☐ |
| ˙平穩而自然的轉換學習活動 | ☐ | ☐ | ☐ | ☐ | ☐ |
| ˙有效且不混亂的發簿本或其他學習材料 | ☐ | ☐ | ☐ | ☐ | ☐ |
| ˙適時的檢查學生是否瞭解進行中的學習 | ☐ | ☐ | ☐ | ☐ | ☐ |
| ˙指導學生建立好的學習習慣與態度 | ☐ | ☐ | ☐ | ☐ | ☐ |
| ˙使用的語言適合兒童的程度 | ☐ | ☐ | ☐ | ☐ | ☐ |
| ˙經常與兒童談話以瞭解學習狀況 | ☐ | ☐ | ☐ | ☐ | ☐ |
| ˙整體而言，教學生動活潑維持學生的注意力 | ☐ | ☐ | ☐ | ☐ | ☐ |

請就該位實習生表現之優點與缺失具體描述如下：

### 表三　教學實習教學演示評量表

| 教學者 | | 教學班級 | 國小　年　班 | 日期 | 年　月　日 | | | |
|---|---|---|---|---|---|---|---|---|
| 領域 | | 教學單元 | | | | | | |

| 評　量　項　目 | | 具體評述 | 評量等級 | | | | |
|---|---|---|---|---|---|---|---|
| | | | 完全<br>做到 | 大多<br>做到 | 尚<br>可 | 很少<br>做到 | 沒有<br>做到 |
| 教學設計 | 1. 教學活動設計符合領域教學目標（養成各種能力） | | ☐ | ☐ | ☐ | ☐ | ☐ |
| | 2. 教學活動設計完整 | | ☐ | ☐ | ☐ | ☐ | ☐ |
| | 3. 教學過程安排適當（時間分配合理） | | ☐ | ☐ | ☐ | ☐ | ☐ |
| 教學情境 | 1. 配合教學布置教學情境 | | ☐ | ☐ | ☐ | ☐ | ☐ |
| | 2. 板書書寫端正、有條理 | | ☐ | ☐ | ☐ | ☐ | ☐ |
| | 3. 善用教具及教學媒體 | | ☐ | ☐ | ☐ | ☐ | ☐ |
| | 4. 有效安排「引起動機」的活動（善於「布題」） | | ☐ | ☐ | ☐ | ☐ | ☐ |
| 教學活動 | 1. 教師語言能力（口齒、音量、語調、速度）良好 | | ☐ | ☐ | ☐ | ☐ | ☐ |
| | 2. 教師表情與肢體溝通能力能吸引學生注意 | | ☐ | ☐ | ☐ | ☐ | ☐ |
| | 3. 教學方法靈活生動，有助於學生學習 | | ☐ | ☐ | ☐ | ☐ | ☐ |
| | 4. 熟悉領域內容，講解清楚明白 | | ☐ | ☐ | ☐ | ☐ | ☐ |
| | 5. 掌握學生程度，兼顧個別差異 | | ☐ | ☐ | ☐ | ☐ | ☐ |
| | 6. 善用發問技巧，並給予適切回饋（發言機會普及） | | ☐ | ☐ | ☐ | ☐ | ☐ |
| | 7. 善用「同儕學習」（運用小老師與小組學習活動） | | ☐ | ☐ | ☐ | ☐ | ☐ |
| | 8. 學生積極參與學習 | | ☐ | ☐ | ☐ | ☐ | ☐ |
| | 9. 下課前，歸納當天的學習重點 | | ☐ | ☐ | ☐ | ☐ | ☐ |

| | | | | | | | |
|---|---|---|---|---|---|---|---|
| 作業評量 | 1. 作業安排適切 | | ☐ | ☐ | ☐ | ☐ | ☐ |
| | 2. 實施形成性評量 | | ☐ | ☐ | ☐ | ☐ | ☐ |
| | 3. 運用適切的評量方法、瞭解學生的學習效果 | | ☐ | ☐ | ☐ | ☐ | ☐ |
| | 4. 教學目標達成 | | ☐ | ☐ | ☐ | ☐ | ☐ |
| 綜合評語 | | | | | | | |

評量者簽名： 日期： 年 月 日

### 表四　實習生教學觀察同儕互評表

評量說明：實習生在觀察同學試教活動的時候，請參考以下之事項密切觀察，在表下空白處描述較優異及需要改善的事項，並提出你的看法與建議。

- ·引起學生動機
- ·教學目標清晰
- ·教學活動邏輯次序
- ·發問技巧激發學生思考
- ·使用教材的適當性
- ·運用教材的技巧
- ·教材豐富及多樣性
- ·教學當中適當的綜合、提示及澄清概念

- ·注意到個別學生的需求
- ·多數學生的注意力及參與情形
- ·彈性的反應各種狀況
- ·音量適當
- ·使用恰當的語言
- ·教學態度認真
- ·在教室中走動及站立位置的適當性
- ·其他

觀察事項描述及建議：

1.

2.

3.

## 表五　實習生教學自評表

實習生姓名：　　　　　　　系　　　班
自評日期：　　　　　　　年　　月　　日
實習學校：
教學科目：　　　　　　　　單元名稱：

說明：請根據試教單元準備程度及教學實際進行狀況勾選自我表現程度

| | | 良好 | 普通 | 須改善 |
|---|---|---|---|---|
| 準備 | 1.適當的研究了學生年級能力 | | | |
| | 2.預先充分的計畫 | | | |
| | 3.教學前已準備妥當 | | | |
| | 4.熟悉教學中使用的各項教具及教材 | | | |
| 教材 | 1.教學目標與學生能力符合 | | | |
| | 2.教材多樣性 | | | |
| | 3.仔細準備了教材 | | | |
| 過程 | 1.學生動機引起 | | | |
| | 2.教學方法多樣化 | | | |
| | 3.注意到個別差異 | | | |
| | 4.注意到教學進行中時間、注意力、興趣等因素 | | | |
| | 5.技巧的運用教材 | | | |
| | 6.發問技巧 | | | |
| | 7.教學段落結論或綜合說明 | | | |
| 活動 | 1.清楚的指導 | | | |
| | 2.符合教材及兒童能力 | | | |
| | 3.活動多樣性 | | | |
| | 4.積極的帶動所有學生 | | | |
| | 5.適應個別差異 | | | |

自我評述：
‧我對這次試教的教學研究及準備工作的心得與感想。
‧我是否完成了教學目標。
‧我本次試教的優點及缺點。
‧本次試教對我學習教學的專業成長之意義。

## 表六　實習生級務實習評量表

| 姓名 | | 教學班級 | 年　班 | 日期 | 月　日　至　月　日 |
|---|---|---|---|---|---|

填表說明：

1. 實習生進行每單元教學時，請該班輔導老師給予評量。
2. 本評量表的每一項目都區分為「完全做到」、「大多做到」、「尚可」、「很少做到」、「沒有做到」五個等級，請針對實習生的實際教學行為，逐項在適當的□內打「√」。
3. 每單元評量完畢，請逕將本表送教務處。彙齊後，再轉給實習課的指導老師。

| 評　量　項　目 | | 評　量　等　級 | | | | |
|---|---|---|---|---|---|---|
| | | 完全做到 | 大多做到 | 尚可 | 很少做到 | 沒有做到 |
| 師生關係 | ・能叫出班上每個學生的名字 | □ | □ | □ | □ | □ |
| | ・充分瞭解每個孩子的個性與特長 | □ | □ | □ | □ | □ |
| | ・與學生共同營造和諧的班級氣氛 | □ | □ | □ | □ | □ |
| | ・耐心且公平地對待每一個學生 | □ | □ | □ | □ | □ |
| 班級經營的能力 | ・每天精神飽滿活力充沛 | □ | □ | □ | □ | □ |
| | ・對每日級務工作都預先妥善規劃 | □ | □ | □ | □ | □ |
| | ・隨時掌握學生（出缺席）的狀況 | □ | □ | □ | □ | □ |
| | ・能建立良好的班級常規 | □ | □ | □ | □ | □ |
| | ・能指導學生做好整潔工作 | □ | □ | □ | □ | □ |
| | ・能養成學生良好的生活習慣 | □ | □ | □ | □ | □ |
| | ・能夠充分為孩子們設想事情 | □ | □ | □ | □ | □ |
| | ・能隨時發現並解決孩子們的問題 | □ | □ | □ | □ | □ |
| | ・能指導班級幹部，做好學生自治 | □ | □ | □ | □ | □ |
| | ・重視生活禮節（如用餐）的教導 | □ | □ | □ | □ | □ |
| | ・晨間、課間與午休，都用心指導 | □ | □ | □ | □ | □ |
| | ・充分配合學校的行政措施 | □ | □ | □ | □ | □ |
| | ・按時完成學校交辦的工作 | □ | □ | □ | □ | □ |
| | ・獎勵好表現，多於處罰壞行為 | □ | □ | □ | □ | □ |
| | ・能妥善處理班上的偶發事件 | □ | □ | □ | □ | □ |
| | ・處理級務工作果斷明快、有條理 | □ | □ | □ | □ | □ |
| | ・善用家庭聯絡簿與家長溝通 | □ | □ | □ | □ | □ |
| 敬業態度 | ・能準時到校，積極參與班級活動 | □ | □ | □ | □ | □ |
| | ・言行舉止端莊，能夠作為學生表率 | □ | □ | | | □ |
| | ・今日事今日畢，做事絕不拖延 | □ | □ | □ | □ | □ |
| | ・能主動學習，並樂於接納建議 | □ | □ | □ | □ | □ |

班級輔導教師簽名：

## 表七　實習生整體表現評量表

| 姓名 | | 實習學校 | | 實習年級 | | 年　　班 | | | |
|---|---|---|---|---|---|---|---|---|---|

| 評量項目 | | 具體評述 | 評量等級 | | | | |
|---|---|---|---|---|---|---|---|
| | | | 完全<br>做到 | 大多<br>做到 | 尚<br>可 | 很少<br>做到 | 沒有<br>做到 |
| 省思態度<br>15% | 1.瞭解現代教師之角色扮演<br>2.瞭解教育改革趨勢<br>3.具有正確之教育理念 | | ☐<br>☐<br>☐ | ☐<br>☐<br>☐ | ☐<br>☐<br>☐ | ☐<br>☐<br>☐ | ☐<br>☐<br>☐ |
| 敬業精神<br>15% | 1.品德優良、操守清廉<br>2.熱心服務、主動參與各項活動<br>3.全力配合實習學校之規範 | | ☐<br>☐<br><br>☐ | ☐<br>☐<br><br>☐ | ☐<br>☐<br><br>☐ | ☐<br>☐<br><br>☐ | ☐<br>☐<br><br>☐ |
| 溝通能力<br>15% | 1.重視校園倫理、敬長尊賢<br>2.友愛同事，虛心學習<br>3.關懷兒童，師生互動良好 | | ☐<br>☐<br>☐ | ☐<br>☐<br>☐ | ☐<br>☐<br>☐ | ☐<br>☐<br>☐ | ☐<br>☐<br>☐ |
| 教學能力<br>15% | 1.能自製適當的教具，並有效的利用<br>2.能擬定完整的教學活動設計<br>3.認真批改作業 | | ☐<br><br>☐<br>☐ | ☐<br><br>☐<br>☐ | ☐<br><br>☐<br>☐ | ☐<br><br>☐<br>☐ | ☐<br><br>☐<br>☐ |
| 輔導能力<br>15% | 1.處理級務有條理<br>2.布置良好的學習環境<br>3.有效的輔導行為偏差兒童 | | ☐<br>☐<br>☐ | ☐<br>☐<br>☐ | ☐<br>☐<br>☐ | ☐<br>☐<br>☐ | ☐<br>☐<br>☐ |
| 行政配合<br>15% | 1.協助各處室工作<br>2.擔任導護工作盡責<br>3.準時參加各種會議 | | ☐<br>☐<br>☐ | ☐<br>☐<br>☐ | ☐<br>☐<br>☐ | ☐<br>☐<br>☐ | ☐<br>☐<br>☐ |
| 進修研習<br>10% | 1.積極參與研習活動<br>2.主動進修提升教學品質 | | ☐<br>☐ | ☐<br>☐ | ☐<br>☐ | ☐<br>☐ | ☐<br>☐ |
| 總評 | | | 總分 | | | | |

江志正

# 第二章

# 教師角色與職涯發展

**教師資格與身分的取得**

俗話說：「三人行必有我師。」真實世界也真的如此，人人各有所長，皆可為師；只是，如要正式在學校課堂上擔任教職工作，那就不一樣了。在一個高度分化的現代社會中，教師要進行教學工作，由於其已被認可為是一項專業，為了保障服務對象（受教者）的權益，有必要建立一套證照制度來加以檢證並確保品質。

我國在1994年及1995年分別頒布《師資培育法》及《教師法》，在這之後，師資培育多元化，教師資格採檢定制，且教師的任用也改為聘任制，逐步建立起教師證照制度；至此，師資的培育與任用也分屬為兩個不同的階段。茲為說明這些狀況，以下擬先論述師資培育與教師資格之取得，接續再陳述教師身分之確立與權利義務，以供有志為師者參考。

## 一、師資培育與教師資格取得

教師資格的取得與師資培育制度關係密切。因此，以下茲先簡述師資培育制度，接續再論述教師資格之取得：

### ㈠師資培育制度簡述

傳統上，我國雖甚重視教化活動，然對於教者身分及知能的取得原並未有一定的制度與規定，也並無專責機構來進行計畫性的培育。後來東西文化交流，西風東漸，光緒23年時於上海成立南洋公學中設師範院，才正式開始了培育師資制度。是時係採公辦、公費等原則辦理；其後除了民初曾一度採公、自費等方式進行外，公辦、公費及計畫培育可說是我國師範教育的主要特徵。這種閉鎖式的師資培育方式有其獨特的考量及運作方式，在經濟尚未起飛之際，的確能吸引一些優秀人才的投入，且也能維持一定的水準，並培育了許多優秀師資投入作育英才的行列，也成為政府播遷來臺造就經濟奇蹟的重要原因之一。在這種情形下，只要是考入師範院校，即等同於取得了教師資格及身分，也讓人有著「公賣壟斷」及「乏競爭性」的批評。於是在社會逐漸走向多元開放、世界各國開放培育做

法的衝擊、國內提升師資素質的呼聲、教師供需及特殊類科師資缺乏等現實問題及因素的影響下，我國乃重新思考師資培育的問題，而於1994年通過《師資培育法》，開啓了師資培育多元化的新頁（許泰益，1994；黃光雄，1995；劉炳華，1995；翁福元，1996）。此次的修法主要有以下特色：1.名稱由「師範教育」改爲「師資培育」；2.師資培育由師範院校之「一元培育」改爲「多元培育」；3.師資培育由「公費爲主」改「公自費並行」；4.教師由「登記制」改爲「檢定制」；5.重視「教育實習制度」及「教師在職進修」。此也讓整個師資培育有了劃時代的改革，也更符應時代潮流及國際發展趨勢。

《師資培育法》自1994年頒布實行，計有20條條文，惟在實際運作時有許多條文產生困擾或窒礙難行，故曾有多次修訂，並於2002年修正爲26條公布實施，其後雖也再度有所修訂，惟屬微調，主要大架構不變。以下茲簡述此過程中主要的修正重點：

1. **回歸師資培育內涵，刪除其他教育專業人員之培育**：有關各教育專業人員之培育與在職進修，應回歸各該法令，故在第1條條文中刪除對其他教育人員之培育的規定，以使內涵與本法案名稱相符。

2. **確立師資培育係由師範校院、設有師資培育相關學系及師資培育中心之大學為之**：即規範擬培育師資之學校，除師範校院及經中央主管機關認定之師資培育相關學系外，均應設立師資培育中心統籌師資培育事宜，故增定此規定，而其設立條件與程序等之辦法，由中央主管機關定之。

3. **教育實習納入師資職前教育課程中，並加強初任教職教師之導入輔導工作**：即取消原大學畢業經教師資格初檢合格須經教育實習一年之規定，而將教育實習納入師資職前教育課程中，由各師資培育之大學依據中央主管機關訂定之教育實習準則及其培育理想師資特色，規劃實習課程內涵；並在取得教師證書經學校初聘後，由師資培育之大學結合教育進修機構及其初任教職之學校或幼兒園加強辦理其導入輔導工作。

4. **建立持國外學歷所修師資培育課程認定標準及認定方式**：持國外學歷者，其所修師資培育課程，由中央主管機關訂定之標準認定之；其認

定標準，由中央主管機關設置之師資培育審議委員會研議，經此程序後，得向師資培育之大學申請參加半年教育實習，成績及格者，由師資培育之大學發給修畢師資職前教育證明書。

5. 建立教師資格檢定制度：為確保師資素質，明定國內外大學畢業並取得師資職前教育證明書者，經參加中央主管機關辦理之教師資格檢定通過後，由中央主管機關發給教師證書。前項教師資格檢定之資格、報名程序、應檢附之文件資料、應繳納之費用、檢定方式、時間、錄取標準及其他應遵行事項之辦法，由中央主管機關定之。

6. 刪除公費生以就讀師資類科不足之學系或畢業後自願至偏遠或特殊地區學校服務學生為原則：明定師資培育以自費為主，兼採公費及助學金方式實施，公費生畢業後，應至偏遠或特殊地區學校服務。公費與助學金之數額、公費生之公費受領年限、應訂定契約之內容、應履行之義務、違反義務之處理及分發服務事宜，由中央主管機關訂定辦法實施之。

7. 落實教師終身進修學習的理念：明定主管機關得為實際需要，可以單獨或聯合設立教師進修機構；協調或委託師資培育之大學開設各類型教師進修課程；經中央主管機關認可之社會教育機構或法人開辦各種教師進修課程等方式，提供高級中等以下學校及幼兒園教師進修。

8. 規劃取得第二張不同類科教師證照之作法：明定如已取得某一類科教師證書，經修習其他類科教師職前教育課程後，不需再經教育實習即可申辦取得該類科教師證書。

至此，我國師資培育制度大致抵定，也從改革變動進入穩定期，此所指的師資培育為高級中等以下學校及幼兒園師資，著重教學知能及專業精神之培養，而培育方式係由師範校院、設有師資培育相關學系及師資培育中心之大學來進行，重視實務實習，並採檢定制進行證照把關及檢核，以自費為主及兼採公費與助學金方式實施，落實教師終身學習的理念推展。此外，為符應第二張不同類科教師證照之取得，亦考量實務實習經驗，故也特別明定如已取得某一類科教師證書，經修習其他類科教師職前教育課程後，不需再經教育實習，即可申辦取得該類科教師證書。

### ㈡當前師培制度中教師資格之取得

　　在當前的師資培育制度中，師資已改為多元培育，《師資培育法》（2005）第6條明定「師資培育之大學辦理師資職前教育課程，應按中等學校、國民小學、幼兒園及特殊教育學校（班）師資類科分別規劃，並報請中央主管機關核定後實施。」確立高級中學以下教師分類培育；第7條明定「師資培育包括師資職前教育及教師資格檢定。」確立師資培育包括職前培育及資格檢定，採檢定制；第8條明定「修習師資職前教育課程者，含其本學系之修業期限以四年為原則，並另加教育實習課程半年。成績優異者，得依大學法之規定提前畢業。但半年之教育實習課程不得減少。」規範職前培育除修習職前教育課程外，尚需經半年之教育實習，且不可免。第11條明定「大學畢業依第九條第四項或前條第一項規定取得修畢師資職前教育證明書者，參加教師資格檢定通過後，由中央主管機關發給教師證書。」確認高級中等以下學校教師資格採檢定制。因而教師資格的取得也由以往的登記改為檢定制，故除了師範校院外，即使是一般的大學，只要依法成立師資培育中心並開設教育學程，也可進行師資培育。然在取得合格教師資格的過程中，主要有初、複檢兩個階段。依《教師法》（2013）第5條規定：「高級中等以下學校教師資格之檢定分初檢及複檢兩階段行之。初檢合格者發給實習教師證書；複檢合格者發給教師證書。」因此，取得合格教師證書謂之取得教師資格，其中要經初、複檢兩個階段。

　　有關初、複檢過程及程序，在《高級中等以下學校及幼兒園教師資格檢定及教育實習辦法》中有詳細的規定，可加參閱。惟在參考時也須明白，有些事務法固有規範，然實際運作時，也可能會有規定不周之處或因地制宜的狀況，然只要不違反法令規定及立法精神，應是可被接受的。況且法令也常配合實際運行窒礙難行之處加以修改，此也都是值得加以注意之處。

　　綜要來看，教師資格的取得，主要係依循以下程序獲致：

　　1. 進入師範校院、設有師資培育相關學系或師資培育中心之大學修習師資職前教育課程（含大四結業後的半年教育實習課程）。

2. 修畢規定之師資職前教育課程，成績及格者，由師資培育之大學發給修畢師資職前教育證明書（持國外大學以上學歷者，經中央機關認定其已修畢師資職前課程之普通課程、專門課程及教育專業課程者，得向師資培育之大學申請參加半年教育實習，成績及格者，由師資培育之大學發給修畢師資職前教育證明書）。

3. 取得修畢師資職前教育證明書者，參加教師資格檢定通過後，由中央主管機關發給教師證書。

另外，《師資培育法》第11條明定「已取得第六條其中一類科合格教師證書，修畢另一類科師資職前教育課程之普通課程、專門課程及教育專業課程，並取得證明書者，由中央主管機關發給該類科教師證書，免依規定修習教育實習課程及參加教師資格檢定。」故如果已取得某類教師資格，欲取得另一類教師資格時，只需修讀其職前教育課程，而不需再經實習半年的程序，此也可供欲取得不同類科教師資格者之參考。

## 二、教師身分確立與權利義務

教師之權利義務與其身分確立有著密切關係，因爲唯有身分確立，才會產生相對之權利義務關係；而權利及義務又與教師身分定位有關。故以下茲先論述教師身分之確立，而後再闡述教師身分定位及權利與義務：

### ㈠教師身分的確立

在師資培育制度中，教師證書的頒授代表的是資格的取得，而教師身分的確立係屬任用的議題。《師資培育法》第14條明定：「取得教師證書欲從事教職者，除公費生應依前條規定分發外，應參加與其所取得資格相符之學校或幼兒園辦理之教師公開甄選。」且《教師法》也明定，教師爲聘任制。第11條明定「高級中等以下學校教師之聘任，分初聘、續聘及長期聘任，除依師資培育法第十三條第二項或第二十條規定分發者外，應經教師評審委員會審查通過後由校長聘任之。」故單是完成初檢及複檢而取得教師證書者，僅能謂之取得教師資格，並不必然能到學校任教及具備教師身分，自然也還不發生教師身分之權利義務關係。而擁有教師證書後，

願不願擔任教師係屬個人自由意願；至於能不能被學校聘用而擔任教師則屬各校權限。因此，唯有取得教師資格且又接受聘約而完成應聘手續於學校任教者，才算取得並具備教師身分，並開始享受教師權利及承擔義務。

　　依《教師法》第11條的規定：「高級中等以下學校教師之聘任，分初聘、續聘及長期聘任，經教師評審委員會審查通過後由校長聘任之。」因此，取得教師身分得先通過學校教師評審委員會（以下簡稱教評會）這一關，而此也可謂教師聘任的實質審查及決定。至於形式上，聘任制因屬雙方契約關係，故必須有雙方的認定程序才算完成。因此除了學校的發聘外，尚必須得到當事人正式的應允回聘才算手續完備。而在這個過程中，值得注意的是，當事人要瞭解相關的聘約規定，才能客觀且理性地做下回聘與否的決定。此部分的作法或許各地區學校未必完全一致，然此可視為教師身分取得手續完備與否之參考。

　　一旦教師身分確立，有關教師的相關權利、義務即開始生效。換句話說，一旦受聘任教，不但可享受到教師此一職務的權益，且也要受到此一角色職務的相關法令規範與約束。至於教師身分的結束則可能是退休、聘約到期不再應聘，或因違反相關規定被解聘、停聘或不續聘處分。其中退休係教師在教職場域中功成身退；而聘約到期不再接受聘約乃是教師自由意志的表達；但如屬於解聘、停聘或不續聘等，則是由學校教評會做成的相關處分決定，此也是教師權利與義務的具體實質展現。

### (二)教師權利保障與義務履行

　　教師權利義務與教師身分定位有密切關係，以下茲先就教師身分定位加以討論，接續再論述教師權利保障與義務履行：

### 1. 教師身分定位

　　長久以來，教師身分定位不明，致使教師許多權利義務上大多比照公務員。此種狀況雖使教師有了最起碼的保障，但也造成了教師受限於特別權力關係而斲傷了教師專業自主的展現。1995年頒布《教師法》，不但對教師身分加以定位，也使教師終於有了自我規範，此對教師身分定位有著極大的影響。

　　教師是專業的觀念已普獲認同，但至於教師是否為公務員則較受爭議，而此定位問題涉及權利、義務，對於教師專業自主等的發展會有所影響，因此要先適切加以探究瞭解。有關這個問題，宜先考量以下概念，即何謂「公務員」？何謂「公教分途」？唯有釐清這兩個概念，才能更精確地將意見表達出來。

　　首先就何謂「公務員」來看，一般而言，隨著不同法令的規定有多種不同的看法。如憲法、刑法、國家賠償法、公務人員任用法實施細則、公務人員服務法……等等，其中有持「依法令從事於公務之人員」即屬廣義的看法；但也有持須經某種程序任用者始算的嚴謹說詞。如以公務人員基準法草案來看，其主要意圖即是要將目前並無統一界定之公務人員做一明確規範，並建立一套大家遵循的人事制度基本法。此法在界定公務人員上，將之定義為：「於各級政府機關、公立學校、公營事業機構擔任組織法規所定編制內職務支領俸（薪）給之人員，但不包括單職人員及公立學校教師。」這種做法清楚、明確，不失為解決公務員體系龐雜，定義紛歧的良方。而這樣的規範雖未定案，然也可視為是政府的意圖及未來努力的方向，值得參考。

　　其次談到「公教分途」，這是表示公務員和教師間關係的一種指稱。若就國外的規範及運作上來看，教師與公務員間的關係約有：(1)教師為國家公務員；(2)教師非國家公務員；(3)教師為國家公務員，但受特殊保障，是所謂的特別公務員等三種不同狀況（謝瑞智，1993）。若以較嚴謹的角度來看，第二種才算是公教分途；但若以較寬鬆的角度來看，第二、三種都可算是公教分途。就我國目前的狀況來看，自教師法公布之後，教師由派任改聘任，已有漸走向公教分途之實，尤其，目前規劃之公務人員基準法草案中，更是將公立學校教師摒除在外。另外，在2011年修訂《工會法》時，第4條規範「勞工均有組織及加入工會之權利。現役軍人與國防部所屬及依法監督之軍火工業員工，不得組織工會；軍火工業之範圍，由中央主管機關會同國防部定之。教師得依本法組織及加入工會。各級政府機關及公立學校公務人員之結社組織，依其他法律之規定。」於此也將教師納入可組工會的範疇，而與公務人員區別。因此，即便是目前公教仍

被多數人混用統稱，且教師仍有許多事項是比照並依循公務人員相關法令而行，然可知的未來，將是以《教師法》為主軸，並配合教師會與教師工會的運作，逐步訂立因應個別專業特性的規範及辦法，走向真正的公教分途。

由上我們可以對教師的身分定位有下列幾點簡單認識：

(1)就目前的狀況及趨勢而言，雖然教師改為聘任，然由於其受領國家俸給，執行國家賦予之任務，仍有許多作法在以往公教一體時之影響下，其作法仍與公務人員相仿，故目前雖已走上公教分途，在性質上仍類似廣義的公務員，且是屬於特殊保障的公務員。

(2)源起於歐洲封建制度的特別權力關係，目前由於社會情勢的轉變，在公務員上的色彩已漸漸淡化。教師既屬特別公務員且又繼續走向分教公途，自然更不受其所限，故在自我的專業性及自主性具有許多可發展的空間。

(3)教師任用改聘任後，教師、學校和政府間的關係將漸轉變為契約關係，而一切權利及義務的規範除了相關法令的規定外，將由聘約來規範細部內涵，值得擔任教職者關切探究。

### 2. 教師的權利保障與義務的履行

法治社會以「權利」及「義務」為中心，人人可以享受法力所賦予之「權利」，以及應履行法力所規範之「義務」，前者係可享的法益，可以放棄；後者是要履行的責任，否則就要負擔起一定的責罰，這是民主法治國家共同的法則（卓英豪，1994）。因此，身處於一個現代社會氛圍中，國家和人民間發生法律關係不外權利、義務與違反義務時所應負的責任等三項，故在闡述教師權利義務時，得先對權利及義務加以闡述，俾使教師能瞭解並享受法益而不致喪失自我權益，且也能理解遵循規範而不致觸法被究責。

### (1)權利與義務概念的意涵

以下茲就權利與義務等兩概念做簡要闡述（林紀東，1990；卓英豪，1994）：

① 權利

權利乃受法律保護得享受特定利益之法律實力，亦即是一種「法益」。權利人得依其意思行使其權利，並得以訴訟方式實現其權利內容。因此，權利係以法律為依據，並以法律保障其實踐，一切以法律規範為依歸。基本上，現代化國家之法令規範頗多，有關權利分類方式亦頗多樣，難以詳述，以下茲就公私角度加以簡要呈現：

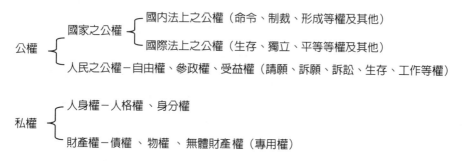

圖1-1　權利分類

② 義務

一般而言，有權利必有義務，二者是相對且配合的（林紀東，1990）。人是群居的動物，為了維持組織的生活秩序，必須對人的行為加以約束或強制。基本上，道德是柔性及較高的規範，而法律則屬剛性及最低的標準。而所謂的義務即是指法律上所課以作為或不作為的一種拘束或限制。就義務的規範內容來看，分為「作為義務」與「不作為義務」兩種，前者乃強制一定要做；後者則是約束不能做，然不管何者，只要違反約束者，就得負起相關責任並課以應有的處分。前述的責任及處分包括刑事、民事及行政等屬性，可單獨成立或併存。這種具有強制性且具體明確的處分是和違反道德約束僅受輿論及精神制裁是不同的，但因法令的訂定通常有其參酌民情、民俗及民德的部分，故二者間雖有差異，惟重疊性亦高。如以公私角度分之，公法上的義務係指依公法所負擔的義務；而私法上的義務則依私法所負擔的義務。

**(2)教師的權利保障與義務的履行**

　　教師以其人民身分自可享受身爲人民的權利及擔任人民應負的義務，而其依教師身分而來，又有教師可享之權利及應盡之義務。黃坤錦（1993）認爲，教師權利來源主要有人權、契約、專業三種觀點。因此，教師權利義務有來自人權觀點的基本權利義務，此與一般國民無異；也有來自於契約觀點，此係基於受僱關係接受聘約而來的權利與規範；還有來自專業觀點的專業權利與義務，此受著專業理念與屬性的影響。以下先簡述一般人民應享之權利及義務；接續則以融合契約與專業的《教師法》爲主來加以呈現，接著並陳述面對權利義務時應有的心態供參。

　　① 教師基於一般人民的權利與義務

　　《憲法》是國之根本大法，乃是「鞏固國權、保障民權、奠定社會安寧、增進人民福利」之法，故其在「人民之權利義務」專章中之規定，適用於全體人民，而教師爲人民的一分子，自應受其規範及保障。依規，中華民國國民享有以下權利：(i)平等權；(ii)自由權（此包括人身自由之保障、居住遷徙、不受軍事審判、言論、講學著作及出版、秘密通信、集會及結社、信仰宗教等之自由）；(iii)生存權（包括工作權及財產權）；(iv)請願權；(v)參政權；(vi)應考試及服公職；(vii)受國民教育。除此之外，《憲法》上的概括規定，認爲在不妨害社會秩序公共利益下，其他之自由權利均受《憲法》保障。另外，教師尚有私法上的權利，包括財產權（有債權、物權、無體財產權等）、人身權（有人格權、身分權等），這些權利如果受到侵害時，都可依法提起民事訴訟請求賠償。

　　《憲法》中有關「人民之權利義務」專章中規定，一般人民應有納稅、服兵役、受國民教育及恪遵國家法令的義務。前述義務中，納稅部分在之前因有特殊原因考量而免除教師履行此義務，惟那是屬於過渡階段性之特別規範，如今也已恢復課稅，故所有義務現已全體國民一體適用。

　　② 教師基於教師身分的權利義務規範

　　教育活動的重要性不在話下，惟要能實踐，教師是個重要的核心因素。長久以來，教師是沈默的一群，教師的地位不明確，專業體系難建立，此種狀況在社會開放多元及傳統權威式微後更顯重要。因此，在教師

及學者的促動下，《教師法》在1987年著手研議，並在1995年頒布實施。在這之後雖又經幾次修調，惟其規範大致相仿，以下茲陳述《教師法》所規範之教師權利及義務如下：

第16條規範教師權利如下：「教師接受聘任後，依有關法令及學校章則之規定，享有下列權利：一、對學校教學及行政事項提供興革意見。二、享有待遇、福利、退休、撫卹、資遣、保險等權益及保障。三、參加在職進修、研究及學術交流活動。四、參加教師組織，並參與其他依法令規定所舉辦之活動。五、對主管教育行政機關或學校有關其個人之措施，認爲違法或不當致損害其權益者，得依法提出申訴。六、教師之教學及對學生之輔導依法令及學校章則享有專業自主。七、除法令另有規定者外，教師得拒絕參與教育行政機關或學校所指派與教學無關之工作或活動。八、其他依本法或其他法律應享之權利。」

第17條規範教師義務如下：「教師除應遵守法令履行聘約外，並負有下列義務：一、遵守聘約規定，維護校譽。二、積極維護學生受教之權益。三、依有關法令及學校安排之課程，實施教學活動。四、輔導或管教學生，導引其適性發展，並培養其健全人格。五、從事與教學有關之研究、進修。六、嚴守職分，本於良知，發揚師道及專業精神。七、依有關法令參與學校學術、行政工作及社會教育活動。八、非依法律規定不得洩漏學生個人或其家庭資料。九、擔任導師。一〇、其他依本法或其他法律規定應盡之義務。前項第四款及第九款之辦法，由各校校務會議定之。」

至於違反義務之究責則於第18條中規範如下「教師違反第十七條之規定者，各聘任學校應交教師評審委員會評議後，由學校依有關法令規定處理。」此種以教評會來進行教師違反義務規定之審議，主要乃是回歸教師專業自主及建立自律機制。

值得注意的是，在2011年時《工會法》修訂通過，教師可以組工會。頓時，各縣市教師職業工會或是教育產業工會也陸續成立，並成立了全國教師工會總聯合會，進行「團結全國教師暨其他教育人員，維護學生受教權益，保障教育勞動者權益、改善教育環境、提升教育品質及追求社會公平正義爲宗旨。」的努力，而依其網頁所示，其主要任務如下：「一、

維護學生受教權益。二、維護教師專業自主權。三、保障教育勞動者權益及生活品質。四、訂定全國教師專業倫理規範。五、提升各級學校教育品質。六、全國性團體協約之協商、締結、修改或廢止。七、參與教育發展及教育勞動者權益相關政策法令之制訂與修正。八、依法派出代表參與或監督與教育人員權益有關之法定組織運作。九、辦理教師專業成長相關之研究、獎勵及進修活動。十、教師工作環境安全及衛生事項之促進。十一、推動教師勞動權相關之教育訓練及組織發展。十二、依法從事公共事業、合作事業、文教事業、投資事業、職訓教育機構、仲裁機構之創辦及文宣刊物之發行。十三、辦理會員之福利、服務及文康活動。十四、勞資爭議事件之調解、仲裁及爭議權之行使。十五、各會員工會業務之輔導支援及糾紛調處。十六、與國內外各工會組織及公民團體合作，推動社會及教育改革。十七、依法提起公益之訴。十八、其他合於本會宗旨及有關法令規定之事項。」未來，全國教師工會總聯會在執行任務的運作與影響，對教師權利義務扮演著重要角色，值得持續加以關注。

　　③ 教師面對權利與義務時應有的心態

　　權利與義務係依法令而來，惟法令的規定相當繁瑣，且實際運作時又有許多難以預料的情況。因此，雖然我們可以從教師法及相關法令中瞭解教師自身相關的權利及義務，然在關切的過程中，仍宜有相當的體認與抱持適切的心態，如此始能圓滿不致失衡。基本上，教師在看待自我權利與義務時，宜從下列角度思考。

　　(i) 時代變遷，現代社會已由「禮治」走向「法治」，是一個注重人權保障的時代，凡事講究權利、義務對等的原則。因此，教師要調適心態，論事先回歸法理，不能再以「尊師重道」的大帽子來當成保護傘。

　　(ii)教師改聘任後，聘約內容是規範權利、義務的一份約定，也是日後行事作為依循的準據，故教師在受聘時，宜詳閱聘約內容，審酌思考後才應聘，免得日後有所爭執、衝突，甚至於吃虧。

　　(iii)近來是師資培育及教師相關事務變化較大的時刻，有關法令隨時在變動中，而這些都攸關教師的權利與義務，需要教師們時時注意，處處關心，以掌握最新資訊，享受應得之權利及瞭解應盡之義務。

(iv)權利與義務是相對的，故在享權利的同時，也要恪盡自己的義務，不能光想享受權利而逃避或不盡義務。因此，在鼓勵教師們爭取自己合法的權利的同時，也要很嚴肅的期許並要求所有老師們自律，以盡所應盡的義務。

(v)現今是一個法治社會，一切以法為規範，而權利、義務也完全是以法令為準則，但法令不同於道德規範，它只是個最低標準，因此，對於一位從事化人易俗的教師而言，最低標準固然應加遵循，但更重要的是在這個最低標準下，應基於專業的服務性，追求更高的表現。

(vi)權利被剝奪或喪失，當然有權可以爭取，也理應據理力爭，但基於守法及教師有身教影響的因素下，故仍應把握合情、合理、合法的原則，透過正當的管道及適切的方式爭取。

**作業活動** ......................................

> 請搜尋最新版之《師資培育法》與《教師法》加以研閱，並記下印象最深刻或衝擊最大之規範1-2則，於課堂中提出分享並與夥伴一起討論。

 **貳　教師的角色定位與實踐**

「角色」此一詞句最早之拉丁字根，係指劇場中為保護提詞之羊皮不至破損的捲軸，現則通用為戲劇中所扮演的人物，而借用在現實生活中則多指人們在組織中擔任工作及職務的總稱。一般而言，一個角色的扮演與實踐，主要會受到來自職務的規範與他人期望的影響，前者主要來自正式法令的規範；後者係由社會發展脈絡氛圍而對職業角色實踐應有之行為期待而來。本處擬結合論述，先就教師角色與工作性質做一陳述，接著，再提出教師身處當前學校本位管理時代的氛圍中，應有的角色定位思考與實踐。

## 一、教師角色與工作性質認識

　　教師的主要活動場域爲學校，而學校有固定的活動範圍，且進行著學年、學期、週別課表等的課程教學活動，因此常會被認爲工作性質是例行且固定的。惟在實際實踐上，教師角色是有其重要性與複雜性的（郭丁熒，1995）。尤其是在社會進展與開放民主的過程中，教師的角色內涵更爲多元複雜。如九年一貫課程推動實施時，教師被期許要從「官定課程的執行者」轉換爲「課程設計者」，從「被動學習者」轉換成「主動的研究者」，從「教師進修研習」轉換爲「教師專業發展」，從「知識的傳授者」轉換成「能力的引發者」（饒見維，1999），此係就課程教學面來看。而當時代變遷快速促動學校走向本位管理之際，教師更被期許扮演教師領導的角色（江志正，2013）。凡此種種，皆表明教師角色內涵龐雜且隨時代氛圍變化。

　　基本上，前述郭丁熒的研究有助於全面來瞭解小學教師的角色內涵，故以其歸結的：1.教師個人特質層面。2.教育專業層面。3.教學層面。4.教師人際關係層面。5.學生的管理與輔導層面。6.教師的權利與義務等六面向來看，大致就是教師此一行業的職責、工作與角色的綜合，而其中除了教師的權利與義務因涉及法令，前段已加論述外，餘則結合實際狀況，從幾個角度來進一步對教師此一角色、職責及工作做綜合性的說明。首先從傳統觀點來看對教師特質的期許；接著以專業觀點來看教師專業的取向；而後以工作內涵來陳述教師的教學活動；接續以學校生活來論述教師的人際關係；最後則以影響作用來說明教師對學生的輔導與影響。

### ㈠就傳統觀點來看教師

　　打從二千多年前，孔子主張並實踐「有教無類，因材施教」，而創下千古不朽的偉大功業開始，我國對教師這個角色就極爲重視與崇敬。尤其當孔子死時，其弟子因古禮法中並無記載對師應服之喪禮，但又感念師恩浩蕩，故比照父喪守喪三年，自此以後，就有所謂「一日爲師，終身爲父」的說法，而將教師比擬爲父母。這種膨脹教師身分、地位、尊嚴與責任的做法，讓我國享有「尊師重道」的美譽，但也由於這種以孔子爲教師

典範的看法，讓我國在良師的挑選與培育上，幾乎陷入一個無法達成的烏托邦。由傳統文化所塑成的教師特質期待，總認為其應具有崇高的品德、豐富的學識、敬業的精神、無私的愛心、十足的耐心等。但平心而論，這些條件是道出人們對教師一職的崇高敬意與深切期許，惟因所列項目繁多且標準甚高，實有如完人一般，達成難度頗高。面對此，有意為師者應可將之視為追求的理想，以促師道的展現。

## (二)就專業觀點來看教師

由於教師這種行業對他人的身心發展、人格道德、職涯生活影響甚大，故不但有其重要性，且更需要接受特別的訓練或受有證照。因此，教師必須被視為是一項專業應無疑問。惟若將教師比之醫師、律師等專業，似乎可以發現，教師的專業性稍弱了些。的確，醫師、律師培育的過程中，專業及專門科目是合而為一的，且這些知能很少能藉由日常經驗學習而得；而教師培育過程中，專業和專門科目是分離的，兩者不同。換句話說，一位健全的教師不但要具備專門知識（即學科知識），也要懂得專業知能（即教材教法及教育心理等），缺一不可，故困難度頗高。此外，教師專業知能的部分，可能因人人從小到大都有許多受教經驗，可來自經驗，因而似乎更削弱了教育專業在教師此一行業中的重要性。不過，換個角度來想，此也正是真正受過教育專業者與未受過者最大的差異所在，值得深思。另就專業的起源來看，提供專業服務、自主自決、走向專業的教師，也應好好省思自我在教學過程中，自主做決定與負起所有決定影響後果的關聯性。

## (三)就工作內涵來看教師

教師所從事的是教育工作，而就實質內涵來看，所負責的工作實際上就是教學。教學是包括「教」與「學」，亦即是施教者與受教者間，透過適切之方法互動，而能促使受教者增進知識及能力的有價值活動。當然在此過程中，由於施教者是較成熟或較有能力的一方，故應扮演引導者的角色。因此，教師的工作就是一種人際互動的歷程，而這種互動是隨著時、空、對象而會有所改變的；進行時，不但需要相當的學理基礎和技巧，其

藝術成分也頗重。一般而言，在教學互動過程中，教學對象善變難掌握，教學目標模糊難具體，教學過程千變萬化，教學自主性受侷限等，都使得日復一日、年復一年且看似單純固定的教學工作，在平凡中充滿著驚奇與挑戰，而如何去做最完美的詮釋，實有賴教師們經由瞭解、模仿、創造的學習歷程，運用智慧，在親自參與中時時省思、調適，以加以克服困境並提升精進。

### ㈣就學校生活來看教師

學校是教師的工作場所，而這個場所因其工作性質及組織設計而有著獨特的生活方式。基本上，在這些以節、日、週、學期的安排過程中，教師須處理許多看似相同且又不同的事務。如以每日和每年來看，有點像是循環往復，此種周而復始的歷程會造成許多教師工作久了之後，可能會成為慣例性，教師的生活可能是一成不變的（高強華，1989）。惟如以教師待最久的班級來看，其實是充滿了人多事雜、多事同時發生、事件急速難料且公開無私等屬性（陳奎憙、王淑俐、黃德祥、單文經，1996）。因之，對較敏感的教師而言，學校及班級可說是個充滿變數和挑戰的地方。此外，學校生活似有組織，但其結構也屬鬆散；行事也要重效率，但又怕形式傷了實質而有彈性及空間；人數眾多，但每位教師在班上又可能乏友伴而感到寂寞。這種複雜又多變的生活方式讓身處其中的教師可能充滿挑戰及成就感，或感困擾與倦怠，頗值得關注。

### ㈤就影響作用來看教師

教師不但是班級中的靈魂人物，也是班級中最具權威的人物。教師擁有來自法規的資格、權利、義務等權威；也擁有來自文化傳統及社會習俗的傳統權威；更擁有來自專業知能、專業智慧、專業精神的專業權威（熊智銳，1994）。因此，教師在學校中可以明顯且有效的影響學生們的言行舉止。教師藉由互動不斷散發出訊息，並傳達給學生而產生影響作用，這種由訊息影響學生的觀念與想法，進而促成行為展現乃至成為習慣，且進一步塑成性格而影響一生命運，影響力可謂不小。在學校情境中，教師可能透過正式課程教導，也可能是從所推展或實施的某種措施制度中傳達；

教師可能是有意的口頭告知，也可能是無意肢體表現的潛移默化；此外，教師們有可能是有意的善用而導向正途，但也可能不慎而造成負面的效果等，點點滴滴的影響不斷散布其中，這種狀況造成教師的偉大，但也提醒著為師者不可輕忽大意，實值得為師者深切體會。

從上的分析中可以知悉，教師的工作是相當複雜的，要扮演多重角色與擔負複雜任務。而如何善體並加發揮，則有賴為師者實際去體悟踐履。

## 二、教師角色定位思考與實踐

處於一個知識經濟的時代中，全球競爭激烈，故也加重了學校教育的期許與負擔，為了能因應時局及快速應變，學校乃被期許漸走向本位管理，教育事務改由學校自主及共同參與決定（Murphy & Beck, 1995）。在此情形下，教師為學校中的主力，且為具有專業知能的一群，不僅要完成課程教學活動，且被期許要扮演教師領導的角色，亦即是要深化專業知能並發揮專業影響力。因此，教師不但要做好班級教學活動，更要能正向影響同儕社群及參與學校發展。值此氛圍，教師如何好好重新思考自我角色定位並加以實踐是極為重要的課題。基本上，「熱忱活力」與「省思能力」是很根本的，有了此二者，其他技術性的能力很快就能跟上。

教師為施教的主體，唯有本身具備完備的條件與能力，才能順利完成教學活動。而所謂「良師」應該是指能適切扮演教師這個角色者，具體而言，也就是指能和學生們做適切互動而達成教育成效者。在這個過程中涉及到人的因素，且也會因時、空及心理等因素而有差異，故很難用同一或固定的標準來衡量認定。因此，不論是和如程灝的「如沐春風」或嚴如程頤的「程門立雪」，雖然做法風格迥異，但皆能列為良師之列而受人推崇。此外，如有教無類、因材施教的孔子，發揮教育大愛的斐斯塔洛齊，中外有異，然皆為千秋良師典範。上述種種雖可參酌，惟仍嫌抽象，若以實際的眼光來看，當前每年所辦的師鐸獎特殊優良教師選拔的標準中可以看出，今日良師應符合消極及積極兩方面條件，即不但不能做出有辱師道的作為，更要能在教學與服務上有所表現，發揚教育光輝才行。雖然如

此，但對於良師要訂出具體明確之標準似乎仍很難做到，惟若揭示良師特質以為努力方向應是可行之道。因而，如何實踐教師角色以成為良師，以下將在前述基礎下，分理念思維及實踐作為二部分加以闡述以供參考。

### ㈠在理念思維方面

基於學校中活動緊湊及工作忙碌的特質，故學校中很多事務的決定可能是採「垃圾桶模式」（謝文全、林新發、張德銳、張明輝，1995）。即教師在此種決定情境中，大多會以在某一偶然的「決定機會」中發現某一「行動方案」恰巧適合於某一「問題」的解決，於是就加採用，過程並未必完全理性適切。例如：有一位學生犯錯，教師在面對此情境時，可能直覺想到且認為別的老師體罰似乎能夠遏止其再犯，故做了體罰此一決定。這種處理模式並不是最恰當的，但倒是相當能解釋學校中目標模糊和生活緊湊的特質；而這樣的處理模式係深受著個人既有的理念所左右。因此，有關良師部分，理念至為重要。基於此，在此擬提出幾點教師實踐自我角色並扮演良師應具備的理念供參。

### 1. 應具備有正確的教育理念

何謂「教育」？這是個很重要且需要釐清的問題，因為教師作為如悖離教育理念，有可能比不教育還更糟糕，因此教育工作者一定得具備正確的教育理念。何謂「教育」很難回答，且很抽象而難掌握，但英國分析學派大師彼特斯為教育所下的定義及規準很值得參考，且可由此來檢證所作所為是否真的合乎教育理念。皮特斯認為：教育是一「工作—成效」的概念，且是一多樣態的歷程，此即表示教育活動應有作為且要有成效。因此，如果一位老師在上課，而學生們都已呼呼大睡或吵成一團，一點成效都沒有，那即非從事教育工作。除此之外，教育尚需符合認知性、價值性、自願性等三個規準，其中的認知性即施教要能合乎真理，是是非非，不傳達沒有根據及不合真理的訊息；價值性即施教要能合乎正面、真、善、美的價值；自願性即施教不能強迫，要能引發學習者自動自發的學習狀態。上述觀點是為師應有的認知與信念，可作為教師檢證自我教育理念的準則。

### 2. 應具備有正確的輔導觀念

教育若深究其字源，含有啓發引導的意思，因此輔導的相關知能及技巧是教育工作上相當需要的，若不懂此，可能無法達到教育的眞諦。輔導是一門助人的學問與技術，是希望透過合作的過程使受助者能自我瞭解，並進而自我抉擇及實現。在現實狀況下，由於小朋友身心未臻成熟，對許多事情的處理方式在大人眼中看來或許是幼稚、愚笨的，因此心急的成人總是幫助他解決，此種做法看似協助，實則愛之適足以害之，因爲此種做法已剝奪孩童學習的機會和樂趣，也就是揠苗助長，宜加小心。爲師者面對一大群尚屬懵懂未經世事的小孩，更容易陷入這種困境。因此，具備並發揮這方面的理念對陪伴孩子成長發展至爲重要。

### 3. 應具備有適切的人性觀點

教育工作基本上是一種人際的互動，因此所牽涉到的都是人，唯有對人性具備適切觀點，才能順利處理人際間的一切事務。人性是善是惡，這是中外哲學家們探究已久且難獲一致結論的議題，但對人性的觀點會影響到教育活動的進行，這則是各派普遍認同的看法。因此，從事教育工作還是要對這個議題做深入思考探究，以對人性的一些共通面建立起適切的看法。基本上，人是有情感尊嚴的，故不能以物視之；人是活的且可變的，故教育具有可能性也要有彈性並因材施教；人是有需求的，對此加以滿足才是成長的動力……凡此種種，如能善加掌握，順勢而行，才能將教育工作做好。例如：上課時有學生不專心，如具此觀點則會從學生是否在生理、安全、心理……等需求沒滿足著手，親加關懷並逐一加以過濾解決，以順利化解問題於無形，並激發學生追求自我實現的需求，而圓滿達成教育任務。

### 4. 應具備有無私的教育大愛

愛是人與人間的潤滑劑，是促使人們成長的動力，更是幸福人生的催化劑，有了它，人間將變得更美好。國民教育之父——斐斯塔洛齊，他的一生行誼即建立在其無私的教育大愛上。而幼兒園之父福祿貝爾也說過：「教育無他，惟愛與榜樣而已。」因此，有著奉獻精神及具備無私且偉大的教育大愛，的確是成爲一位良師所不可或缺的特質。而所謂的教育愛與

其他愛的不同點乃在於它是無條件的，也不看關係的，甚至於是將愛心及心血付出投向智能較弱、身心困頓、社經背景低下等社會資本不足及文化不利的兒童，而這種做法除能符應勞爾斯的正義論主張外，也才能真正落實教育本質與理想。

### 5. 應具備有適切的民主素養

處於一個民主開放的新時代，民主思潮勃興，也期許整體社會能提升而邁向一個公民社會。因而，教導兒童來適應這個民主社會並扮演適切公民就變得至為重要，而身為教養者的教師當然更不能缺少民主此一特質。民主並不是一種口號，也不僅只是一種制度，它是一種生活方式，更是一種人生態度。教師本身是個具影響力的角色，其所抱持的人生態度和生活方式，不但會在教法、措施上顯現，更會是一種潛在課程而默默影響學生，因此不可不慎。而所謂的民主態度及生活方式，具體一點就是相互尊重、相互包容、相互關懷和相互體諒。在社會走向多元開放民主之際，最需要的就是這些素養，身為教師者更應深體此意，將這種生活方式與態度實踐力行並散播，以造福社會、造福人群。

### 6. 應具備有高度的敬業熱忱

敬業是任何行業中出色人員所必備的基本條件，教師也不例外。但何謂敬業呢？傳統觀念中總認為久任其職才叫敬業，其實此仍未切中核心意旨。孔子曰：「知之者不如好之者；好之者不如樂之者。」為學求知如此，而做事何獨不然。故所謂的敬業應該是一種經由自我認識而樂在工作中的感覺；而即使不能做到樂而行之，最起碼也應該做到看重自己的工作，以「敬慎其事，謹慎行之」的心情來面對，那才算敬業。因此，不管一位教師在職多久，只要他能重視本身的教學工作，抱持一份虔誠的心，慎重的將份內的工作處理好，都可稱之為敬業。敬業，來自於責任習性與找到自我人生天命之所在，為師者宜善體並深化。

### ㈡在實踐作為方面

基於前述種種，身為一位民主法治時代及學校本位管理氛圍中之新時代教師，在實踐作為上可思考以下幾個角度：首先是要做到「瞭解並遵循

教育專業信條、自律公約及聘約規定」這是最起碼的部分；其次，是要能「時時省思及調適教學並不斷追求精進提升」；最後則要能做到「體認自我角色時代定位並進行教師領導」。茲分述如下：

### 1. 瞭解並遵循教育專業信條、倫理規範及聘約規定

教育是一項專業已普獲認同，而專業人員最大的不同處即在於擁有專業自主權，但這得要在專業信條的規範下，才能彰顯意義及不致逾越，因此專業信條對教師而言是很重要的。有關此，教育學術團體於1977年的聯合年會中通過一個教育人員信條，闡述對專業、學生、學校、學生家庭與社會、國家民族與世界人類等的責任，頗具理想性，其服務做法及提示值得參酌。惟因社會變遷頗速，《教師法》制定實施後，允籌組教師會並自訂自律公約；且在《工會法》通過後又允教師組工會來研訂專業倫理規範。因此，更實際的做法是，教師們可加入教師組織及相關產業工會，在大家的參與努力下，研擬出切合實際且更符合教師觀點的專業倫理規範，以供參酌及遵行。另外，由於當前教師係採聘任制，故教師接受聘約，當然也要就聘約之規範加以瞭解並加以遵循，以實踐自我角色任務。

### 2. 常常省思及調適教學並不斷追求精進提升

教育是晚近才從哲學分化出來的一門科學，由於分化得較晚，且因事涉「人」的因素，故論性質上是與輔導等學科列為行動科學，亦即這些科學的理論要在實際情境中去行動調適，才能實踐出真理來。尤其，在教育改革氛圍中，教師扮演教學的反省、革新催化、轉型知識等角色變得更為重要（郭至和，2002）。因此，所有的教育理論難保在各種時空情境中一定有效，唯有時時省思、調適，才能算是對教育科學的實踐。故身為教育工作者，在執行教育、教學工作時，當然是需有專業知能做後盾，但並不能就此保證教學工作的順利進行與目標的順利達成。換句話說，教育專業理論可說是必要條件，而非充要條件，在適用和應用時，尤須特別小心謹慎。因此，一位良師必定是能先對專業理論熟悉，並透過行動的實踐與省思，看看理論應用的結果如何？是否解決了問題？有否產生新問題？有無其他後遺症？該如何做會更完美？……等，此種不斷思索、探究、檢討、調適，而找出理論與實際最近的一點，進而達成教育的目標。換句話說，

一位優良教師會在教學中常加省思，也會多做行動研究，此值得深思力行。

### 3. 體認自我角色時代定位並進行教師領導

在一個學校本位管理時代中，學校相關事務係透過授權而讓學校自主決定，並期許學校由利害關係人一起參與決定，來形成更佳的決策，並利於執行實踐，以助益學校的發展。教師是學校中具有專業且重要的一群，是學校中的重要資產，更在此波環境氛圍變動中，被賦予教師領導的時代定位，期許能提升自我知能並實踐專業，且能擴大影響來促進同儕社群專業提升，還有參與學校發展事宜，以促學生學習績效的提升及學校發展目標的達成。基於此，教師至少得在「教室層級─課堂教學提升」、「社群層級─專業互動影響」、「學校層級─參與發展決策」等三方面來加以實踐（江志正，2013）。換句話說，教師雖仍扮演教師角色，惟除了將自我教學活動做好並不斷提升外，也要漸走出教室來擴大參與及進行專業影響，此包括運用專業知能來助益同儕社群發展及共同提升，還有積極投入參與校務，並發揮專業提供建設性意見來助益學校發展及落實學生學習權益之確保。

綜上來看，當今良師的界定應漸走出靜態的觀點而轉向動態衡量，也要從教室層面的教學實踐轉而以擴大專業影響的角度觀點來審視。也就是說，良師除了應具的知能及理念外，更應是一位能時時進修及省思調適的力行實踐者，還有在此基礎下要擴大專業能量的影響力，如此才能展現教師此一角色的時代意義與價值，成為名副其實的良師。

**作業活動** ..................................................

請訪談一位實務現場的現職教師，瞭解其工作狀況與甘苦，並詢問其對良師的看法，略加整理後於課堂中提出分享並與夥伴一起討論。

### 教師的職涯與專業發展

　　生涯規劃是代表一個人的自我生涯安排，且透過這種安排，個人潛能得以充分發揮，循序漸進的達成人生目標。這種追求人類潛能充分實現的目標，可說與企求助人自我實現的廣義教育目的不謀而合。教師本身在進行作育英才的教育工作，到底自我的生涯如何？如何去經營規劃？這些不但關乎教師個人的工作與生活，更會透過潛移默化而成為教育的一部分，因此有關教師的生涯問題，的確值得為師者多加關切。對此，以下先論述生涯概念與教師職涯規劃，接續陳述教師專業標準與專業發展，以供教師發展之參酌。

## 一、生涯概念與教師職涯規劃

　　教師這個角色在國內外雖受尊崇的程度不一，惟皆深受重視，然對此一重要行業卻因很難讓個人由自我的努力而在薪資結構、職位階層與專業成長方面藉由序列的升遷得到更高的地位、酬賞及自我成長，因而被認為是無生涯的職業（蔡培村、孫國華，1994）。對此，實在十分可惜。在國內，由於教師教學生涯非常安定，故教師的生涯發展和規劃受到忽視（陳淑菁，1994），這種情況對教師本身及受教學生而言，都是不利的。因此，本處擬提生涯相關概念及教師生涯規劃相關資訊供參考。

### (一)生涯相關概念的認識

#### 1. 生涯的意義

　　吳靜吉（1992）曾以「危機」和「承諾」兩個面向為指標，將人的自我認同分成為認同有成、認同尋求、認同早熟、認同混淆等四種，而這種自我認同的追尋即為生涯的重點。基本上，世上每個人都是不同的個體，有著不同的特質，故本就應該過自我的生活方式，這是個人的權利與自由，惟有的人經歷千辛萬苦，終於找到自己的最愛，過著滿意的生活；有的人則抱著宿命的觀點，過著不滿意但勉強接受的日子；有的人更是跟著別人的步伐前進，從未思索並追求自己喜歡過的生活方式。凡此種種，不

但關乎個人生活品質及自我實現，也影響著社會的和諧與發展，更點出生涯議題的重要性。

　　生涯的英文是Career，其意乃指兩個輪子走過的路徑，而根據《牛津辭典》的解釋係為「道路」之意，進而引申為個人一生的道路或進展途徑（陳淑菁，1994）。生涯以發展論的角度來看，Super認為：「生涯是全人生的歷程，是生活裡各種事件的演進方向與經歷；它統合了個人一生中的所有職業和生活角色，不管是有給職或無給職；正業或副業等，由此表現個人獨特且綜合的自我發展型態。」（羅文基、朱湘吉、陳如山，1994；張添洲，1993）由此可知，生涯的觀念是比職業和工作的概念要廣得許多，它可以說是涵蓋了人一生的長度，內涵則含括了人生各個層面的活動和經驗，是個連續不斷且獨特的歷程。因此，生涯可說是生活之學，是探究生命意義的學問，也是深化學習價值的學問，更是應變之學，企求透過此來幫助個人的一生可以過得順遂並展現人生意義。

　　由上來看，有一則球鞋廣告頗能傳達生涯的真諦，那就是：「亞瑟士，走自己的路。」人生也是如此，走自己的路，惟到底走什麼路？怎麼走？則是生涯相關議題探討的重點。因此，一些與生涯有關的名詞都具有「觀照現在、規劃未來」的涵義，所強調的重點，也都是環繞著「生涯」概念及其重要特質（黃天中，1991）。或許誰也無法保證人生路上都能做出完美無缺、永不後悔的決定，惟時時省思體察應變及學習是免不了的。也因此，生涯此一議題在此一瞬息萬變的社會中更屬重要與可貴。

## 2. 生涯發展與生涯規劃

　　從上可知，生涯是具有發展性的，其長度是縱及人的一生。發展一詞用在心理學上所指的是個體從生命開始到終了的一生期間，其行為上產生連續性與擴展性改變的歷程（張春興，1984）。而生涯發展所指的係有關個人生活上的連續性與擴張性的改變歷程。也就是說，人們隨著年齡階段身心發展狀況的不同，各有其獨特的需要、任務或活動目標，而在這個進程中，個人不斷自我認識、自我肯定、自我成長，以促自我實現的過程即謂之生涯發展（黃天中，1991）。

　　由於生涯較強調的是對人生的觀前顧後及整體的生活型態的關注，

故其發展重點不同於心理學上所強調個體身心特質面向。一般而言,生涯發展所強調的是對生活有所影響之特質的成長與改變,例如:自我認知能力的養成、工作世界的瞭解、生涯試探規劃和準備的完成、生涯能力的增進、完善的人際關係、自我實現動機的確立等,這些與整體生活型態有重大相關的議題,都是生涯發展的重點,亦是生涯發展應有的目標(張添洲,1993)。

生涯發展是必然的,至於能否如願達成,端看過程的配合及運作。在凡事「豫則立,不豫則廢」的情形下,個人對自我的生活實難任其自由發展,而必須有所規劃,以讓生涯課題的重點及步驟等能化為具體化並利於實踐。這種強調明確目標、執行方法及步驟、成效評估等的過程,我們就稱為「生涯規劃」。生涯規劃是一個重視實際現實面,運用系統方法將理念化為具體行動的過程活動。它旨在探究一個人生涯的妥善安排,期使個人能在此安排中突破障礙、發掘潛能並充分發揮自我潛能,而達成生涯目標(黃天中,1991;羅文基、朱湘吉、陳如山,1994)。因此,如何以科學精神及嚴謹的系統規劃法來對人生規劃並助益發展,對人生而言至為重要。

由於生涯是一個知己、知彼及抉擇行動的過程,因此,生涯規劃所強調的內涵及步驟約為下列幾點(黃天中,1991;羅文基、朱湘吉、陳如山,1994):覺知與允諾、擬訂目標、計畫及執行(定出方向、自我瞭解、瞭解外在世界、修正目標、付諸實行)、評估與回饋、重新回到覺知與允諾再次出發。據此,在人生的過程中,如能掌握上述幾點並能力行實踐與堅持,定能創造出亮麗的人生。

## (二)教師生涯階段與進路規劃

生涯層面雖廣,然由於職業往往是影響個人各層面生活的主要因素,故其與生涯關係至為密切,相當值得從此一角度來加以探究。

### 1. 教師的生涯階段

教師工作表面上看來是單純、安定有保障,享有自主性及隱私性,受到大眾的尊崇,有著一定的社會地位和聲望,且也有著不少令人稱羨的福

利，更可以從學生那裡獲得無價的「精神富貴」，的確是個不錯的工作。但若深加探究，有關教學專業的掌握與實踐、人際關係的處理與因應、情意感受的體會與適調……等，這些若非置身其中是很難真實領悟的。對於此，學者致力教師生涯發展的研究，提出了週期論、階段論和循環論等不同角度的看法（蔡培村、孫國華，1994）。其中以階段論者提出的看法較多，也較能對教師的生涯進程及發展有個完整的說明。以下茲綜合陳述來討論教師生涯發展。

　　Newman將教師的專業生涯以十年為週期來劃分，首先是熱忱、尋求、關鍵；接著轉為穩定；之後再轉為非正式及其彈性（引自陳淑菁，1994）。而Fessler的教師生涯發展觀也大致維持前述，分為職前、新進、增進知能、投入與成長、挫折、穩定但遲滯、轉移、引退（引自王麗雅，1990）。此大略提出教師職涯發展階段及相關特質。

　　另外，曾國鴻（1995）曾做更細的區分，認為就專職教學的教師而言，其生涯發展歷程至少涵蓋以下六個階段：(1)準教師的養成期（18至22歲）。(2)初任教師的試探期（22至28歲）。(3)基層教師的投入期（28至33歲）。(4)中堅教師的扎根期（33至40歲）。(5)指導教師的資深期（40至55歲）。(6)管理教師的準備退休期（55至60歲）。而高強華則認為可分下列八個階段（侯建威，1995）：(1)職前教育階段：即是在師範校院就讀或接受教育學程的階段。(2)實習導引階段：即實習和初任教前幾年的適應階段。(3)能力建立階段：即任教數年後，力求改善教學技巧、提升效率階段。(4)熱切成長階段：持續追求成長與實現，主動積極且熱愛工作。(5)挫折調適階段：即教學工作遇挫，理想幻滅，重新思索階段。(6)穩定遲滯階段：熱情減退，克盡本分，失旺盛企圖心及參與感。(7)生涯低盪階段：此為準備離開教育工作的低潮時期。(8)退休落幕階段：離開教育工作。前述八個階段並非絕對一成不變或循序漸進的，而是具有動態的與彈性改變的可能，且隨個別差異與身處情況的不同而有所不同。

　　前述二種說法中，前者係以年齡來加以做階段陳述，此在師資計畫培育階段，進入教職年齡大多20出頭，頗能符應；惟係在師資培育開放後，也有30、40歲才任教職者，故後者以進入職場之時間來做論述似較能符應

當前實際狀況，也較容易理解。

總括前述，皆點出一個事實，那就是一個教學工作者的心路歷程及生活，會隨著接觸面的擴大與深入及時間的流逝而有轉變。從中可以發現，教師在三、四十年的教學過程中，其專業能力、觀念、價值、態度、需求等都會有顯著的改變，並呈現出階段性，雖然起伏的時程及狀況或許會有個別差異，但其狀況大致相同。由此可以瞭解，教師和其他行業類似，有著「適應—發展—挫折—再成長—再發展—引退」的動態歷程，明乎此，對於有志為師者可預先就如何掌握這些脈動及因應調適的方法加以瞭解，並有所體會、省思與規劃。除此而外，學校及主政單位更可明乎此並強化自我責任，做好設計和安排，讓老師們在這些生涯階段中能平穩、愉快且順利的度過，此才能彰顯教師生涯階段探究的意義。

### 2. 教師的生涯進路規劃

生涯是獨特、可變與可追求的。基於前述教整體發展階段的瞭解，就生涯的角度來看，教師這個行業就和其他行業一樣，只要是基於對自己的瞭解認識，及對外在環境的清楚掌握，都可以有各式各樣的發展，以實現自我。曾國鴻（1995）認為，教師的生涯進路可分為如下四種：選擇從事專任教學工作的教師、選擇從事教育行政工作的教師、選擇進修深造的教師、選擇轉而從事他業的教師。時空雖然演變，然大致發展方向也在這範疇，故此四種取向係教師比較有可能的選擇進程。對此，雖僅大部分且也或許未能涵蓋全部可能性；此外，其彼此間也未必完全互斥，諸如從事教職者，也可從事行政，也可繼續進修研究等，但此應可提供教師們參考省思。至於綜合實際狀況，釐清自我是否適合教育領域發展後，教師可能的幾種生涯進路及做法可大分如下幾類：

#### (1) 選擇在教育界繼續服務

① 選擇專任教師為職志並從中獲得樂趣

做此選擇者應不斷在教學上精研、調適，以獲取學生、家長、社會大眾的認可，並以好老師為努力目標。

② 選擇轉任教育行政工作或兼任學校行政工作發揮所長

做此選擇者應主動參與學校公共事務，爭取服務機會，並充實行政相

關知能、參與相關考試甄選，逐步調遷來做更大的貢獻。

③ 選擇專任教師並利用公暇發揮所長

做此選擇者應做好教師教學服務工作，並利用公暇鑽研個人志趣及從事學習活動，豐富人生並裨益教學。

**(2)轉往他業服務**

此應精準澄清自我追求方向，瞭解欲發展方向必備之知能，並趁早行動，積極進取以實現自我。值得注意的是在進行過程中應以不影響本職之教學服務工作為原則。

至於在整個規劃過程中的策略、技巧及步驟等則可以歸納如下（侯建威，1995；陳淑菁，1994；蔡培村、孫國華，1994；羅文基、朱湘吉、陳如山，1994）：

① 感覺到強烈的需求及下定決心改變

思索教學生涯是否遇到瓶頸？是否有障礙產生？是否有志難伸？是否過得不如意？……等。如有則應深切覺察到改變的重要性，並下定決心，進行生涯規劃活動，以期能突破此一低潮，開發潛能，達到自我實現。

② 認清自我並精確評估時空環境

一個成功的生涯規劃應從認識自我及評估外在時空環境做起。想想看我是誰？我會做什麼？我應該做什麼？我願意做什麼？我的人生目的及價值何在？……等問題。這些可以藉由參與各種社團、活動及人際交往互動中來加以探觸，也可借助心理測驗及生涯諮商等來加強對自我志向、興趣、潛能等的瞭解，並藉此明白自我的工作價值觀念、抱負水準、成就動機與生活工作目標等，以為進一步規劃發展的基礎。然因生涯規劃宜具體可行，故除了認清自我外，亦應對所處的大環境等的客觀條件有精確的瞭解。而這一部分應包括政治、經濟、文化、社會等因素的瞭解，和對各種可能發展機會及所需配合的條件等做分析評估，以為參考。

③ 蒐集生涯相關資訊和檢視生涯機會

生涯本就是一連串決定的過程，如能基於前述自我瞭解和對外在環境精確的認識與評估，應能幫助生涯做出正確抉擇及促成自我有利的發展。一般而言，教師應蒐集的生涯資訊主要有靜態與動態兩大類，前者係屬書

面的資料或報告，此在一個資訊科技時代，應該是垂手可得；後者則指親臨現場體驗或實習，此則有待好好規劃及進行，以讓自我的生涯機會能在此過程中能再度檢視符應性及化為實踐。而這些資料的蒐集與檢視，旨在詳細探究各種職務及生涯進路發展機會的可能性，以為設定生涯目標的參據。例如：要擔任校長宜具備何種資格？宜有哪些能力？會過著什麼樣的生活方式？……等，運用資料瞭解及親訪體驗，以為自己參照前述狀況，再決定是否繼續追求。

④ 確立生涯目標並擬定具體行動策略

在做生涯規劃時，基於前述的瞭解及蒐集資料評估後，應設立並確立自我的人生目標，以發揮指引的功用。籠統的目標太過高遠空泛，很難精確掌握和依循，因此，須針對目標分化並做細部精確的陳述。一般而言，人生目標不外下列幾項（王淑俐，1994）：事業、學習、家庭、休閒、身體健康、健全的性格、人際關係、個人形象等。雖然這些項目可能因為個性及不同年齡階段而各有所偏，然往這些方向做考慮，應頗能顧慮到整體人生的發展。因此，如能根據這些目標陳述擬出一些具體的行動策略，劃定短、中、長期的執行方式，並將之書面化及寫成生涯報告書，有助促目標的達成。

⑤ 逐步向前邁進並隨時評鑑生涯計畫

在這個階段中最重要的是將生涯目標及行動策略詳加分析，找出其關鍵點及著手處，然後轉化成具體行動循序漸進，以逐步達成目標。此外，由於外在客觀環境隨時改變，故在執行此行動策略時，宜時時審視評鑑，看看是否周延？是否合於理想？是否適切可行？……等，以便有問題能及早改善補救，而真正享受生涯成功的喜悅。如以「擔任校長」為生涯目標為例，經由分析知道須經甄試儲訓始能參與遴選；而要參加甄試則要有一定的教學行政經驗與積分，並要通過甄試才能如願；而在積分項目中，大致包括學歷、年資、考績、服務表現（自己表現及指導兒童的表現）、研習進修等，故有意者就該據此從指導學生、參與活動求取表現、參與研習累積積分等著手做起，漸漸往目標邁進。過程中也宜時時審視評估，以符應實際變化狀況，做出最佳因應。前述僅列大要，惟如能依此步驟穩健踏

實而行，並不斷循環精進，必能開創出屬於自己充實亮麗的一生。

## 二、教師專業標準與專業發展

不管前述生涯發展狀況如何，教師擔任的教學重任是最重要的教師專業，而教師專業是一個不斷提升的歷程，在一個教師培育開放的情形下，如何確保「專業化」與「優質化」，是需要教師標準來加以確保（吳武典，2005；高薰芳、楊欣燕，2005）。因此，從職前到在職，如何朝著教師專業標準來加以努力與強化，也需要持續進行專業發展。以下茲就此提列教師專業標準及教師如何依此進行專業發展，略加論述供參：

### (一)教師專業標準

專業發展的過程中，為使專業屬性得以確認及彰顯，也利於專業從業人員培育及檢證，還有進行專業人員之持續進修成長活動，有必要架構專業標準，以為依循。有關教師的專業標準，世界先進國家大多已著力進行，而我國除學者進行探究外，目前也由教育部委託進行中小學教師專業標準之研訂，以供參酌，並能做為教師自我檢視及未來努力之參考。

教師專業標準內涵包括專業知能、專業實踐、與專業投入等三個面向，而「專業知能」部分的標準包括：標準1.具備教育專業知識並掌握重要教育議題。標準2.具備學科／領域知識及相關教學知能等兩個標準；「專業實踐」則包括：標準3.具備課程與教學設計及教材調整能力。標準4.善用教學策略進行有效教學。標準5.運用適切方法進行評量與診斷。標準6.發揮班級經營技巧營造支持性學習環境。標準7.掌握學生差異進行相關輔導等五個標準；而「專業投入」則包括：標準8.善盡教育專業責任。標準9.致力於教師專業成長。標準10.展現協作與影響力等三個標準。各標準項下，則再就專業表現水準加以區分呈現，以提供參酌依循。據此，不但有助教師培育，也能供為教師進修成長與評鑑檢核的參酌，有助教師能力水準的齊一化及不斷追求精進。因此，有志走上教師一途者，宜對教師專業標準加以關注，並時時以此自我檢視惕勵，以求精進提升。

## (二)教師專業發展

教師是負責傳道、授業、解惑的專業工作，基於專業特質及任何知識都有其折舊率的情形，教師要時時進修以充實自我，實為必然的事。而就實際教學層面來看，教師進修是師資培育的一環，也是維持優良教學品質於不墜的最大保證。因此，若要能跟上潮流，永保教學勝任愉快，也唯有藉不斷的進修充實並追求精進提升才能達成。故而，真正的良師應摒棄以往靜態特質的觀點，而代之以動態的角度來衡量。以此角度觀之，一個能時時追求並充實專業知能的老師，才能與時俱進，也才能將這一份具有前瞻性及引導性的人性教化工作做好，符合一位良師的條件。《教師法》中對教師進修至為重視，不但專章說明規定，且將這項活動列為教師的權利，也是義務。因此，教師們應重視這項權利及義務，更應關心相關法令內容，以利時時進修與研究。

有關教師的進修成長與專業發展，管道繁多，諸如工作投入並自我省思、自行研閱資料、撰寫省思札記、進行行動研究、參與社群活動、繼續進修研究……等，皆能有利教師專業提升。而教師可在自我條件評估下，選擇最適合自己發展之管道及作法，來實質強化自我專業，以讓教學更為順遂。惟如以當前主政者努力推動的教師專業發展，主要有以下兩大項值得分享並提供參酌：

### 1. 教師專業發展評鑑

教師專業發展評鑑（以下簡稱教專）係於95學年度開始推動，以教師自願參與及學校自願申辦方式來進行，主要意旨在於期望參與教師能透過同儕視導之課堂觀課回饋及教師教學檔案之建置分享省思，來獲取回饋訊息以促自我專業提升。其中，回饋訊息的蒐集與瞭解為起步，接續擬定個人化且具體可行之個人專業成長計畫並加以落實更是重點所在。而為此，也已分別成立北、中、南、東各區之區域人才培訓中心，分別負責教專相關業務推動，並進行教專參與人員之專業知能培訓事宜。有關參與教專之人員計有初階、進階及教學輔導教師等三個層次之課程活動，可提供教師在教學專業上獲得提升及發揮，也可藉此來落實教師相互影響助益並精進提升，實踐教師領導之實質內涵。

對於教專活動，曾憲政（2012）曾指出，如果將之視爲是配合政府政策而在執行，通常不能持久，且也較無成效；惟如能好好體會思考其理念，有了正確瞭解，並以教師專業提升爲努力標的，則較可能有收穫且持續，此值得爲師者好好確認。尤其是前述釐清自我而以扮演好老師爲職志者，在教師職涯中更得好好藉此在專業上來加以精進，以能不斷自我提升及獲得教學上的肯定與榮耀。

### 2. 教師專業學習社群

爲了要善加規劃教師專業長成活動並切合教師需求，教育部乃於99年開始辦理教師專業學習社群（曾憲政，2012）。而教師專業學習社群是主政者基於時代氛圍及學習理論而來所推動的教師專業發展型態，其摒除以往大團體、齊一進度、外來專家且制式之週三進修模式，而改採小群、教師教學取向、同儕互動及本位角度思考的教師專業互動群體，更能切合需求而發揮成效。

教師專業發展學習社群依教育部（2009）的界定，係「一群志同道合的教育工作者所組成，持有共同信念、願景或目標，爲致力於促進學生獲得更佳的學習成效，而努力不懈地以合作方式共同進行探究和問題解決。」此外，也進一步指出其具有共同願景與目標、能聚焦學習來協同合作、共同探究學習、分享教學實務、實踐檢驗且持續改進並檢視結果等特徵。而此一教師群體其組成方式及運作型態多元，並無一定規範，惟值得思考的是，其要能運作得宜並有成效，學校行政的支持協助免不了，然更重要的是，要能有熱心且適切的領頭羊來引領，還有需要大家一起努力營造出坦誠信任的氛圍，以凝聚大家參與的熱忱，共同付出。有關教師專業學習社群雖只推出短短數年，然已在校園中獲得熱烈迴響，值得爲師者好好體會瞭解並參與投入。

## 作業活動 ..........................................

請透過靜態及動態的生涯資訊來自我評估未來可能的生涯進路，並據此簡要地規劃實踐的策略與作法。對此，也請於課堂中提出分享並尋求夥伴的回饋意見與想法。

# 參考文獻

王淑俐（1994）。生涯計畫與時間管理——理論篇。臺北：南宏。

江志正（2013）。學校領導的永續思維與實踐。臺中：國立臺中教育大學。

吳武典（2005）。專業標準本位的師資培育制度之建構。載於中華民國師範
　　教育學會主編「教師的教育信念與專業標準」（231-248）。臺北：心
　　理。

吳靜吉（1992）。人生的自我追尋。臺北：遠流。

林紀東（1990）。法學緒論。臺北：五南。

卓英豪（1994）。談教師權利與義務。載於伍振鷟主編「教育行政專論」。
　　臺北市：師大書苑。

侯建威（1995）。教師生涯發展——成功的喜悅。師說，82，22-27。

高強華（1989）。論教學特質與教師生活。載於國立臺灣師範大學學術研究
　　學會主編「當前師範教育問題研究」。臺北：五南。

高薰芳、楊欣燕（2005）。美加英澳等國教師專業標準發展對於我國教師素
　　質的啓示。載於中華民國師範教育學會主編「教師的教育信念與專業標
　　準」（141-176）。臺北：心理。

翁福元（1996）。90年代初期臺灣師資培育制度改革的反省：結構與政策的
　　對話。載於中國教育學會主編「師資培育制度的新課題」。臺北：師大
　　書苑。

郭丁熒（1995）。小學教師角色相關實證研究之回顧與分析。國立臺南師範
　　學院學報，28，197-224。

郭至和（2002）。誰抓得住我——課程改革中教師角色與定位。花蓮師院學
　　報，14，1-24。

教育部（1994，2002，2005）。師資培育法。

教育部（1995，2000，2013）。教師法。

教育部（2009）。中小學教師專業學習社群手冊（再版）。臺北：教育部。

許泰益（1994）。從師資培育法修正談師範教育發展。國教之友，**53**(2)。

黃天中（1991）。**生涯與生活**。臺北：桂冠。

黃光雄（1995）。我國師資培育的動向。**臺灣教育，553**。

黃坤錦（1993）。教師權的理念。**高市文教，4**(1)，12-17。

陳奎熹、王淑俐、黃德祥、單文經（1996）。**師生關係與班級經營**。臺北：三民。

陳淑菁（1994）。教師專業與生涯規劃。**諮商與輔導，107**，16-20。

曾國鴻（1995）。教師生涯進程的抉擇。**教育實習輔導，1**，5-8。

曾憲政（2012）。務實推動教師專業發展評鑑。**臺灣教育評鑑月刊，1**(7)，1-2。

張春興（1984）。**心理學**。臺北：東華。

張添洲（1993）。**生涯發展與規劃**。臺北：五南。

熊智銳（1994）。**開放型的班級經營**。臺北：五南。

蔡培村、孫國華（1994）。教師的生涯發展與規劃。**鐸聲，4**，38-47。

劉炳華（1995）。師資培育制度之研究──以我國師範教育制度為中心（上）。立法院院聞，**23**。

謝文全、林新發、張德銳、張明輝編著（1995）。**教育行政學**。臺北：國立空中大學。

謝瑞智（1993）。公立學校教師之屬性。**師友，315**，14-15。

羅文基、朱湘吉、陳如山（1994）。**生涯規劃與發展**。臺北：國立空中大學。

饒見維（1999）：九年一貫課程與教師專業發展之配套實施策略。載於中華民國教材研究發展學會主編「九年一貫課程研討會論文集─邁向課程新紀元」（305-323）。臺北：中華民國教材研究發展學會。

Murphy, J. & Beck, L. G. (1995). *School-based management as school reform-Taking stock*. Thousand, CA: Crowin Press, Inc.

顏佩如

第三章

# 國民中小學九年一貫課程

**國民中小學九年一貫課程綱要**

## 一、修訂背景

　　民國89年以前，國民教育階段的課程是依「課程標準」規定實施，國民小學和國民中學分開訂定。基於《教育改革總諮議報告書》教育鬆綁之建議，教育部於民國89年公布「國民中小學九年一貫課程暫行綱要」、92年提出「國民中小學九年一貫課程綱要」，將國民中小學課程一併規劃設計；且將課程劃分為七大學習領域，另外提出七大重要議題；至此，「課程綱要」取代了「課程標準」，領域取代了學科。之後教育部陸續於97年與98年微幅修正課程綱要。101年修正發布「國民中小學九年一貫課程綱要」重大議題。最近教育部為了因應十二年國民基本教育之實施，刻正委託「國家教育研究院」研訂十二年國民基本教育課程綱要，以整合連貫高級中等以下學校課程（教育部部史，2014）。

## 二、97課綱與92課綱之差異

### ㈠學習領域階段

　　97課綱將本國語文與數學學習階段從原先的三階段更改為四個階段，第一階段為一至二年級、第二階段為三至四級、第三階段為五至六年級、第四階段為七至九年級。

### ㈡重大議題方面

　　更改為性別平等教育、環境教育、資訊教育、家政教育、人權教育、生涯發展教育、海洋教育等七大議題。

### ㈢教學活動方面

　　將統整式教學更改為主題統整式教學。將學習領域輔導團更名為國民教育輔導團。於教科書編輯方面更改為以專業為基礎，並在題材與情境上兼顧本土性與國際性（教育部，2012b）。

## 三、國民中小學九年一貫課程綱要內涵（97課綱）

### (一)一個中心

以生活爲中心。國民中小學之課程理念應以生活爲中心，配合學生身心能力發展歷程；尊重個性發展，激發個人潛能；涵詠民主素養，尊重多元文化價值；培養科學知能，適應現代生活需要。

### (二)兩種學習節數

領域學習節數與彈性學習節數：領域節數約占80%，彈性節數約占20%，由各校自行規劃。全年授課日數以200天（不含國定假日及例假日）、每學期上課20週、每節上課40-45分鐘（國小每節上課時間爲40分鐘、國中45分鐘）。導師時間及午休、清掃等時段不列在學習總節數內。下表爲九年一貫課程各年級每週學習節數、領域與彈性學習節數架構表。

表3-1　九年一貫課程學習節數

| 年級＼節數 | 學習總節數 | 領域學習節數 | 彈性學習節數 |
|---|---|---|---|
| 一 | 22-24 | 20 | 2-4 |
| 二 | 22-24 | 20 | 2-4 |
| 三 | 28-31 | 25 | 3-6 |
| 四 | 28-31 | 25 | 3-6 |
| 五 | 30-33 | 27 | 3-6 |
| 六 | 30-33 | 27 | 3-6 |
| 七 | 32-34 | 28 | 4-6 |
| 八 | 32-34 | 28 | 4-6 |
| 九 | 33-35 | 30 | 3-5 |

### (三)課程三大面向

課程應考量：1.個體發展；2.社會文化；3.自然環境等三個面向。

㈣**五項目的**

九年一貫課程在培養具有：1.人本情懷；2.統整能力；3.民主素養；4.本土與國際意識；5.終身學習之健全國民。

㈤**七大學習領域**

語文、健康與體育、社會、藝術與人文、數學、自然與生活科技及綜合活動。下表為各學習領域及學習階段劃分表。

表3-2 九年一貫課程學習領域及其階段劃分

| 學習領域＼年級 | 一 | 二 | 三 | 四 | 五 | 六 | 七 | 八 | 九 |
|---|---|---|---|---|---|---|---|---|---|
| 語文 | 本國語文 | | 本國語文 | | 本國語文 | | 本國語文 | | |
| | | | 英語 | | 英語 | | 英語 | | |
| 健康與體育 | 健康與體育 | | 健康與體育 | | 健康與體育 | | 健康與體育 | | |
| 數學 | 數學 | | 數學 | | 數學 | | 數學 | | |
| 社會 | 生活 | | 社會 | | 社會 | | 社會 | | |
| 藝術與人文 | | | 藝術與人文 | | 藝術與人文 | | 藝術與人文 | | |
| 自然與生活科技 | | | 自然與生活科技 | | 自然與生活科技 | | 自然與生活科技 | | |
| 綜合活動 | 綜合活動 | | 綜合活動 | | 綜合活動 | | 綜合活動 | | |

㈥**七大議題**

將性別平等教育、環境教育、資訊教育、家政教育、人權教育、生涯發展教育、海洋教育等七大議題融入各領域課程教學（教育部，2012a）。

㈦**十項基本能力**

1.瞭解自我與發展潛能；2.欣賞、表現與創新；3.生涯規劃與終身學習；4.表達、溝通與分享；5.尊重、關懷與團隊合作；6.文化學習與國

際瞭解；7.規劃、組織與實踐；8.運用科技與資訊；9.主動探索與研究；10.獨立思考與解決問題（教育部，2012a）。

　　⑷各校應成立「課程發展委員會」，並下設「各學習領域課程小組」，於學期上課前完成學校課程計畫之規劃、決定各年級各學習領域學習節數、審查自編教科用書及設計教學主題與教學活動，並負責課程與教學評鑑。學校課程發展委員會之組成方式，由學校校務會議決定之。學校課程發展委員會成員應包括學校行政人員代表、年級及領域教師代表、家長及社區代表等，必要時得聘請學者專家列席諮詢（教育部，2012a）。

##  貳 國民中小學九年一貫學習領域與重大議題（97課綱）

　　九年一貫課程將內容劃分為七大學習領域，包括：語文、健康與體育、數學、社會、藝術與人文、自然與生活科技、及綜合活動等。各學習領域所占領域學習節數比率：語文學學習領域為20%-30%外，其餘領域各占10%-15%。但在一、二年級階段，將社會、藝術與人文及自然與生活科技三個領域統整為生活課程。此外，教科書內容除了學科知識與技能外，也要能反應當前社會關注的主要議題，因此又列舉了七項重大議題（性別平等教育、環境教育、資訊教育、家政教育、人權教育、生涯發展教育、海洋教育），並將其融入各領域學習之中。以下簡要介紹七大學習領域及七項重要議題（教育部，2012a）。

### 一、學習領域

　　為培養國民應具備之基本能力，國民教育階段之課程應以個體發展、社會文化及自然環境等三個面向，提供語文、健康與體育、社會、藝術與人文、數學、自然與生活科技及綜合活動等七大學習領域。學習領域為學生學習之主要內容，而非學科名稱；除必修課程外，各學習領域，得依學生性向、社區需求及學校發展特色，彈性提供選修課程。學習領域之實施，應掌握統整之精神，並視學習內容之性質，實施協同教學（教育部，

2012a）。以下就七大學習領域分別說明之：

### ㈠語文學習領域

語文學習領域包含本國語文與英語，其中本國語文又分為國語文、客家語、原住民族語和閩南語，後三者通稱為本土語言。學生需修習國語文和選修一種本土語言，而三年級後加修英語課程。

### 1. 國語文

國語文旨在培養學生正確理解、靈活與有效應用本國語言文字，從事思考、理解、推理、協調、討論、欣賞、創作，激發學生廣泛閱讀的興趣，同時引導學生學習利用工具書，融入生活經驗結合資訊網路，藉以增進語文學習的廣度和深度，培養學生自學的能力（教育部，2011）。

分段能力指標包含：(1)注音符號運用能力、(2)聆聽能力、(3)說話能力、(4)識字與寫字能力、(5)閱讀能力、(6)寫作能力等六項主軸（教育部，2011）。

國語文教材編輯應配合各階段能力指標，第一階段以發展口語表達為主，第二、三階段由口語表達過渡到書面表達，第四階段則口語、書面表達並重。教材之編輯，宜掌握基本識字量3,500-4,500字（各階段識字量可彈性調整），依學習難易，由淺入深，作循序漸進的安排。就注音符號標是而言，第一、二階段須全部注音；第三、四階段僅於生難字詞、歧音異義之字詞注音（教育部，2011）。

就教學原則而言，注音符號教學應採綜合教學法教學，認讀符號後，再練習拼音。聆聽能力宜採隨機教學，指導學生聽得正確、聽得清楚、聽出順序、聽出層次、聽時應掌握中心思想，並記憶主要內容、聽與說相結合宜注意先聽後說，養成良好的聆聽態度和禮貌。說話能力教學時宜培養學生發表的興趣與信心，使學生有普遍練習表達的機會，並配合學生生活經驗，及常用語彙、句型，組成基本句型練習。識字教學應配合部首、簡易六書原則，理解其形、音、義等以輔助識字。閱讀能力為語文教學的核心，應兼顧聆聽、說話、作文、寫字等各項教學活動的密切聯繫。寫作能力教學宜重視學生自身經驗與感受陳述（教育部，2011）。

## 2. 英語

國民中小學英語課程的目標爲：(1)培養學生基本的英語溝通能力，並能運用於實際情境中。(2)培養學生學習英語的興趣與方法，並能自發有效地學習。(3)增進學生對本國與外國文化習俗的認識，並能加以比較，並尊重文化差異（教育部，2008a）。

國民中小學英語課程分段能力指標分爲語言能力、學習英語的興趣與方法、文化與習俗三大主軸；其中「語言能力」包含聽、說、讀、寫以及語言綜合應用能力五項（教育部，2008a）。

教學同時注重聽、說、讀、寫，不過本課程希望能運用兒童在發音學習方面的優勢，於國小三、四年級的啓蒙階段強調聽、說的學習，讓兒童藉由豐富的英語聽、說的學習，奠定良好的英語口語溝通基礎。然而即使是在啓蒙階段，讀、寫活動並未偏廢，而是適時融入課程，讓學生藉由接觸簡易的閱讀材料，以及適當的臨摹及填寫字詞等練習，自然體驗語言的不同形式，以收聽、說、讀、寫四者相輔相成的效果。第二階段除了持續地培養基本聽說讀寫的能力外，更強調英語的實際運用，發揮其工具性功能，藉以吸收新知、幫助個人身心發展（教育部，2008a）。

上課宜採輕鬆活潑之互動教學模式，以培養學生興趣和基本溝通能力，教材內容應生活化、實用化及趣味化，課程體裁應多樣化，並儘量透過情境化的活動、同儕與師生雙向互動的練習，讓學生從活動中學習（教育部，2008a）。

## 3. 客家語

客家語學習旨在培養學生熱愛客家文化及主動學習客家語的興趣和習慣，藉由客家語基本的聽、說能力，並能在日常生活中靈活運用，表情達意，擴充生活經驗，認識本國多元文化，激發學生廣泛學習客家語的興趣（教育部，2008b）。

客家語課程內容及詞彙，最好能從初級，和學童生活最密切的詞彙開始，以個人生活、家庭生活、學校生活，逐漸擴大到社會生活的範疇。教學內容應兼顧語言、文化、社會脈動。客家語語文學習能力指標主要分爲：聆聽能力、說話能力、音標系統應用能力、閱讀能力、寫作能力等五

項（教育部，2008b）。

### 4. 原住民族語

依據多元文化之理念，尊重各民族語言，實施原住民族語課程應重視原住民族語之主體性與現代特色，積極營造適宜的環境，培養學生主動學習族語的興趣，以傳承族語。原住民族語教學之本質為文化教學，故原住民族語教學，應依據原住民文化的屬性、族群差異、居住地區等條件規劃彈性方式，積極營造貼近族群文化的族語學習環境，以自然輕鬆的方式學習族語。原住民族語教學的目標，首重培養實際運用的能力，並藉由語文的學習認識族群相關的歷史文化（教育部，2008c）。

原住民語語文學習能力指標主要分為：聆聽能力、說話能力、音標系統應用能力、閱讀能力、寫作能力等五項（教育部，2008c）。

### 5. 閩南語

閩南語學習旨在培養學生探索、熱愛閩南語的興趣與態度，藉由閩南語聆聽、說話、標音、閱讀、寫作的基本能力學習，能在日常生活中靈活運用、表情達意；並能應用閩南語學習知識、擴充生活經驗、認識多元文化，以因應現代化社會的需求（教育部，2009a）。

閩南語教材編選應以生活化、實用性、趣味性與文學性為原則，並以學生日常生活及未來發展為主要內容；第一階段學習以培養聆聽、說話能力為主。第二階段加強聆聽、說話能力，並培養標音和閱讀能力。第三階段加強聆聽、說話、標音、閱讀能力，培養基本的寫作能力。第四階段在聆聽、說話、標音、閱讀、寫作五項能力（教育部，2009a）。

### (二)健康與體育學習領域

「健康與體育」為綜合健康與體育之學科，其目標在培養學生擁有良好適能，生活在健康的環境中，同時擁有支持的法規與人群。藉由鼓勵學生藉著健康行為的養成、運動行為的培養與鍛鍊，改善自己的健康，同時在與別人互動中影響他人、社區與環境，以達到全人健康的目的（教育部，2008d）。

「健康與體育」教學以培養學生具備良好的健康行為及體適能為首

要目標；本學習領域配合學生生長發育及現有學制，平均分為三個階段。第一階段為國小一至三年級，第二階段為國小四至六年級，第三階段為國中一至三年級。能力指標主題軸分別為：生長、發展、人與食物、運動技能、運動參與、安全生活、健康心理、群體健康等七項（教育部，2008d）。

在教學方面，應多利用各種教學媒體輔助教學。並指導學生對該項運動之基本能力與正確技術之學習，並採用多元化的教學原則，奠定參與運動之基礎（教育部，2008d）。

### (三)數學學習領域

數學和語文是基礎教育最重要的兩個學科。早期歐洲基礎教育以三R為主，三R指的是讀、寫、算，即為語文和數學。語文和數學也被稱為工具學科，是進一步學習最重要的能力（教育部，2008e）。

在數學教育裡，除了培養學生數學知識外，運算能力、抽象能力及推論能力的培養是整個數學教育的主軸，這三者是連貫而非獨立分開的。藉由數學課程可以培養學生的演算能力、抽象能力、推論能力及溝通能力，學習應用問題的解題方法。數學學習領域內容分別為「數與量」、「幾何」、「代數」、「統計與機率」與「連結」五個主題，以字母N、S、A、D、C表示；其中指標雖以主題與階段來區分，仍有若干能力指標採跨主題方式同時編列，如「數與量」、「幾何」，以強調其連結，此類指標皆以相關連結編碼註記，而「連結」又分為察覺、轉化、解題、溝通、評析五個子題（教育部，2008e）。

教師教學應以學生為主體，以學生的數學能力發展為考量。教學過程可透過引導、啟發或教導，教師可提供有啟發性的問題、關鍵性的問題、現實生活的應用問題，激發學生不同的想法（教育部，2008e）。

### (四)社會學習領域

社會學習領域是統整自我、人與人、人與環境間互動關係所產生的知識領域。廣義而言，人的環境包括：自然的物理環境、人造的物質環境、人造的社會環境、人類的精神環境。第一種環境屬於人生的「生存」

層面，與自然科學、地理學有關；第二種環境屬於人生的「生計」層面，從「縱」的方面來看，它與歷史學有關；從「橫」的方面來看，它與經濟學有關。第三種環境屬於人生的「生活」層面，主要與政治學、法律學及社會學等學科有關。第四種環境屬於人生的「生命」層面，涉及每一個人存在的意義與價值，與哲學、道德、宗教、藝術等處理精神層面的學科有關。人的生存、生計、生活與生命四大層面彼此互有關聯，而社會學習領域正是整合這幾個層面間互動關係的一種統整性領域（教育部，2008f）。

社會學習領域分段能力指標包括九個主軸：「人與空間」、「人與時間」、「演化與不變」、「意義與價值」、「自我、人際與群己」、「權力、規則與人權」、「生產、分配與消費」、「科學、技術與社會」與「全球關聯」（教育部，2008f）。

教學方面應善用多元的教學策略，除一般的講述、問答與討論外，尚可運用社會議題的辯論、角色的扮演、合作學習與校外教學等，使學生的認知學習更深刻（教育部，2008f）。

### ㈤藝術與人文學習領域

「藝術與人文」即為「藝術學習與人文素養，是經由藝術陶冶，涵育人文素養的藝術學習課程。」此學習領域包含視覺藝術、音樂、表演藝術等方面的學習，以培養學生藝術知能，鼓勵其積極參與藝文活動，提升藝術鑑賞能力，陶冶生活情趣，並以啟發藝術潛能與人格健全發展為目的（教育部，2008g）。

藝術與人文領域分段能力指標包含三個主題軸：「探索與表現」、「審美與理解」、「實踐與應用」（教育部，2008g）。

課程方面可依視覺藝術、音樂與表演藝術之個別特質設計教學，或以統整視覺藝術、音樂與表演藝術的學習為原則。統整之原則可運用諸如：相同的美學概念、共同的主題、相同的運作歷程、共同的目的、互補的關係、階段性過程等，連結成有結構組織和美育意義的學習單元；另外「探索與表現、審美與理解、實踐與應用」融入課程的方式也以統整為原則；教學目標強調藝術認知、動作技能、情意、社會責任價值等層面（教育

部，2008g）。

### ㈥自然與生活科技學習領域

人類觀察自然，並且研究各種現象變化的道理，於是產生科學；同時對其巧妙的運用，以適應環境、改善生活，於是乃有技術。自然、科學、技術三者一脈相連，前後貫通，我們對其有以下四點基本認識：1.自然與生活科技之學習應為國民教育必要的基本課程。2.自然與生活科技之學習應以探究和實作的方式來進行，強調手腦並用、活動導向、設計與製作兼顧及知能與態度並重。3.自然與生活科技之學習應該重視培養國民的科學與技術的精神及素養。4.自然與生活科技之學習應以學習者的活動為主體，重視開放架構和專題本位的方法（教育部，2008h）。

自然與生活科技學習領域所培養之國民科學與技術的基本能力，分段能力指標包括：過程技能、科學與技術認知、科學與技術本質、科技的發展、科學態度、思考智能、科學應用、設計與製作（教育部，2008h）。

教材與教學活動設計應以學生經驗為中心，選取生活化之教材，引導學生做科學探究，教學應以能培養探究能力、能進行分工合作的學習、能獲得科學智能、習得各種操作技能、達成課程目標為原則。因此，教學形式應不拘於一，視教學目標及實際情況而定，可採取講述方式、或小組實驗實作方式、或個別專題探究方式、或戶外的參觀、或植栽及飼養的長期實驗，惟不宜長期固定於某一形式（教育部，2008h）。

### ㈦生活學習領域

國小低年級乃是國民教育的開端，兒童從生活中開展學習；對生活是發展各方面知能的源頭。因此，生活課程設置的目的在於引導學童經由生活中的種種活動，開啟其視野、增廣其覺知的領域，並發展其表達的能力，其結果在於學童適應生活及改善生活能力的增強。生活課程在於培養學童的生活能力，並為三、四年級的自然與生活科技、社會、藝術與人文學習領域的學習奠立基礎。生活課程的教學應以學童為學習的主體，教學通常以主題活動的方式呈現。使學童從生活情境中，獲得多面向的領悟及整體性處理問題的能力（教育部，2008i）。

生活課程以五個能力主軸來架構能力指標的內容，分別是探索與體驗、理解與欣賞、表現與運用、溝通與合作以及態度與情操（教育部，2008i）。

### ㈧綜合學習領域

綜合活動學習領域旨在善用知識統整與協同教學，引導學習者透過體驗、省思與實踐的心智及行爲運作活動，建構內化意義與涵養利他情懷，提升其自我發展、生活經營、社會參與、保護自我與環境的生活實踐能力。其範圍包含各項能夠引導學習者進行體驗、省思與實踐，並能驗證與應用所知的活動，包括符合綜合活動理念之輔導活動、童軍活動、家政活動、團體活動、服務學習活動，以及需要跨越學習領域聯絡合作的學習活動（教育部，2008j）。

綜合活動領域總目標爲「培養學生具備生活實踐的能力」，並發展四大主題軸目標與十二項核心素養。四大主軸分別爲：1.促進自我發展、2.落實生活經營、3.實踐社會參與、4.保護自我與環境。十二項核心素養爲自我探索、自我管理、尊重生命、生活管理、生活適應與創新、資源運用與開發、人際互動、社會關懷與服務、尊重多元文化、危機辨識與處理、戶外生活、環境保護（教育部，2008j）。

在師資方面教師應具備本學習領域關鍵能力。就國小而言，須由合格教師擔任，該教師應修習本學習領域核心課程至少二學分或參與本學習領域基礎研習至少36小時；國中教師由具備「國民中學綜合活動學習領域輔導活動專長」、「國民中學綜合活動學習領域童軍教育專長」、「國民中學綜合活動學習領域家政專長」等證書之師資擔任教學工作或由具備「輔導活動」、「童軍教育」或「家政」證書，或修習本學習領域核心課程至少二學分或參與本學習領域相關研習至少36小時之師資擔任教學工作（教育部，2008j）。

## 二、重大議題

九年一貫課程除了學習領域外，爲了兼顧新興議題的學習，提出了

七項重大議題（性別平等教育、環境教育、資訊教育、家政教育、人權教育、生涯發展教育、海洋教育），並將其融入各領域學習之中。以下就七項重大議題分別說明之：

### ㈠性別平等教育

性別平等教育，希望透過「教育」的歷程和方法，促使不同性別或性傾向者都能站在公平的立足點上發展潛能；協助學生認知社會文化的多樣性，破除性別偏見、歧視與刻板化印象；教導學生建立解決問題的能力，引導學生探究性別權益相關議題，批判社會所建構的性別不平等現象，以促進各族群的和諧共處（教育部，2012c）。

國民教育階段的「性別平等教育」課程綱要以「性別的自我瞭解」、「性別的人我關係」、「性別的自我突破」作為三項核心能力，以此建構各階段之能力指標。希望能將性別平等教育的理念真正落實於日常課程實踐之中（教育部，2012c）。

### ㈡環境教育

環境教育成為一個重大議題融入九年一貫課程，充分呼應：1.全球環保的思潮與行動；2.個人發展、社會正義與環境保護的豐富內涵；3.符合教育改革的理念等三項重要意涵。環境教育課程內涵可以包含地區性或全球性的環境問題、永續發展的議題，以及對環境友善的做法等（教育部，2012d）。

環境教育的目的，在於希望教學者能透過各種教學活動引發學生對環境覺知與敏感度，能充實學生環境永續相關的知識，能讓學生對人與環境的互動有正確的價值觀，並在面對地區或全球性環境議題時，能具備改善或解決環境問題的認知與技能，以建立學習者的環境行動經驗（教育部，2012d）。

因此「環境教育」課程綱要核心能力包含了環境覺知與敏感度、環境概念知識、環境價值觀與態度、環境行動技能、環境行動經驗等五項，希冀能夠將「環境教育」融入日常課程或校本課程設計中，使孩子能夠成為具備環境素養之公民（教育部，2012d）。

### 三資訊教育

在資訊化的社會中，培養每位國民具備運用資訊科技的基本知識與技能，已為世界各國教育發展的共同趨勢。培養學生有效的使用資訊科技工具，並瞭解資訊科技與人類社會相關的議題，應是學校資訊教育的中心主題（教育部，2012e）。

「資訊教育」課程設計首先著重在使學生瞭解資訊科技與生活的關係、認識電腦硬體及操作環境、學習基本應用軟體的操作、以及網際網路的使用。其次強調如何使用資訊科技工具有效的解決問題，並進一步養成學生運用邏輯思維的習慣。最後引入資訊科技與人類社會相關的議題，以養成學生使用資訊科技的良好態度與習慣。

資訊核心能力包括：資訊科技概念的認知、資訊科技的使用、資料的處理與分析、網際網路的認識與應用、資訊科技與人類社會。希冀透過「資訊教育」的學習，學生不僅能習得資訊科技的基本知識與技能，也能將習得的知識與技能運用於各學習領域的學習，提升整體的學習效益（教育部，2012e）。

### 四家政教育

「家政教育」係統整自然科學、人文社會與藝術知能，以改善生活之實踐教育活動。「家政教育」能力指標包括「飲食」、「衣著」、「生活管理」、「家庭」四大範疇，透過此四大範疇的認知、體驗與實作等學習，據以達到：充實日常生活基本知能，增進問題解決能力；培養溝通協調能力，建立健康家庭的概念；建構明智的消費觀，合理利用資源並實踐環境保護；促進個人的適性發展與身心健康；欣賞生活之美，激發創意表現；尊重多元文化，培養寬廣的世界觀（教育部，2012f）。

家政教育內涵為國民教育階段學生必備的基本家政素養，也是學生統整各學習領域知識應用於生活的知能。因此「家政教育」學習內涵包括二部分：一為融入七大學習領域，另一為家政教育實習。有關家政教育課程實習（包括家庭與生活管理活動、飲食生活活動以及衣著生活活動等三部分）課程安排在二至九年級，其中二至四年級為每學年四節，五至八年級為每學年二十四節，九年級每學年二十至二十四節的學習時間，於綜合活

動學習領域中執行，所占時間應不少於學校學習領域總教學時間之1.25%
（教育部，2012f）。

### ㈤人權教育

人權教育旨在幫助我們瞭解「人之所以為人」所應享有的基本生活條
件，包括生理、心理及精神方面的發展，也讓我們檢視社會上有哪些問題
是違反人類尊嚴，以及涉及公平、平等的問題，如種族主義、性別歧視等
議題，從而採取行動，解決問題，去除阻礙人權發展的因素，建構一個美
好的社會；因此，人權教育是尊重與包容、自由與平等、公平與正義等觀
念的教導，進而促進個人權利與責任、社會責任、全球責任的理解與實踐
（教育部，2012g）。

人權教育的主軸為：人權的價值與實踐、人權的內容。透過人權環境
的營造與經驗式、互動式、參與式的教學方法與過程，協助學生澄清價值
與觀念，尊重人性尊嚴的價值體系，並於生活中實踐維護與保障人權（教
育部，2012g）。

人權教育議題以融入各學習領域進行教學，不僅凸顯人權的普世性價
值可以展現在不同的學習面向，更可培育未來國民具備國際觀，深切理解
今日世界多元豐富的文化面貌與歷史淵源。希冀藉由人權教育的實施，加
強對人權的意識、瞭解、尊重、包容，而能致力於人權文化的建立，共同
推展人類世界的和平與合作（教育部，2012g）。

### ㈥生涯發展教育

生涯發展教育是全民的教育，是個人生命歷程中不可或缺的一環，而
國民義務教育階段之生涯發展教育重點任務在協助學生做好自我覺察、生
涯覺察以及生涯探索與進路選擇之工作，並達成適性選擇、適性準備與適
性發展之生涯目標，以充分發揮個人潛能，進而適應社會變遷（教育部，
2012h）。

生涯發展教育能力指標為注重自我覺察、生涯覺察及生涯探索與進路
選擇等三項。生涯發展教育課程須活動化、豐富化，使學生瞭解自己、工
作世界和兩者之間的關聯；在教學的歷程中適時地介紹相關行、職業之特

性、工作環境與能力需求等,並透過學科之學習,仔細觀察學生之興趣、性向與能力,鼓勵學生依自己的興趣、性向與能力,做好適性選擇、適性準備與適性發展之工作(教育部,2012h)。

### ㈦海洋教育

臺灣是個被海洋環繞的海洋國家,國民應具備充分認知海洋、善用海洋的能力。海洋教育旨在強化對整體自然環境的尊重及相容並蓄的「海陸平衡」思維,並分享珍惜全球海洋所賦予人類的寶貴資源。為達成「臺灣以海洋立國」的理想,涵養以生命為本的價值觀、以臺灣為本的國際觀及以海洋為本的地球觀,國民中小學海洋教育應以塑造「親海、愛海、知海」的教育情境,涵養學生的海洋通識素養為主軸,進而奠立海洋臺灣的深厚基礎(教育部,2012i)。

海洋教育的架構分為海洋休閒、海洋社會、海洋文化、海洋科學、海洋資源等五大主題軸。從海洋出發,教育國民中小學學生海洋相關的基本知識,培養對生命、自然環境的尊重,發揚海洋民族優質的特性,並塑造海洋人文、藝術的文化(教育部,2012i)。

 **我國當前新興課程議題**

## 一、十二年國民基本教育課程發展

十二年國民基本教育課程發展為「十二年一貫課程體系課程」。十二年國民基本教育課程以「核心素養」為主軸,提出核心素養架構及其各教育階段的內涵,並結合各領域／科目理念與目標,以轉化及發展領域/科目課程綱要相關內涵(領域/科目核心素養、學習重點),進行課程的縱向連貫及橫向統整。「核心素養」是指一個人為適應現在生活及未來挑戰,所應具備的知識、能力與態度。核心素養的表述可彰顯學習者的主體性,不再只以學科知識作為學習的唯一範疇,而是關照學習者可整合運用於「生活情境」,強調其在生活中能夠實踐力行的特質(教育部,2014)。

　　十二年國民基本教育之核心素養係強調培養以人爲本的「終身學習者」，包括「自主行動」、「溝通互動」、「社會參與」三大面向，以及「身心素質與自我精進」、「系統思考與解決問題」、「規劃執行與創新應變」、「符號運用與溝通表達」、「科技資訊與媒體素養」、「藝術涵養與美感素養」、「道德實踐與公民意識」、「人際關係與團隊合作」、「多元文化與國際理解」九大項目。學生能夠依三面九項所欲培養的素養，以解決生活情境中所面臨的問題，並能因應生活情境之快速變遷而與時俱進，成爲一位終身學習者。

　　以上就十二年國民教育課程發展作簡單介紹，詳細內容請參閱教育部「十二年國民基本教育課程發展指引」。

## 二、十二年國民基本教育中等學校教師教學專業能力研習

　　教育部爲因應十二年國民基本教育的推動、社會各界對教師專業發展之企盼及師資培育白皮書的推動，教育部擇選教師專業發展爲102年度業務重點，推動「教師專業發展行動年」，以「形塑師道文化校園，強化教學實務知能」爲主軸（教育部，2013a）。

　　在具體行動方面，分爲兩項：推動活化教學培力增能系列，強化教師專業成長內涵與建置教師專業成長支持系統。其中推動活化教學增能系列推行了三項子計畫，分別爲：「十二年國民基本教育中等學校教師教學專業能力研習五堂課—研習518」；「建置學生學習支援系統與辦理中小學教師差異化教學增能方案—把每位學生帶上來」、「分組合作學習—教室裡的春天」。希冀透過此計畫使教師能培育基本教學專業能力，並促進教師專業發展，與永續優質教師專業素養，在此就「教師專業發展年」計畫簡要介紹，詳細計畫內容請見教育部網站（教育部，2013a）。

　　「十二年國民基本教育中等學校教師教學專業能力研習五堂課」以教學價值觀念改變爲主、政策理念落實爲輔，並推出系列性及統整性之研習課程，課程主題包含「十二年國民基本教育理念與實施策略」、「適性輔導」、「領域（學科或群科）有效教學策略」、「領域（學科或群科）多元量理念與應用」及「差異化教學策略」（理適有多差），計五門課程共

18小時，因此又稱為「研習518」（教育部，2013a）。

## 三、分組合作學習

「分組合作學習」是一種教學型態；指兩個以上的人透過彼此的互動、責任分攤達成共同的學習目標或任務。強調「學習者為中心」提供學習者主動思考、相互討論或小組練習的機會，教學不再是教師主導。在過程中，小組成員不僅要對自己負責，還必須幫助同組成員學習（張新仁等研究，2013）。

推動「分組合作學習」的原因為：正確對待班級內學生的差異、提升學生參與的學習動機、激發學生學習潛能、培養合作的國民核心素養。合作學習的主要特色為：以小組方式進行、異質分組、學習過程重視相互依賴、學習結果強調個別負責、成功機會均等、加強（社會）技巧。依據不同教學情境與目的，可採用不同的合作學習策略。

## 四、中小學教師專業發展評鑑

教育部為協助教師專業成長，增進教師專業素養，提升教學品質，以增進學生學習成果，因此補助辦理「中小學教師專業發展評鑑」。「教師專業發展評鑑」採自願原則，為形成性評鑑，且不得作為教師績效考核、不適任教師處理機制、教師進階（分級）制度之參考。其辦理方式為逐年期、多年期、核心學校三種。教師專業發展評鑑內容得包括課程設計與教學、班級經營與輔導、研究發展與進修、敬業精神及態度等。評鑑方式分為自評與他評兩種：自評為受評教師根據學校自行發展之自評程序及評鑑表格，依序檢核，以瞭解自我教學工作表現；他評為由評鑑推動小組安排評鑑人員進行正式評鑑。

## 五、品德教育促進方案

教育部於民國93年頒訂「品德教育促進方案」推動品德教育五年期之計畫，以我國既有共同校訓與中心德目作為基礎，並轉化當代新價值與思潮，選定其品德核心價值並制訂具體行為準則，融入學校課程中；98年計

畫屆滿，又再繼續推動後五年（民國98至102年）之計畫，著重品德教育推動的優質化與永續性，第三期的五年計畫（民國103至107年），將深化品德教育之推動內涵，鼓勵規劃因地制宜的策略；於實施過程方面，應加強提升有關課程發展、教師教學設計、教學策略以及學習評量的能量，而透過活動性課程的實施更可深化學生的體驗、探索、反省與內化；至於學習場所，宜善用潛在課程的原理，形塑有教養的學習環境並積極增進校內外資源的有效整合，使品德教育由學校教育正向擴展到家庭教育與社會教育，以孕育國民具備有品德、富教養、重感恩、懂法治、尊人權之現代公民素養（教育部，2014c）。

　　「品德促進方案」著重於「品德核心價值」的建立及其「行為準則」之實踐。「品德核心價值」為人們對於自我或他人言行，基於道德原則加以判斷、感受或行動之內在根源與重要依據，其不僅可彰顯個人道德，並可進一步形塑社群道德文化，例如尊重生命、孝親尊長、負責盡責、誠實信用、自主自律、公平正義、行善關懷等。「行為準則」奠基於品德核心價值，加以具體落實於現代生活的不同情境中各個群體的言行規範。例如：校園中推行孝親尊長，其行為準則可為尊重父母與師長、主動與父母師長溝通，或分享學習和成長經驗等（教育部，2014c）。

　　品德教育實施原則為：創新品質、民主過程、全面參與、統整融合與分享激勵等為原則。並發展創新品德教育6E教學法如下（教育部，2014c）：

1. **典範學習**（Example）：鼓勵教師或家長等學生生活親近之人物成為學生學習典範，發揮潛移默化之效果。

2. **啟發思辨**（Explanation）：鼓勵各級學校對為什麼要有品德、品德的核心價值與其生活中實踐之行為準則進行討論、澄清與思辨。

3. **勸勉激勵**（Exhortation）：鼓勵各級學校透過影片、故事、體驗教學活動及生活教育等，常常勸勉激勵師生實踐品德核心價值。

4. **環境形塑**（Environment）：鼓勵各級學校透過校長及行政團隊發揮典範領導，建立具品德核心價值之校園景觀、制度及倫理文化。

5. **體驗反思**（Experience）：鼓勵各級學校推動服務學習活動、課程

及社區服務，實踐品德核心價值。

6. 正向期許（Expectation）：鼓勵各級學校透過獎勵與表揚，協助學生自己設定合理、優質的品德目標，並能自我激勵，不斷追求成長。

將品德教育融入各科與學校各項活動中，希冀藉由品德教育的實施使學生能養成良好的品德（品德教育資源網，2014）。

## 六、閱讀教育

為因應十二年國教之啓動，並達到永續推動閱讀教育的目標，教育部從早期著重文化不利學校的閱讀推廣活動，轉爲擴大到全國各校全面閱讀教育，已對閱讀教育耕耘數年，透過「鼓勵家庭共讀，增進親子互動」、「分享閱讀教學策略，提升教師專業知能」、「結合學校課程，豐沛學生學習」、「營造校園閱讀環境，建立校園閱讀氛圍」等面向的努力，已成功帶動全國各國中小對閱讀的重視，閱讀教育的推展爲學習注入新的活水，更成爲活化教室教學的契機（教育部，2014d）。

教育部於2010年聘請專家研發閱讀理解策略，其教學策略分別爲：

1. 預測，利用文本預期接下來將要發生的情節，是否與作者的陳述一致。

2. 連結，將所讀文本與自己的經驗、背景知識連結或是與其他類似文本串聯，就是做文—我、文—文、文—世界的連結，目的在擴大文本理解層面。

3. 摘大意又稱摘要，學生精簡的重述所讀到的訊息。

4. 找主旨，摘出文章大意後，進一步找出自己認爲文章主要的論點。

5. 作筆記，主要在幫助學生有效組織文章內容以及監督自己的思考歷程與理解程度（幸曼玲、陸怡琮、辜玉旻，2010）。

在103年度第一次全國教育局（處）長會議中心議題以「打開閱讀教育新視野」爲題進行說明與討論，邀請長期推動閱讀教育的國家教育研究院柯華葳院長分享，柯院長指出，閱讀是追求知識最普遍也是最有效率的方式，然而資訊的來源既廣博且多元，除單純閱讀之外，尚須對資訊學習進行轉換，有效進行擷取、分析、反思推論，方能在眞實情境中應用，期

許教育工作者能透過閱讀提供學生方法的導引，給學生一把通往自我學習的鑰匙（教育部，2014d）。閱讀教育不再只有閱讀，而必須注重「思考」。

## 七、美感教育

為了因應民國103年啟動之十二年國民基本教育，並落實中小學教學正常化與五育均衡發展之教育理念，並進一步發展提升國民美感素養，教育部自103年起至107年推動「美感教育第一期五年計畫—臺灣・好美～美感從幼起、美力終身學」，並將民國103年訂定為「美感教育元年」，教育部希望透過「美感教育第一期五年計畫」，喚醒美感需求並成為國人的生活習慣（教育部，2013b）。

教育部「美感教育第一期五年計畫」主要重點為：三大願景：美力國民、美化家園、美善社會；五大理念：強化感知的開發綜效、增加多元生活的體驗、認知美感特色的重要、推動傳統文化的認同與建構具美感的人事物；與三大目標：美感播種、美感立基、美感普及（教育部，2013b）。

希冀透過教師及學校的主動參與，建立「感受」與「實踐」的教育行動，讓學生能建立自我價值認同的美感能力。並透過各縣市政府建立美感教育的支持體系，落實活化校園空間及學校建築美學。在規劃「美感教育第一期五年計畫」的同時，教育部認為美感教育的推動與師資培育有密切關聯，實施美感教育的老師必須是美的鑑賞家，如此才有可能將這樣的鑑賞能力傳授給學生，爰刻正規劃教師及行政人員藝術與美感知能的專業學習活動（教育部，2013b）。

### 作業活動

1. 蒐集有關我國近幾年來的課程改革與課程議題作為討論。
2. 蒐集「92課綱」、「97課綱」、「各階段課綱」加以比較，並與同學分享討論，提出各項差異並歸納改革的方向與特色。
3. 分組探討如何從事最新課綱的學習領域與重大議題的發展與設計。

# 參考文獻

幸曼玲、陸怡琮、辜玉旻（2010）。閱讀理解策略教學手冊。臺北：教育部。

張新仁等研究（2013）。分組合作學習教學手冊。臺北：教育部國民及學前教育署。

教育部（2008a）。國民中小學九年一貫課程綱要語文學習領域（英語）。上網時間：2014年4月28日。取自http://teach.eje.edu.tw/9CC2/9cc_97.php

教育部（2008b）。國民中小學九年一貫課程綱要語文學習領域（客家語）。上網時間：2014年4月28日。取自http://teach.eje.edu.tw/9CC2/9cc_97.php

教育部（2008c）。國民中小學九年一貫課程綱要語文學習領域（原住民族語）。上網時間：2014年4月28日。取自http://teach.eje.edu.tw/9CC2/9cc_97.php

教育部（2008d）。國民中小學九年一貫課程綱要健康與體育學習領域。上網時間：2014年4月28日。取自http://teach.eje.edu.tw/9CC2/9cc_97.php

教育部（2008e）。國民中小學九年一貫課程綱要數學學習領域。上網時間：2014年4月28日。取自http://teach.eje.edu.tw/9CC2/9cc_97.php

教育部（2008f）。國民中小學九年一貫課程綱要社會學習領域。上網時間：2014年4月28日。取自http://teach.eje.edu.tw/9CC2/9cc_97.php

教育部（2008g）。國民中小學九年一貫課程綱要藝術與人文學習領域。上網時間：2014年4月28日。取自http://teach.eje.edu.tw/9CC2/9cc_97.php

教育部（2008h）。國民中小學九年一貫課程綱要自然與生活科技學習領域。上網時間：2014年4月28日。取自http://teach.eje.edu.tw/9CC2/9cc_97.php

教育部（2008i）。國民中小學九年一貫課程綱要生活學習領域。上網時間：2014年4月28日。取自http://teach.eje.edu.tw/9CC2/9cc_97.php

教育部（2008j）。國民中小學九年一貫課程綱要綜合活動學習領域。上網時

間：2014年4月28日。取自http://teach.eje.edu.tw/9CC2/9cc_97.php

教育部（2009a）。國民中小學九年一貫課程綱要語文學習領域（閩南語）。
　　上網時間：2014年4月28日。取自http://teach.eje.edu.tw/9CC2/9cc_97.php

教育部（2009b）。教育部品德教育促進方案。上網時間：2014年4月29日，
　　取自http://ce.naer.edu.tw/policy.php

教育部（2011）。國民中小學九年一貫課程綱要語文學習領域（國語文）。
　　上網時間：2014年4月28日。取自http://teach.eje.edu.tw/9CC2/9cc_97.php

教育部（2011）。教育部補助辦理教師專業發展評鑑實施要點。上網時間
　　2014年4月29日，取自http://140.111.34.34/moe/common/index.php?z=
　　578&zzz=578

教育部（2012a）。國民中小學九年一貫課程綱要總綱。上網時間：2014年4
　　月28日。取自http://teach.eje.edu.tw/9CC2/9cc_97.php

教育部（2012b）。國民中小學九年一貫課程綱要總綱修正草案對照表。上
　　網時間：2014年4月28日。取自http://teach.eje.edu.tw/9CC2/9cc_97.php

教育部（2012c）。國民中小學九年一貫課程綱要重大議題（性別平等教育）。
　　上網時間：2014年4月28日。取自http://teach.eje.edu.tw/9CC2/9cc_97.php

教育部（2012d）。國民中小學九年一貫課程綱要重大議題（環境教育）。
　　上網時間：2014年4月28日。取自http://teach.eje.edu.tw/9CC2/9cc_97.php

教育部（2012e）。國民中小學九年一貫課程綱要重大議題（資訊教育）。
　　上網時間：2014年4月28日。取自http://teach.eje.edu.tw/9CC2/9cc_97.php

教育部（2012f）。國民中小學九年一貫課程綱要重大議題（家政教育）。上
　　網時間：2014年4月28日。取自http://teach.eje.edu.tw/9CC2/9cc_97.php

教育部（2012g）。國民中小學九年一貫課程綱要重大議題（人權教育）。
　　上網時間：2014年4月28日。取自http://teach.eje.edu.tw/9CC2/9cc_97.php

教育部（2012h）。國民中小學九年一貫課程綱要重大議題（生涯發展教育）。
　　上網時間：2014年4月28日。取自http://teach.eje.edu.tw/9CC2/9cc_97.php

教育部（2012i）。國民中小學九年一貫課程綱要重大議題（海洋教育）。上
　　網時間：2014年4月28日。取自http://teach.eje.edu.tw/9CC2/9cc_97.php

教育部（2013a）。專業發展518，學生幸福一路發！上網時間：2014年4

月29日，取自http://www.edu.tw/news1/detail.aspx?Node=1088&Page=1820
8&Index=7&WID=1112353c-88d0-4bdb-914a-77a4952aa893

教育部（2013b）。美感教育中長期計畫。上網時間：2014年5月2日，取自
http://www.edu.tw/userfiles%5Curl%5C20130827103728/1020827%E7%B0
%BD%E9%99%B3%E6%A0%B8%E5%AE%9A%E7%89%88-%E7%BE%
8E%E6%84%9F%E6%95%99%E8%82%B2%E7%AC%AC%E4%B8%80
%E6%9C%9F%E4%BA%94%E5%B9%B4%E8%A8%88%E7%95%AB.pdf

教育部（2014）。十二年國民基本教育課程發展指引。上網時間：2014年5
月2日，取自http://www.naer.edu.tw/files/15-1000-5622,c248-1.php

教育部（2014a）。十二年國民基本教育實施計畫（修正草案）。教育部網
站，取自http://12basic.edu.tw/Detail.php?LevelNo=38

教育部（2014b）。教育部組織概況。教育部網站，上網時間：2014年5月1
日，取自http://www.edu.tw/pages/list1.aspx?Node=3818&Type=1&Index=2
&WID=45a6f039-fcaf-44fe-830e-50882aab1121

教育部（2014c）。教育部品德教育促進方案。取自http://www.edu.tw/down-
Load/detail.aspx?Node=1123&Page=22845&Index=1&WID=6635a4e8-
f0de-4957-aa3e-c3b15c6e6ead

教育部（2014年02月06日d）。打開閱讀教育新視野～實踐閱讀教育的理念
與方向。上網時間：2014年5月10日，取自http://www.edu.tw/pages/detail.
aspx?Node=1088&Page=22497&Index=3&wid=DDC91D2B-ACE4-4E00-
9531-FC7F63364719

教育部部史（2014年5月1日）。重大教育政策發展歷程。教育部部史網站，
取自http://history.moe.gov.tw/policy.asp?id=2

任慶儀

# ■第四章■

# 教學計畫與教案編寫

　　教學計畫，不論是對於進入教育實習的學生們，還是初任的教師，甚至是資深的教師而言，都是一項非常重要的工作。好的教學絕對不是一次偶發的事件，而是經過許多的努力與準備才能達成的任務。然而，教學的成功與否，很難用單一的因素去歸納或者分析，究其原因是因為教學本身是一件非常複雜的專門工作。舉凡教材的組織和內容的排序、教學的方法、活動的安排、目標的難易度、教具、教室布置、資料的蒐集、師生的互動、教師的表達能力與專門知識、學生的特性與班級經營的技巧等都會影響教學的成果。然而，想要確保每一次的教學都能獲得預期的效果與成功，不僅要接受專業的訓練，更應該在教學前有充分的準備，才能獲得預期的效果。本章僅就教學計畫與教案的設計與編寫的技巧加以論述，至於其他影響教學的因素，請參看本書其他章節。

 **壹　教學計畫**

## 一、教學計畫的重要性

　　每個人無時無刻不在日常生活中計畫（planning）。我們計畫生活中的每一件事務，每一餐要吃什麼，假日要去哪裡，什麼時候要結婚，什麼時候要買一棟房子。透過這些預備性與前瞻性的思考，我們得以掌控與操作事件的發生與進行，發揮個人的能力，並獲得預期的結果。計畫，對於各種專業人士而言更形重要。一位銷售經理不可能沒有市場調查的計畫就貿然的進行產品的推廣，而一位建築師更不可能沒有施工的詳細計畫就開始興建大樓。可見，計畫對個人達成預期目標的重要性。

　　教師與醫師、律師同屬於專業的人員，其對於計畫的需求與重視，並無異於社會上任何其他的專業領域。一位教師不可能沒有教學的計畫就在教室中進行專業的教學活動。根據AMMA（Assistant Masters and Mistresses Association）在1991年的一項研究中指出，美國的教師大約每星期有17個小時的授課時間，相較於其教學的時間，他們必須花費至少6小時的時間在教學的計畫上，這種潛在的準備工作被學者Clark和Yinger（1988）稱之

爲「教學中隱藏的世界」（the hidden world of teaching）。然而，就在這種秘密的私人世界中，學校的課程得以被解讀、發展、與實施。Calderhead（1984）指出在教學計畫中，教師將課程、教材、知識、對學生的期望、以及對教育的信仰轉化成爲教室中的行動—教學。

　　教師的生活中大部分時間都在思考。他們思考課程、教學、資源、與學生，也思考如何經營班級。他們更思考如何對學生進行評量，如何提供學生回饋與幫助。然而，在這些無止境的工作中，教師們努力的組織這些思考並且面對不斷洶湧而來的挑戰。此時，計畫（planning）就扮演了非常重要的角色。

　　教師一方面要視覺化（visualizing）其思考，將問題轉化爲可以預見的教學事件，並建構其賴以行動的地圖（map）或模式（framework）。另一方面，教師也要從深層的思考中，找出可以解決新問題的創意（creativity）。因此，教學是一件高度認知要求的工作，卻也是一件非常實務性的工作。

　　由於教師要面對的是解決學習的問題，其所採取的行動必須有所本，其結果也必須符應教學者的意圖。Clark與Peterson（1986）認爲教師在計畫教學時，其所採取的行動是具有解決問題的意涵，這種行動就稱之爲教學計畫（lesson planning）。

　　教學計畫可以指一個學年或一個學期的教學準備，也可以指一個大單元或一課的教學準備。不論是前者或是後者，它都有一系列的工作必須在教室實施教學之前完成，而其最終的意圖只有一個，那就是按照教學的計畫進行所有教與學的活動，達成教學的目標。這些被教師選擇的活動以及活動安排的順序，都是教師事前依照教材、目標、教學方法、和學生特性所精心設計的。無論是實習的學生、初任教師、與資深教師，在教學前都要有詳細的教學計畫，才能夠進行教學。因此，教學計畫對教師和學生的重要性可見一斑。有關教學計畫的重要性可分述如下列六項：

## 1. 可以使教學有充分的準備

　　做任何事，如果事先有所計畫，做起來必定是有條不紊，容易成功，所謂「凡事豫則立，不豫則廢」，便是最好的寫照。教學也一樣，教師在

事前如果先編定周詳的計畫，選用適當的教學方法，準備適當的教具、媒體、範例、問題、練習或是參考資料等，然後實施教學，就比較能得心應手，收到預期的效果。

### 2. 可以確認教學目標的實現

按照目前教科書的編輯方式，每個學習領域都是由單元所組成，而每個單元是由若干課所組成，所以每一課都有其目標，若干課的教學足以實現某一單元的目標；若干單元的教學足以實現某一個學習領域的教學目標。所以教師在教學之前，能針對每一課擬定出適當而具體的目標，教學時便能掌握重點，完成每一課、每一個單元的目標。

### 3. 可以有效率的利用教學的時間

教師在教學前，對於教學的過程，如果沒有適當的計畫，上課時就只能臨時應付，不僅不得要領，而且浪費學生的時間。反之，教師在教學前擬定一份精密周詳的教學計畫，把教學過程安排妥當，不僅有效率，更不會浪費教學的時間。

### 4. 可以避免教師因遺忘而導致教學的疏漏

新進教師或是實習的學生，在面對學生時難免會緊張，想要把教學過程中各項主要活動的細節都一一記牢是很困難的。某些關鍵的機制或是活動的細節一旦疏漏時，就會讓教學活動無法順利的進行。因此，事前如能經過一番深思熟慮，將教學的經過編製成教案的話，疏漏是可以減到最低的程度，甚至可以避免。

### 5. 可以增強教師的信心

正在實習的學生或是新進的教師，因為心情過分緊張或是缺乏自信心，往往在課前想了很多的點子，一到上課的時候就忘光了，或是很快就說完了要說的話。如果教學前能編有詳細的教學計畫，自己會覺得已經有充分的準備，就可以有恃無恐，無形當中就會增加教師的自信心，教學就更容易得心應手。

### 6. 可以作為教師改進教學的依據

每一次的教學完成之後，教師都要檢討教學上的得失。有了教學的計畫就可以逐項檢討，發現自己的優點和缺點，作為下一次的根據。因此，

教師在每次教學完成後，要把教學計畫保留起來，以便未來改進教學時能有資料可以參考。

　　綜所上述，教學計畫是在事前幫助教師自己釐清，並與同儕溝通教學活動內容的工作。好的教學計畫可以幫助教學者順利的進行有效率、有意義的教學活動，朝向教學目標的方向前進。

## 二、教學計畫的發展

　　教學計畫是教師進行教學的依據，它可以媲美建築師的建築藍圖，也可以和醫師的處方相提並論，因為它們都是以專業的知識進行實務的運作。教學計畫中所敘述的是教師如何在課堂中進行的活動以及它們的步驟順序，當然也包括師生的互動以及溝通。這些在教學計畫中進行的活動及其順序，都是依據心理學、哲學、教育社會學、教學理論以及傳播學等形成一系列有意義的歷程。

　　最早的教學計畫可以追溯到1800年代中期影響美國教育甚深的德國哲學家J. F. Herbart（赫爾巴特）。他率先提出五步驟的教學：㈠準備（preparation）：教師藉由喚起學生先備的經驗以引起他們的注意，㈡呈現教材（presentation）：呈現摘要的、大綱式的教材，㈢聯結（association）：將新知識與舊知識進行比較，㈣通則化（generalization）：從新教材中產出原則與規則，㈤運用（application）：將新的通則和特定的範例相關聯，以獲得新通則的意義。換句話說，這五個步驟就是教師在課堂上要進行的活動與順序，有了這些活動的規劃，教師才能針對這些活動開始思考要如何提問、講述、以及呈現教材等活動細部的設計，然後形成教學的計畫，並依此進行教學。

　　1970年代，許多認知心理學的教學理論開始蓬勃的發展。其中包括Gagné、Ausubel、以及Bruner等學者的教學理論。舉例而言，教學事件（instructional events）是Gagné稱呼有意義的教學活動（Gagné, 1985, p.181）。他列舉出教學歷程中九項重要的教學事件，分別為：㈠獲取注意力（gaining attention），㈡告知學習者目標（informing learner of the objectives），㈢刺激回憶先備的學習（stimulating recall of prerequisite learning），㈣呈現刺激的教材（presenting the stimulus material），㈤提供學習者學習指引（providing learning guidance），㈥引發學習者表現（eliciting the performance），㈦對表現的正確性提供回饋（providing feedback about performance correctness），㈧評量表現（assessing the performance），以及㈨增強保留與遷移（enhancing retention and transfer）（Gagné, 1985, p.182）。這些事件以及它們的順序，其實就代表了Gagné對於教師在教學歷程當中應該實施教學步驟的認知主張。根據這樣的事件與順序，教師一一設計其內涵，進行細部的規劃，成為教室中的教學計畫。

然而，進入二十世紀後，教學計畫開始有了不同的風貌。首先是教學四步驟（four steps）的興起。它與前述依照教學理論所形成教學計畫的步驟有所不同。它強調整體的教學的步驟與順序，以教學的實務性作為其基礎，不再強調其教學理論的源起。雖然如此，但仔細檢視其步驟，仍然具有心理學與教學理論的基礎。以四步驟教學計畫而言，它主張教學應該完成下列四步驟的活動：

㈠ 呈現（present）：教師介紹教材。

㈡ 示範（demonstrate）：教師向學生示範如何運用新的教材。

㈢ 練習（practice）：教師讓學生練習運用新的學習。

㈣ 評量（evaluate）：教師回顧教學，並且判斷學習是否成功。

這些教學計畫中的步驟代表了教學實務對教學活動整體的觀點。它不像教學理論，強調來自哪些學者的理論或是哪一派哲學或心理學的主張，而是從實務中歸納而來。

直到最近幾年，興起了所謂的「回應式的教學計畫」（reflective lesson planning）。在此計畫中，包括五項重要的教學步驟：

㈠ 描述或是成果的敘述：教學的開場白，指出學習教材後可以達成的是什麼；

㈡ 目標：列出教師根據教材所決定之目標；

㈢ 教材與資源：說明或列出教師教學所需的資源以及學生能成功學習的資源；

㈣過程：教師必須要回答自己：什麼是你要做的？什麼是學生要做的？此步驟又細分為：

1. 引起動機：教師要如何引起學生學習的動機？

2. 敘述目的：教材具有什麼樣的相關性、重要性、或是目的？

3. 教師示範或是演示：教師列出教學中預備要做的示範和演示。

4. 檢查學生的瞭解：說明教師要採取什麼方式確定學生瞭解其所學習的內容？

5. 督導練習：在教師的指導下，學生要如何練習和增強學習？

6. 獨立練習：讓學生獨自完成什麼樣的特定作業？

㈤評量的計畫：教師要如何評量學生？或是用什麼樣的方式可以判斷學習發生了？

「回應式的教學計畫」要求的是，教師在設計教學計畫時，應該回答上述的問題。而這些問題在在都說明了所謂的教學計畫，其實就是教師在每一種活動中要「做什麼」的敘述。

這些實務性的教學計畫，其型式有許多種。除了上述的「四步驟」教學計畫與「回應式教學計畫」外，尚有「臨床教學計畫」、「十二步驟教學計畫」、CALLA教學計畫、以及SDAIE教學計畫等（任慶儀，2012）。在這些教學計畫中大體呈現的是一個完整的教學歷程，但是對於教師如何呈現教材或是要做什麼示範或演示的相關步驟中，卻沒有進一步的說明。

在上述的教學計畫中要如何呈現教材？或示範？恐怕是許多初任教師或實習學生在設計教學計畫時，碰到的問題。此時，許多的教學法就可以派上用場了。如果，教學的目標是要學生記住教材中的資訊，那麼呈現教材時，就可以應用講述法的作法，那就是以「教材大綱」的方式呈現教材。又，如果教學的目標是要學生熟練某項認知技能，例如：二位數乘法，那麼練習法的活動就可以加以融入與應用。因此，在呈現教材時，就可以用「說明—示範—督導練習—獨立練習」等細步活動作為其呈現教材的方式。

如果能將各種的教學理論或是教學法予以適當的引入上述所謂的「四

步驟教學」或是「回應式教學步驟」等，就可以讓教學計畫更完整、更詳細。因此，將教學理論或是教學法和上述的教學計畫予以融合，就是最佳的辦法。

不論教學計畫的形成是從教學理論或是實務的觀點，在進行教學計畫時，都必須以專業的知識爲基礎，在進行計畫時必須注意下列之重點：

㈠ 教學計畫是指教學歷程中所有活動的安排；

㈡ 教學計畫必須要有教學理論的支持；

㈢ 教學計畫中的活動型式與順序必須按照其所依據之教學理論；

㈣ 教學計畫中的活動安排能夠凸顯理論或教學法的特徵；

㈤ 愼選適當的教學理論與教學法是教學計畫中最重要的決定。

一般而言，教學理論或教學法中所敘述的教學活動，（如：Gagné的教學事件），以及來自教學實務的步驟（如前述之四步驟教學、回應式教學步驟等）都是形成教學計畫的基礎。教學計畫攸關學生的學習，切莫以教師個人之喜好或隨興之態度，進行規劃。進行教學計畫時，應該以審愼的態度，將教學理論或是教學法作爲教學計畫時參考的架構進行設計，才是專業的作法。

至於，教科書出版商所提供的「教學指引」或是「教師手冊」中的教學計畫，可以視爲一種教材單元操作的參考而已，在許多情況下，其歷程不見得是很完整的。教師們應該審愼的用更專業的教學知識與素養作獨立的判斷與思考，設計自己的教學計畫，凸顯教師之專業能力。何況，「教學指引」或「教師手冊」的操作方式，就如同「手機」的操作手冊一樣，只能教你這樣操作，或是那樣操作，無法引導教師對專業教學作全面性的思考與創新。更何況，許多教學優良的範例都不是按照「教學指引」或「教師手冊」所操作出來的，而是透過教師深層的思考與設計後，所形成的典範。

## 三、教學計畫的歷程

具體而言，教學計畫是教師爲達到特定的目的所進行的實務性的和專業性的準備工作。換言之，教學計畫是爲學生的學習而服務的，是一種理

性的歷程。爲了能夠瞭解教學計畫所扮演的角色，其焦點必須置於教師組織、規劃教學計畫的歷程。在此歷程中包含：㈠前置階段：指編寫教案前應該要完成的工作，㈡編寫教案：將前置階段中的教學計畫的結果，配合特定的格式書寫成文件，是爲教案（lesson plan），㈢實施教學：指按照教案的內容與步驟，逐一完成教學的演示歷程，以及㈣教學評鑑：此處指教學完成後，應進行形成性評鑑，以確定教學的成果符合教案的規劃。以下分別說明之：

　　1. 前置階段：確定教材，分析教材，準備教學資源，確定目標，以及選擇教學（法）活動；

　　2. 編製教案：將教學的計畫以書面文字的方式，按照特定的格式編寫成文件，稱之爲「教案」（lesson plan）；

　　3. 實施教學：按照教案進行教學與學習歷程並完成教學活動；

　　4. 教學評鑑：根據學生的表現、教師同儕的觀察與評鑑、與教學過程的形成性評鑑檢討並修正教學計畫。

　　本章因篇幅限制之故，僅就教學計畫中的前置階段與編製教案兩項工作進行詳細的說明。

### 作業活動

1. 說明教學計畫的意義與重要性。
2. 選擇任何學習領域單元中的一課，以Gagné的教學事件爲基礎，說明各事件的內涵。
3. 選擇任何學習領域單元中的一課，以「回應式的教學計畫」爲基礎，說明每一步驟的內涵。

## 貳　編寫教案

　　將教學計畫書寫成一份文件，就稱爲「教案」（lesson plan），在許

多文獻中，教案和教學計畫中經常交互使用。然而在編製教案的第一個階段中，有許多的準備工作必須完成，才能撰寫教案，這個階段稱為「前置階段」。

## 一、前置階段

教學的「前置階段」與「教案編製」是教學前的「準備階段」中最重要的兩工作。此處的「準備階段」與教案當中的「準備活動」是不同的。「準備階段」的工作是指教學前，教師必須完成的準備工作，它包含編製教案以及為編寫教案而準備的工作，而「準備活動」是指「準備學生的心理或神經系統，以便開始學習」，此與行為心理學家Thorndike所提出的「準備律」是同義，兩者不可混淆。

「前置階段」中的首要工作是確定教材。在此所謂的「教材」，仍然是指傳統的課文中的單元或單獨的一課。雖然2001年的課程改革將教學的重點改以能力指標為主，但因目前幾乎沒有學校是以能力指標為主，而以教材為輔的教學，因此對能力指標教學計畫的處理，請參考本章中的第三節，有詳細的說明。

確定教材後的任務是分析單元。分析單元在過去並不特別受到重視，在目前看到的許多教案中，經常是以文字的敘述方式呈現。這些論述，大體上都是將教材的重要性、與其他單元的關聯性等做一文字的說明而已。但是，不論是Gagné或者是Dick和Carey，都主張對於不同的學習成果，應該有不同的分析方式。因此，在他們的理論中，教材的分析是非常的重要，並且受到相當程度的注意。

### ㈠單元分析

教材分析或者稱為單元分析，可以可以讓教師充分的掌握教學的重點與方向，是一件非常重要的工作。由於2001年開始，教科書開放民間出版商編輯與出版教科書，各家的教科書雖然經過教育部的審核，但是其內容良莠不齊，在教學前，教師應該進行教材分析，以便能以自己的專業來組織教學的內容。常見的教材分析有三種不同的方式：

### 1. 叢集分析（cluster analysis）

如果，教材的主要目標是屬於所謂的Gagné學習成果中「語文資料」的類別者，則適用之。意即，當教材中的內容或資料是要求學習者背誦為其目的時，或是教材本身所涵蓋的資料具有特定知識的「類別」時，就可以用叢集分析作為教學分析的方式。如下圖所示：

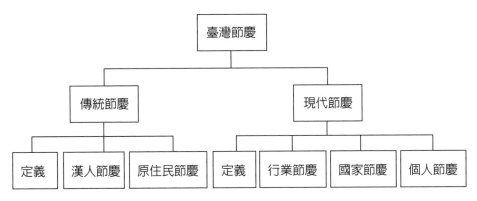

**圖4-1 語文資料之叢集分析**

圖4-1分析的主題是社會領域教材中常見之內容（康軒，四上，社會第5單元：家鄉的節慶與節日）。透過閱讀課文中的內容後，將課文中的重點整理出架構。從該架構中可以明確的顯示，該課文的的重點是敘述臺灣的所有節慶，並且按照課文敘述的內容，將其分成兩大類，分別為：(1)傳統節慶，與(2)現代節慶。其中傳統節慶再細分為：①漢人節慶，與②原住民節慶。而現代節慶則再細分為：①行業節慶，②國家節慶，與③個人節慶等。在整個圖中所顯示的是課文重點的架構，特別注意到架構中的語詞是均用「名詞」的方式呈現（節慶的類別名稱），代表它們都是屬於「知識」的範疇。

如果單獨從架構圖中也可以推論出該課的內容是介紹所有臺灣的節慶，包括傳統的、現代的、漢人的、原住民的，以及它們的習俗與活動。以這種方式表現課文的架構，是非常類似我們常用的樹狀組織圖。惟須注意的是，它並不是完全按照課文的標題而架構其內容，只是恰巧該課文是

以「知識」的名稱作爲課文的標題而已。

目前有部分的教科書會提供類似的課文組織架構，雖然方便教師利用，但是必須謹愼使用。以圖4-2爲例，它是書商在教師備課用書中所提供的的架構。從該分析架構圖中即可看出它的架構是不適當的，由於「陽曆」並不是該課的主題，不宜位於課文架構中的上層，應該僅視爲「現代節日」的特徵之一，各種「現代節日」才是主要的內容。再者，其對「現代節日」的分類太過瑣碎，不如將其歸於社會中「個人節日」來得適切，以便對應於「國家節日」之類別。因此，相較於圖4-2書商提供的架構，圖4-1的架構中可以將「陽曆」的日期列於「定義」之下，比較適當，因爲依陽曆日期而行是現代節日的特徵，相對於傳統節慶的依農曆而爲，更能凸顯出社會領域的知識分類。

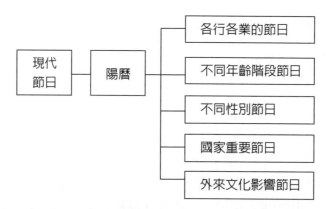

**圖4-2　教科書出版商提供之課文架構分析**

如果課文的標題不是以「知識」的名稱作爲標題，在分析時應該儘量改用「知識」的名稱作爲架構的組成。例如：課文的標題是「植物的身體」，就不宜以此標題作爲架構的名稱，進行分析，反而應該使用「植物的構造」類似這樣的標題作爲架構中的元素。其原因，乃在於教學時是以「自然與生活科技領域」的知識爲教學的目標所致。教師教學時應該可以體會課文內容的重點是哪一部分的知識概念。圖4-3即顯示處理當課文標題與知識概念不一致情況時的作法。這種常見於現今國小的課文的標題

中，主要是因爲希望課文的「名稱」能具有吸引力或者比較不那麼的嚴肅。但是，身爲教師應該要能掌握課文中的知識概念，如果在分析時能列出知識的概念名稱，則能顯示其具有專業的知識與訓練。

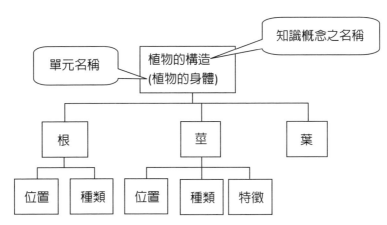

**圖4-3　標題與知識名稱不一致之分析**

　　在數學領域中也有不少數單元或是主題具有「語文資料」的特性。圖4-4之叢集分析是呈現在數學領域中的單元（康軒，三上，數學第3單元：周長與面積）。從教材中的第一個活動的內容，可以確定其內容的重點是討論圖形的「周界」。但是鑑於課文的完整性應該呈現給學習者一個更完整的架構，因此，將課文以下列的架構組織呈現，並且以「圖形的構成元素」作爲分析的主軸，包含：(1)周界，(2)圖形內部，以及(3)圖形外部等三個元素。如此一來，「周界」就顯示其在圖形構成上的意義。當然，課文的重點仍然置於「周界」的認識與計算，但是將周界與圖形的內部聯結，預告了未來計算圖形面積與周長的關聯性。能夠清楚的發現與組織完整的架構以介紹單元，是凸顯教師在這一數學主題上的專業知識。因此，在分析時，將重要的知識提出，可以看出教師對數學教學的掌握，不會造成「知其然，不知其所以然」的教，或是「照本宣科」教的情況出現。

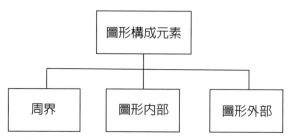

圖4-4　語文資料之叢集分析

　　因此先判斷課文的內容、發現知識的組織架構，以及你對學生的期望是首要的工作。如果，決定教材是屬於「語文資料」的特性，那麼使用叢集分析可以將教材內容，予以分類組織，並且有助於釐清課文的重點，有助於教學的掌握。

　　2. 表現分析（performance analysis）

　　對於課文的內容是要求學生能夠表現某種能力，例如：計算、畫統計圖、寫作文等認知的技能時，當叢集分析的內容無法適當的呈現這樣的學習時，表現分析就成為另一種選擇。至於如何分辨認知技能，可參考Gagné的學習成果理論。以下就數學的單元（國編版，四上，2-1認識公里）作為範例，說明表現分析的作法：

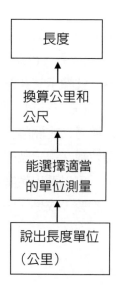

圖4-5　認知技能之表現分析

由圖4-5之分析架構，應該很清楚的指出該課的主要內容就是介紹長度的單位（公里），以及可使用公里和公尺作為物體長度的單位，最後就是換算公里和公尺的單位。不同於叢集分析中的知識概念，表現分析是用「做什麼」的方式表示該課文的主要活動內涵，此種方式似乎比用「概念知識」的方式更適合表達課文內容。因此，對於像數學強調認知技能的學習，表現分析更能表達課文的內涵。所以依照課文的特性與教學的目標，慎選適當的分析方式是前置階段中重要的工作。

除了數學以外，舉凡是動作技能的學習內容，也都適合用表現分析方式來分析教學的內涵。最明顯的例子包含體育的教學或是藝術與人文的教學。以下提供體育的範例加以說明：

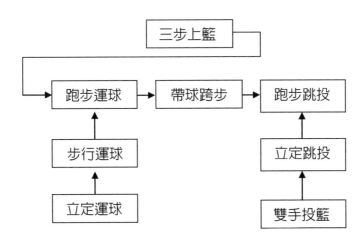

**圖4-6　動作技能之表現分析**

圖4-6的表現分析是動作技能常用之分析方式，將籃球運動中的三步上籃的動作依照其表現動作的順序列出，其中跑步運球、帶球跨步、以及跑步跳投是主要的動作；其下之立定運球與步行運球是跑步運球之先備技能，而雙手投籃、立定跳投則是跑步跳投之先備技能。將這些主要動作和先備動作仔細的分析，可以讓教學更有系統，更有條理。

同樣的，圖4-6的架構內容如果只是用「知識概念」來表示的話，就不如用「動作」來表示教學的內涵來得恰當。所以，在教學分析的步驟

中，先要決定教學單元的屬性後，再進行分析的工作顯然是容易些。

### 3. 圖解分析（diagram analysis）

這種分析主要應用於統整學科的分析，特別是低年級的生活領域。由於生活領域是統整自然與科技、藝術與人文、以及健康與體育等三個學習領域，因此在單元分析上很難用上述兩種分析方法給予適當的分析，所以，用圖解式的分析法比較能檢視出單元中混合與融合的內容。圖4-7即是生活領域單元中的範例（康軒，二上，第5單元：歲末活動）。

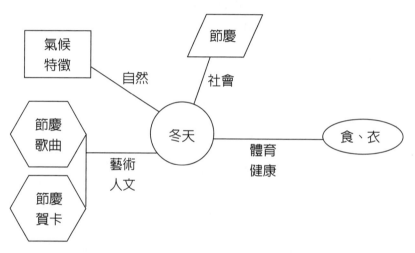

**圖4-7　生活領域之圖解分析**

圖4-7中顯示的即是該單元將「冬天」視為組織中心（organizer），融合生活與科技領域、社會領域、健康與體育領域、以及藝術與人文領域等成為統整之單元。因此用圖解的方式分析該單元，讓整個單元顯示其結構與組織清楚的呈現彼此的關係，使教師教學時更容易掌握重點。

### (二)準備教學資源

準備教學資源是另一項教學的前置工作。教學資源泛指所有教學和學習要用的媒體、教具、材料、場地、學習單、活動單、甚至是特定的人物。換句話說，教學過程中，教師和學生所需要利用的人、事、物等都屬

於教學資源的範疇。事先準備可用的資源可以預知是否需要自行創造，還是可以用借用的方式取得，避免教學時因爲無法取得資源而讓教學的效果消弱。如果需要自行創造，那麼在計畫教學活動時，就要考慮其可能性與困難，是否能獲得其他教職員的協助或是有無經費與設備、時間的問題。如果是可以透過借閱的方式取得，那麼可能就要事先預借，以便屆時可以有資源使用。

此外，傳播系統也是其中很重要的教學資源之一。傳播系統除了人以外，其他的系統都牽涉教學媒體的選擇。現今各家教科書的出版商都提供教師相當精美的媒體，其中包含影片、互動式媒體、簡報檔等，可以讓教師有多元的選擇機會。另外，網際網路的蒐尋系統以及Youtube影音資料庫也都可以成爲獲得教學資源的管道。教育部也成立有電子資料庫（http://isp.moe.edu.tw/）更是提供教學資源的重要資料庫。

### (三)確認教學目標

確認目標是重要的教學前置工作之一。由於目前國小的教學仍然具有傳統舊制的習慣，在教案中，通常要確認單元目標與具體目標。至於這兩者如何劃分，則各有說法。但是，實習學生對於區分這兩者，會覺得特別的困難。因爲，他們常會被告知：「單元目標比較廣、比較籠統，而具體目標比較具體、範圍比較小。」這樣的說法其實沒有錯，但是過於抽象。學生對於「廣」、「籠統」等意義覺得不可捉摸，無法掌握。就如同對一位尚未學會開車的人說：「感覺車窗外的風聲，你就可以知道車子的速度是多少！」一樣的令人覺得不可思議。目標要「廣」，要廣到什麼程度？什麼叫夠「具體」？什麼叫做「範圍比較小」？針對於此，大多數的實習學生很難分出兩者的界限。

在此情況下，利用前述之教學分析架構，如：叢集分析或是表現分析，就很容易找出兩者的界限。所謂的「單元目標」是取分析圖中上層的內容，而下層的內容就是「具體目標」的來源。如此一來，「單元目標」因爲位在上層，其範圍包含的比較廣，比較抽象，比較籠統，其下層的就屬於「具體目標」，範圍比較小，比較具體。因此，從圖4-1到圖4-6的分

析架構，則可據以寫出下列之目標：

**表4-1　依據分析架構圖編寫之單元目標與具體目標**

| 來源 | 單元目標 | 具體目標 |
|------|----------|----------|
| 圖4-1 | 認識臺灣的節慶 | 能說出傳統節慶的定義<br>能說出漢人傳統的節慶<br>能說出原住民各族的節慶 |
| | | 能說出現代節慶的定義 |
| | | 能說出現代的節慶<br>能說出國家的節慶活動<br>能說出行業的節慶<br>能說出個人的節慶 |
| 圖4-3 | 認識植物的構造 | 能說出植物的構造名稱<br>能說出根的位置、種類<br>能說出莖的位置、種類、與特徵<br>能說出葉的生長方式、位置與特徵 |
| 圖4-4 | 認識圖形組成的元素 | 能說出圖形組成的三個元素<br>能說出周界的定義<br>能指出圖形的內部<br>能指出圖形的外部 |
| 圖4-5 | 認識長度單位(公里) | 能說出長度單位（公里）<br>能換算公里和公尺<br>能選用公里或公尺表示長度 |
| 圖4-6 | 能三步上籃 | 能跑步運球<br>能立定運球<br>能步行運球<br>能帶球跨步<br>能跑步跳投<br>能雙手投籃<br>能立定投籃 |

　　利用教學分析圖，分層寫出「單元目標」與「具體目標」，是區分這兩者重要的方式之一；相對的，也比較容易掌握這兩者的差異。和具體目標同義的尚有：「學習目標」、「詳細目標」、「行為目標」以及「表現目標」等，這些目標，通常都把它們歸為「具體目標」的類別中。「一般

性目標」則和「單元目標」同列為同等級。如此一來，就可以將林林總總的目標分成兩大類，不會混淆不清。

此外，除了這兩者在層次的差異外，應該特別注意到這兩者所使用的動詞，也有差異。一般而言，「單元目標」所使用的動詞可以比較抽象，沒有具體或特定的動作表示，比較像狀態的方式，無法用明顯的動作表現。但是「具體目標」的動詞就很清楚的要有動作的表示；換句話說，就是要能夠讓人「看到」或「聽到」的動作表現。但是，無論哪一種目標，它們一律是描述「學生」要達到的目標，千萬不要寫成「教師」要達到的目標。雖然，有的目標稱為「教學目標」，但是，它仍然是描述學生的目標。下列表4-2，左欄中的動作比較不明顯，而右欄的動作可以明顯的讓人「看到」、「聽到」這些動作。

表4-2　單元目標與具體目標之動詞範例

| 單元目標 | 具體目標 |
|---|---|
| 認識、瞭解、學會、知道、體會 | 回憶、分享、學習 |
| 說出、指出、畫出、算出、認出 | 寫出、操作 |

除了要注意不同類型的目標，其所使用的動詞有具體和抽象程度的差異以外，更應該注意目標敘述的方式。對於目標敘述的方式，不同的學者，其主張亦有些差異，例如：Mager主張應該要寫出情境、行為、與標準等三個要項；而Kibler則主張寫對象、實際行為、結果、有關條件、以及標準等五個要項（黃光雄、楊龍立，2004，p.171）。不過，根據Kemp的理論，他建議目標的敘述要件為：

1. 必要部分
(1)目標的對象。
(2)目標的動作或行為。
(3)目標的結果。
2. 可省略部分
(4)目標結果的標準。

(5)目標的情境。

以上為敘述目標之要素，針對於單元的教學目標，本章建議以下列之形式撰寫，為基本之要求。舉例說明之：

表4-3　目標敘述之範例

| 目標敘述 | 修正的原因 | 修正後之目標 |
|---|---|---|
| 學生能說出植物的構造是什麼？ | 目標敘述應該為肯定句 | 學生能說出植物的構造 |
| 使學生瞭解健康的重要性 | 目標之對象為學生，前面省略的主詞應該為「教師」，是描述教師的目標 | 學生瞭解健康的重要性 |
| 培養學生愛國情操 | 前面省略的主詞應該為「教師」，是描述教師的目標 | 學生說出愛國的行為 |
| 學生能說出水遇到熱會變成水蒸汽，遇冷則會變成冰 | 目標只敘述結果或概念 | 學生能說出水的三態 |
| 學生能說出臺灣最長的河流是濁水溪 | 目標只敘述結果或概念 | 學生能說出臺灣最長河流的名稱 |
| 學生能說出湖濱散記的作者是梭羅 | 目標只敘述結果 | 學生能說出湖濱散記的作者 |
| 學生能說出圖形是三角形或四邊形 | 目標必須是確定的 | 學生能說出圖形的名稱 |

瞭解目標敘述的方式與格式，也能夠分辨單元目標與具體目標後，就可以將這些目標編寫於教案當中。

## 二、編製教案

在前置階段中確認了教學單元、教學資源、以及教學目標後，就可以根據這些依據，選擇適當的教學法以及教學步驟，形成教學計畫。將教學計畫以文字書面的方式撰寫，即成為教案（lesson plan）。編寫教案時，可以依其敘述方式的詳細或粗略之層次，形成所謂的「詳案」、「簡案」、以及「腹案」等三種。以下分別說明之：

## ㈠詳案

指教案書寫的方式鉅細彌遺，盡可能的敘述細節。用詳細的語言撰寫教案，其用意固然良佳，但是專家也警告，不要詳細到連「路人」都可以照著教案上臺教學，那麼就喪失教師專業的意義。運用適當的「專業術語」可以簡化教案的敘述方式，更可凸顯專業。

## ㈡簡案

許多教師對其有錯誤之認知，都要求學生不可寫簡案，這是一種非常嚴重的誤解。所謂的「簡案」是指教案以精簡的語詞列出重要的事項與完整的步驟。雖然稱為「簡案」，但並不代表它就是省略了教學的步驟。相反的，它只是應用許多的專有名詞取代冗長的敘述。例如：教案中常見這樣的敘述：「教師示範唸課文，教師唸一句，學生就跟著教師唸一句。」如果在簡案中用了「範唸」，大概就可以讓人瞭解這樣的事情。所以，使用專業用語就可以得知其意，是簡案的特色。又如，教案中常見的敘述如：「教師詢問學生有無旅遊的經驗，請他們說出到哪裡去旅遊，以及和誰一起去？感覺如何？並且分享他們的經驗。」其實這種情形就可以在教案中直接列出問題，例如：「小朋友曾經和家人去淡水旅遊過嗎？」、「去旅遊的目的是什麼？」、「你看到什麼什麼風景特色嗎？」在教案中用這些問題代替前面的敘述，就表示教師會用問問題的方式來進行學生的分享經驗，不是很清楚的動作嗎？就不用冗長的敘述說明其意圖。更重要的是，這些問題的列出，未來可以針對問題的重心和用詞、用語等，進行修正，以便更符合學生的理解。因此教案的編寫須要精簡，但是要具有完整性，並且能充分表達出教學者在活動中所要進行的內涵，才是好的教案。

## ㈢腹案

這是比較不推薦的一種教案的編製方式。所謂「腹案」是指將教學的過程記在心裡，而不是寫在紙上。全靠教師的腦力記憶的教學計畫。在實施時，難保對於教學計畫中的細節會有所遺忘，對於初任教師或實習的學生而言，並不合適。更因為面對學生時會產生緊張，要想把教學過程中各

項主要的活動都一一記牢，恐怕更不是一件容易的事。甚至對於資深的教師而言，也不適用，主要原因是許多的教學細節無法兼顧，譬如：活動的順序以及時間或者是學生的反應均無法事後一一檢討，記錄下來，作為日後修正的依據。因此，並不推薦使用。不過，在教學現場的確看到許多教師會用此方法進行教學。

在編寫教案時，如果選擇用詳案方式撰寫，那麼要注意教案的長度不可太過冗長。雖然大部分的教師都要求學生寫詳案，但是，就像專家所說的，如果其詳細到連路人都可以依其進行教學，那就是不夠專業了。更何況，教師要編寫太詳細太冗長的教案，其實是要花費相當多的時間。太長、太詳細的教案，讓教案看起來好像很複雜，讓教學者心生畏懼，效果反而不佳，導致教案成為裝飾的用途，或聊備一格的作用，喪失了教案的意義。

使用簡案方式編寫教案，雖然講究精簡，但是切記不可因此而省略教學的歷程，讓教師與學生要進行什麼樣的活動內容與步驟變成殘缺不全。因此，教案要精簡是指其用詞、用語上的精鍊，那麼使用「專有名詞」或「專業術語」以替代冗長的敘述，是最佳的策略。

再者，選擇適當的教學法也是教學能否成功的要素之一。根據分析所得之目標特性、學生之學習特性、教學環境之限制、過去之教學經驗、教師的專長以及學校文化的氛圍等要素，進行慎重的抉擇。

不論選擇的教學法是哪一種，都要在教學的歷程中能夠顯示其特性。其原因乃在於專業的教學中必須有教學理論的基礎，才是教學基本能力的表現。而教案的編寫也必須依不同的教學法或是教學步驟而為，不可千篇一律的依照制式抄寫，忽略教學理論與知識所訴求的歷程，造成許多學生認為教案所寫的活動內容常與實際教學時不同是正常的錯誤認知。一份詳細考慮、依據教學理論所設計出來的教學計畫應該是可以按部就班的實施，不會造成教案與教學分離的狀態。

本章因篇幅限制，因此僅就講述法、單元教學法與直接教學法進行教案之編製說明，其他教學法請參考本章作者所編著之《教案設計：教學法之應用》一書。

1. 講述教學法

講述法是歷史最悠久、應用最廣的教學法。舉凡任何學科與年級都可以適用之，特別是短時間內必須學習大量資訊時，講述法最能發揮其效果。講述法也是最常在教室內看到的教學法，許多教師經常將其應用於每日的教學活動中。講述法的教學步驟如下：（林進材，1999，pp.142-143）

(1)**引起動機**：利用各種策略引起學生學習的動機。

(2)**明示教學目標**：在講述內容前，應讓學生瞭解學習的目標或是內容的重點。

(3)**喚起舊經驗**：新目標或教材的學習均應以舊經驗為基礎，說明新經驗與舊經驗的聯結，學習才有意義。

(4)**講述學習內容**：教師說明學習的內容，通常會佐以書寫的文字、圖表、圖片等媒體，強化講述的效果。

(5)**提供學習指引**：強化學生對講述內容的保留，通常用來檢查學生對講述內容的瞭解。如果學生無法正確的回答問題，教師應該在此過程中以間接性的問題提示學生，使其能正確的回答。

(6)**提供教學回饋**：對於學生的問題或是誤解，提供正確的回饋。

(7)**進行學習評量**：進行學生的學習成果評量，並藉由此檢討教學的進行與修正。

如果將回應式的教學步驟和講述法之步驟並列，如表4-4。對照這兩者，可以發現「回應式教學步驟」將「前置階段」的準備工作列入其歷程中，而教學法則僅述教學時的活動與步驟。然而，在「回應式教學步驟」中，僅僅說明教師要示範或演示，卻未指出該如何演示與示範，而講述教學法指出，教師是以講述學習內容為教學演示之方式。教學步驟中檢查學生的瞭解，則可以解釋為教學法中提供學習指引與提供教學回饋，最後，教學步驟列有「督導練習或活動」與「獨立練習活活動」，講述教學法則未列有練習活動。

表4-4　教學步驟與教學法之對照

| 回應式教學步驟 | 講述教學法步驟 |
|---|---|
| 描述或是成果的敘述 |  |
| 列出教學目標 | 明示教學目標 |
| 列出教材和資源 |  |
| 引起動機 | 引起動機 |
| 目的敘述 | 喚起舊經驗 |
| 教師示範或演示 | 講述學習內容 |
| 檢查學生的瞭解 | 提供學習指引 |
|  | 提供教學回饋 |
| 督導練習或活動 |  |
| 獨立的練習或活動 |  |
| 評量 | 進行學習評量 |

　　比較表4-4中的教學步驟與教學法的活動，兩者大致相符，惟講述學習內容的活動可以作為「回應式教學步驟」中，教師演示活動的補充。

　　為了要讓教學的過程完整，可以將兩者合併，讓教學法更符合現場教學的實務，或者也可以說在現場實務中，提升其學理性。因此下列講述教學法的教案範例，即以此精神作為教學歷程的設計。

表4-5　講述教學法之教案範例

| 教材單元 | 康軒四上社會第5單元（家鄉的節慶與節日）<br>第1課：傳統節慶 |
|---|---|
| 教學資源 | 漢人節慶圖片、各族原民節慶圖片 |

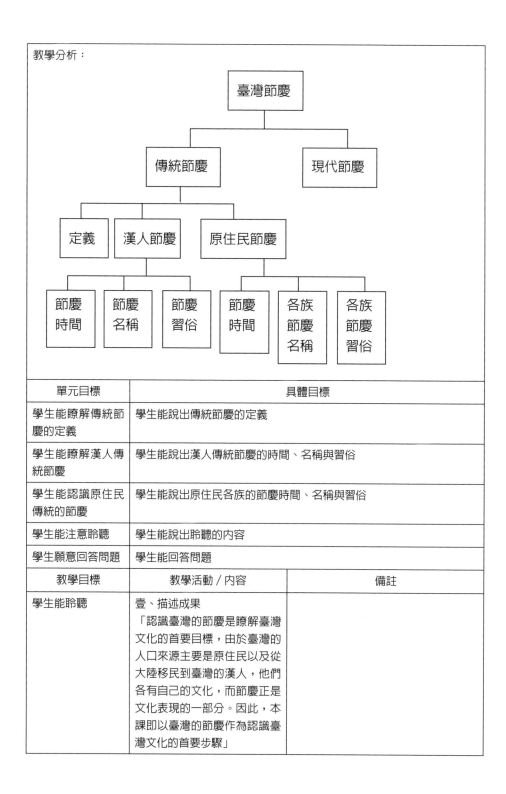

教學分析：

臺灣節慶
├─ 傳統節慶
│　├─ 定義
│　├─ 漢人節慶
│　│　├─ 節慶時間
│　│　├─ 節慶名稱
│　│　└─ 節慶習俗
│　└─ 原住民節慶
│　　　├─ 節慶時間
│　　　├─ 各族節慶名稱
│　　　└─ 各族節慶習俗
└─ 現代節慶

| 單元目標 | 具體目標 | |
|---|---|---|
| 學生能瞭解傳統節慶的定義 | 學生能說出傳統節慶的定義 | |
| 學生能瞭解漢人傳統節慶 | 學生能說出漢人傳統節慶的時間、名稱與習俗 | |
| 學生能認識原住民傳統的節慶 | 學生能說出原住民各族的節慶時間、名稱與習俗 | |
| 學生能注意聆聽 | 學生能說出聆聽的內容 | |
| 學生願意回答問題 | 學生能回答問題 | |
| 教學目標 | 教學活動／內容 | 備註 |
| 學生能聆聽 | 壹、描述成果<br>「認識臺灣的節慶是瞭解臺灣文化的首要目標，由於臺灣的人口來源主要是原住民以及從大陸移民到臺灣的漢人，他們各有自己的文化，而節慶正是文化表現的一部分。因此，本課即以臺灣的節慶作為認識臺灣文化的首要步驟」 | |

| 學生能聆聽 | 貳、明示教學目標<br>解釋並呈現本單元之具體目標 | 傳統節慶ppt -1 |
|---|---|---|
| 學生能回答問題 | 參、引起動機<br>Q1：說說看，小朋友知道哪些<br>　　傳統節日？你在這些節日<br>　　中做什麼？<br>Q2：你看過這些原住民的節日<br>　　嗎？你會過這些節日嗎？<br>　　為什麼？ | 板書<br>漢人節慶圖片<br><br><br>原民節慶圖片 |
| 學生能回答問題 | 肆、喚起舊經驗<br>Q1：小朋友記得二上的國語課<br>　　「搓湯圓」是過什麼節？<br>Q2：國語課裡的「五月五划龍<br>　　舟」是描述什麼節慶？<br>Q3：我們曾經在課文中讀過的<br>　　節慶還有哪些？<br>　　「今天我們來看看還有哪<br>　　些重要的節慶？」 | 傳統節慶ppt-2<br><br>傳統節慶ppt-3<br><br>板書 |
| 學生能聆聽 | 伍、講述學習內容<br>(一)漢人傳統節慶（時間、名<br>　　稱、習俗）<br>　　新年<br>　　元宵節<br>　　清明節<br>　　端午節<br>　　中秋節<br>　　重陽節<br>(二)原住民傳統節慶（時間、<br>　　名稱、習俗）<br>　　卑南族：大獵祭<br>　　排灣族：五年祭<br>　　布農族：播種祭<br>　　阿美族：豐年祭 | 傳統節慶ppt-4~20 |

| 學生能說出傳統節慶的意義<br><br>學生能說出漢人傳統節慶的時間、名稱與習俗<br>學生能說出原住民各族的節慶時間、名稱與習俗 | 陸、檢查學生的瞭解<br>Q1：漢人與原住民的傳統節慶有什麼共同的特徵？為什麼叫做傳統節慶？<br>Q2：漢人有哪些傳統節慶？它們是按照什麼樣的時間？每一種節慶有哪些習俗？<br>Q3：原住民的各族有哪些重要的節慶？時間是什麼時候？有哪些活動？ | 傳統節慶ppt-21 |
| 學生能答對85%的節慶名稱與習俗<br>學生能85%正確的分類節慶與族名 | 柒、督導練習(連連看)<br>1.節慶名稱與習俗<br>2.節慶分類(各族與節慶) | 學習單1-1<br>學習單1-2 |
| 學生能答對習作的題目 | 捌、獨立練習<br>1.完成習作 | 習作 |
| 學生能85%答對測驗題目 | 玖、學習評量<br>紙筆測驗 | 自編試卷 |

表4-5中講述教學法教案之各項目說明如下：

「教學分析」是經過研讀課文後，將內容重點利用叢集分析的方式組合排列的，以便作為教學目標的基礎以及內容講解的依據。

「目標」此處分為單元目標與具體目標。目標是依據教學分析的結果所編寫而成。

「描述成果」是在課堂上的第一個步驟，作為教學的開場白，經常利用它來說明學習本課的成果。因為，通常於正式講解前，對課文的學習要有一些介紹，主要是說明為什麼要學習本課的原因。而，另一個原因則是這樣的做法比較符合實際現場的需求，因此本項目雖不在講述教學法的內容中，但是卻包含於回應式教學步驟中，應該納入教案中。

「明示目標」，教師於教授課文重點前應該說明本課的目標，用簡單易明的敘述方式，讓學生能清楚知道學習的目標以及重點。呈現該課目標的方式是利用簡報檔案（ppt）的第一張投影片呈現，因此在備註欄裡要記載檔案名稱「傳統節慶ppt-1」。在放映檔案時，教師必須同時用學生

可以理解的語詞或說法來解釋這些目標。

「引起動機」是指教師要應用一些策略讓學生有學習的動力。在設計相關的策略時，可以參考Keller的ARCS動機模式的理論加以應用（任慶儀，2012）。本例即是用利用詢問學生已經先備的經驗（節慶）以引起其注意（attention），並且連結學生熟悉的事務（relevance），由於學生都有過節的經驗，因此學生就會有自信（confidence），課堂中有督導的練習，可以讓獨立學習變得很容易，也讓學生具有成功的滿足感（satisfaction）。

「喚起舊經驗」這是講述教學法的步驟，其主要目的是讓學生對先前所學的知識與新教材產生連結。值得注意的是，此處的舊經驗不是要問昨天還是上星期學了什麼，而是以前曾經學過什麼是與現在的課文有關的。

「講述學習內容」是寫出教師要講述的內容大綱，切莫只寫講述的標題，例如：臺灣的傳統節慶。比較理想的方式是依叢集分析的結果，而用大綱的方式列出（如教案中所示），以免教學時產生遺漏。Bruner建議教師在教學時，其使用之教材必須要重新剪裁、排列以適合學生的認知架構，所以列出講述大綱可以檢視是否具有這樣的功能。再者，為了不要「照本宣科」的教學，教師通常會按照重點講述，而不是唸課文給學生聽，為避免遺漏課文的重點，因此將大綱編寫在此處，在教學時具有提點之意。

「檢查學生的瞭解」是指教師利用問題詢問學生，藉以瞭解其是否能對講述的內容有所理解或記憶。問題的內容仍舊是依照叢集分析或是講述大綱，加以編製。如果學生在回答時有困難，就要利用一些間接性的問題以引導學生，而不是直接告訴學生答案，達成提供學習指引的意圖。最後，要記得再重複給予學生正確的答案作為回饋。

「督導練習」是利用學習單的方式在課堂上，教師的督導下進行講述內容的記憶或是理解。講述法最怕學生聽完講述後，就忘了，因此在課堂上設計一些有關講述內容問題的「學習單」，讓學生練習，以增強其記憶與保留。待學生練習完成後，教師必須公布答案，以確定學生獲得回饋以及正確的瞭解。

　　「獨立練習」通常是利用回家的功課作爲獨立的練習。習作或是作業單都是練習的對象，再次強化學生對教學內容的認知。

　　「學習評量」是指每課結束後，進行一些隨堂考試或小考的測驗，以瞭解學生學習的成效。由於課堂上已做過督導練習，回家後又做了獨立練習，學生在學習的評量上應該是可以得到很滿意的成就，而讓學生經歷成功的學習與成果，對其而言，則無疑是一種內在的獎賞。

　　講述教學法的教案中，講求的是在教師講述完課文的重點後，還要依序進行督導練習與獨立練習，務使學生在聆聽完教師的講述之後，對於授課的內容加以練習，此與桑代克所提倡的「練習律」有異曲同工的效果。所以，講述教學法加入回應式教學步驟後，更顯得完整，也更符合教學現場的情境。

　　講述法是教師最常使用的教學法，而教案中所編製的活動項目與內容也凸顯出其爲講述法的特徵，其用語、用詞也屬精要，凡是專業的教師均可從教案的設計中瞭解其教學的歷程，並可依循其進行課堂之活動。

　　有了教案，不但可以和教師的同儕或實習指導老師溝通教學的細節，而其實施於日常的教學中，更可以讓代課的教師依照教案進行教學，維持學生的進度與學習，可謂「一舉兩得」。

　　實習的學生大都不具有充分之教學經驗，因此，教案編寫完成後，記得要按照教案加以演練，讓自己熟悉歷程中的每一個說詞與動作。在練習的過程中，儘量依照教案而進行，切不可自行竄改活動，待日後有了豐富的教學心得後，才能修改。教學前多練習教案所設計的過程，教學時就可以「事半功倍」，不但增加自己的信心，更可以享受教學的樂趣與專業感。

### 2. 單元教學法

　　現今許多教師對於單元教學法的使用，有諸多的誤解，因此有必要先予以釐清。單元教學法的開創源自於1959年當時國立臺北師範大學視聽教育館的研討會中之討論議題。至1961年，單元教學法的論理獲得當時的臺灣省政府教育廳的支持，透過「國民學校充分利用學校場所充實教育設備改進教學方向實施辦法」，以「重點輔導學校」的方式在各縣市推行（朱

匯森，1963；饒朋湘，1966）。政府大力的推行單元教學法，其目的是希望改進當時教師普遍習以「逐句講話語句」的方式作爲教學方法的現象，改以學生主動探究學習的方式（瞿述祖，1961）。

單元教學法的內涵與精神，簡單的說，就是以師生共同的活動爲主，從「做上教」、「做上學」、以及「做上用」，其教學過程根據學習心理的程序分爲：準備活動、發展活動、以及綜合活動三個階段。在「準備活動」階段中，教師和學生共同訂定教學的目標，提出上課要研究的問題，從而蒐集有關解決問題的資料，並布置教室環境，作爲引起學生的動機和興趣的手段；在「發展活動」階段中則是讓學生提出問題研究結果的報告（饒朋湘，1966）。

單元教學法所重視的是學習的過程而非成果，它以鼓勵學生主動的嘗試學習爲其目的。除此之外，它更看重師生共同的設計與評鑑，學生彼此的貢獻與分享，從共同活動及分組活動的參與中，瞭解權利與義務的分際，以及個人對團體的關係（饒朋湘，1966）。

從上述對單元教學法特性的描述，可以說，單元教學法雖然聲稱使用於單元之中，但這並不是最重要的關鍵，其重要的關鍵乃在於其教與學的過程是以學生主動學習爲其中心，達成師生共訂之目標以及問題爲對象，體驗小組團體與全班的合作學習、強調學生報告之發表能力爲其重點。具體而言，它是以問題探究、小組合作、發表爲目的之學習方法。因此，使用單元教學法應依此精神而爲，切勿胡亂誤植之，而喪失其意。

表4-6中之教案即以單元教學法爲例，利用自然與生活科技領域之單元進行設計。

**表4-6　單元教學法之教案範例**

| 教材單元 | 南一，自然與生活科技，三上，第1單元（植物的身體）<br>活動3：植物的功用 |
|---|---|
| 教學資源 | 植物圖鑑　植物百科全書　圖書館　記錄簿　影印機 |

教學分析：

植物的功用

| 根 | 莖 | 葉 | 花 | 果實 | 種子 |

| 單元目標 | 具體目標 | |
|---|---|---|
| 學生能認識植物的功用 | 學生能說出根的功用 | |
| | 學生能說出莖的功用 | |
| | 學生能說出葉的功用 | |
| | 學生能說出花的功用 | |
| | 學生能說出果實的功用 | |
| | 學生能說出種子的功用 | |
| 學生能分享經驗 | 學生能聆聽同儕的報告 | |
| 學生能合作學習 | 學生能分工合作 | |
| 學生能使用圖書館 | 學生能蒐尋資料 | |
| | 學生能找到資料 | |
| 教學目標 | 教學活動／內容 | 備註 |
| 學生能注意聆聽 | 描述成果<br>「瞭解植物的構造之後，我們再來探討為什麼植物的每一種構造都很重要？它對我們有什麼影響？」 | |
| | 壹、準備活動 | |
| | 一、引起動機<br><br>Q1：在這個單元裡，所有的內容都是老師講解給你們聽，但是，這一課(活動)我們要進行一次小組的學習，而且我們要去圖書館找資料，來一次很不一樣的學習活動？準備好了嗎？ | |

| | 二、決定探究的問題 | 問題條1-6 |
|---|---|---|
| 學生能聆聽<br>學生能提出問題 | Q1：植物的根有什麼功用？列出至少五項。 | |
| | Q2：植物的莖有什麼功用？列出至少五項。 | |
| | Q3：植物的葉有什麼功用？列出至少五項。 | |
| | Q4：植物的花有什麼功用？列出至少五項。 | |
| | Q5：植物的果實有什麼功用？列出至少五項。 | |
| | Q6：植物的種子有什麼功用？列出至少五項。 | |
| 學生能分工合作<br>學生能蒐尋資料<br>學生能找到資料 | 三、分組探究<br>第1組：Q1<br>第2組：Q2<br>第3組：Q3<br>第4組：Q4<br>第5組：Q5<br>第6組：Q6 | 圖書館<br>植物圖鑑<br>植物百科全書<br>中華百科全書<br>記錄簿<br>影印機 |
| | 貳、發展活動 | |
| 學生能說出植物的功用 | 一、製作報告海報 | 問題條1-6 海報 |
| | 二、分組報告 | 報告評量 |
| | 三、全班共同提問與討論 | |
| | 四、教師歸納補充 | |
| | 參、綜合活動 | |
| 學生能聆聽 | 一、教師整理歸納報告結果<br>　(一)根的功能<br>　(二)莖的功能<br>　(三)葉的功能<br>　(四)花的功能<br>　(五)果實的功能<br>　(六)種子的功能 | |
| | 二、閱讀課文 | |

| 學生能回答問題 | 三、督導練習<br>（植物的功能） | 植物功能學習單 |
|---|---|---|
| | 四、獨立練習<br>完成習作 | 習作 |
| 學生能答對85%問題 | 五、評量 | |

　　表4-6中教案之各項目說明如下：

　　「教學分析」是將課文研讀過後，決定將課文內的重點「植物的功能」作爲探究的主題，進行一系列的問題探討活動。

　　「單元目標」、「具體目標」皆由教學分析的結果，分層敘寫。

　　「描述成果」此爲課堂上進行的第一個步驟，即是介紹本課（活動）的學習方式，以及爲什麼用這種方式學習的說明。

　　「準備活動」這是單元教學法的第一個階段，主要進行引起動機、擬定探究的問題、以及進行小組的探究。雖然單元教學法主張探究的問題應該由師生共同提出與決定，但是在現實的考量中，恐怕是教師必須先提一些問題，然後再詢問學生是否有其他想要探討的問題。然後，師生共同決定最後本課（活動）須要探討的問題。決定好問題之後，再進行分配各組需要探究的問題數，並進行小組的探究。

　　在本例中，很明顯的，探究的場所是在學校的圖書館，而學生須要研讀與蒐集資料的來源是植物圖鑑、植物百科全書、以及百科全書。這些工具書，教師在設計教案時，必須確認圖書館擁有相關的資源。學生蒐集資料後，必須提供影印機等設備讓學生複製資料，以便製作報告之資料。這些相關的資源都要一併列在備註欄裡，以免忘記。

　　在實施第一階段時，要避免學生因爲要進行與平日不同的學習活動而興奮不已，導致秩序難以控制的場面。除了利用問題條先設計好教師所擬的問題，更要多準備一些空白的問題條，以備學生提出他們想探究的問題，然後將問題條分別交給各組分頭去探究，避免分配時吵雜不堪。

　　另外，由於探究的活動是在學校圖書館，如何將學生帶往圖書館，可能都要事先安排路線與隊伍，避免影響隔壁班級，也是事前要思考的防範

工作。教學前連絡好相關的館員或圖書教師、預借場地與影印設備等都有助於活動的順利，避免亂成一團，讓自己疲憊不堪，甚至是惡夢一場。

　　更重要的是，要實施這種探究的學習，必須先獲得指導實習教師的同意才可以進行，畢竟，你只是實習的學生，應該尊重實習學校與班級的風氣，切不可一意孤行。

　　「發展活動」是單元教學法的第二個階段，也稱為「高峰活動」。可以說，整個教學的歷程以此階段最為重要。此階段中是讓學生就所蒐集的資料，研讀後加以整理，並製成報告之海報。緊接著是各小組向全班報告其蒐集與整理資料的成果，並接受他組的詢問。此時，也是教師進行口頭報告評量的最佳時機。各組報告後，教師應補充各組之報告。

　　「綜合活動」是單元教學法的第三個階段，也是單元教學的結束。在此階段中安排有教師整理各組之報告，並提出總結。另，由於本課是由學生透過探究而學習，課文的閱讀置於活動的最後，僅作為複習或提示之用。此外，本例仍然保留「督導練習」，利用教師自製的學習單增強學習的保留。「獨立練習」仍然使用習作完成。「評量」部分，由於本課已經於第二階段中之各組報告時實施報告之評量，如須進行其他評量，則可於此處進行，例如紙筆測驗。

　　單元教學法強調師生共同擬定問題，進行小組蒐集資料或探究實驗，並據以上臺報告，是一種鼓勵學生探究問題的學習，在今天講求「學習共同體」、「合作學習」、「主動探究」的教學革新中，其實正確的設計單元教學法的歷程，足以達到這些教學的目的。但是由於單元教學法的濫觴，許多教師不知其「所以然」，致使其原創精神已經不復見，取而代之的是一些「張冠李戴」的誤用，導致效果不彰，殊為可惜。今借此例，特為說明之。

　　雖然單元教學法的實施，讓實習的學生在課堂上少一些講述與演示，在某種程度上，是可以稍微喘一口氣，畢竟不用整節課都在演示與講述，可能也是不錯的選擇。但是，單元教學的過程中，常會遇到意外的問題，例如：圖書館裡的影印機壞掉了，要用的圖書被借走了，諸如此類的瑣事，都可能造成活動中的挫折感。因此也不見得輕鬆，要擔心的事可能也

不少，總之，要小心謹慎的選擇適當的單元進行，事前多確認有關的設備及場地，才能「事半功倍」。

### 3. 直接教學法

直接教學法（direct instruction），顧名思義是為將教材或內容直接授予學生，雖然名為直接教學，但是仍然有許多步驟必須依循，才能獲得其既定的效果。它與講述法不同，更與單元教學法不一樣，「說明」、「示範」、與「練習」等是其基本的型態。直接教學法可應用於每日的教學中，它同時也是幼兒教學中最常使用的方法之一。由於它簡單容易實施，對於實習的學生或是初任的教師而言，只要正確的使用它，就很容易獲得成功。只要練習幾次，而且針對目標或內容直接說明、示範與練習，因此又被稱為「測驗領導的教學法」（model-lead-test），可見其極具學習的效果。

直接教學法對於學習基本的「知識」、「能力」與、「概念」或「動作」具有特別好的效果。教師通常在一開始教學時，就開宗明義的說明學習的目標，然後利用範例解釋或是示範學習的技巧。學生則以配對的方式或是小組的方式展開練習，獲得學習的成果。簡言之，直接教學法就是「教師做」、「師生一起做」、「學生自己做」的過程，此與練習法如出一轍。

直接教學法的實施共分為八個步驟進行：

**(1)計畫前任務**：其分為三項工作：

① 進行教學內容分析的工作，並且用圖表方式列出教學的組織中心。

② 確認目標：列出學生在直接教學計畫裡需要演示、表現、舉例、計算、使用特定之策略之目標。

③ 說明理由：幫助學生對目標價值的澄清。

**(2)準備活動**：這是直接教學法對學生所進行的第一個步驟，教師在教案中要寫出：

① 如何給學生開始上課或學習的訊號。例如：教師直接宣告：「各位小朋友，我們現在要開始上課了！」

②說明對學生上課所期望的行為。例如：「等一下小朋友回答問題時，一定要先舉手，等老師叫你，才可以回答。」或是「做練習時，有不會或不懂時，可以和旁邊的同學商量！」諸如此類的行為規範。

**(3)開始活動**：在此步驟中應該要有效的準備學生開始學習新的教材或是技能，就如同桑代克所提倡的「準備律」。在教案中應該要寫出：

①引起動機的策略：激起學生學習興趣的方式或是將過去的經驗和即將要學習的新知識作連結。

②用適當的語詞與說法解釋學生要學習的目標，以及說明學習這些目標的原因，讓學生清楚的知道他們要學什麼。

**(4)教學活動**：這是直接教學法最重要的階段，在這個階段中不斷的重複「教師示範／解釋」、「檢查學生的瞭解」、「督導練習與回饋」等這些步驟。在一些比較簡單的教材內容中，教師也可以「示範／解釋」所有的步驟之後，再一次給予「督導的練習」。因此，在教案中應該寫出：

①教師示範／解釋：教材呈現的方式及其伴隨之示範，儘量提供多一些的例子作說明與示範。

②檢查學生的瞭解：對於教學的內容，學生要能夠有明示的動作來表示他們已經學會。例如：要求學生瞭解時，將手握拳，姆指向上來表示，否則以姆指向下的方式表示不懂。

③督導練習：通常一定要包含個人的練習，此外也可視情況進行小組合作練習，或是兩兩配對練習。那麼教師要提供多少的練習題目才夠用呢？通常可以從全班一起練習一、兩個題目開始，然後，同座的學生兩兩一起練習，這是指學生可以彼此交換意見或討論，最後，一定要有個別學生自己練習的題目。所以從這個策略來看，你至少要準備六道題目以應付所需。換句話說，兩題是全班一起練習，然後檢討。再用同座的或是小組的方式再練習兩題，都沒有問題之後，學生再個別練習兩題，再檢討。

④學習參與：在直接教學法裡最重要的策略是主動的參與，例如：與同學比較答案，將答案寫在紙上給教師看，或是在課堂上回應。

**(5)延伸練習**：學生通常需要更多的練習，讓新學習的知識與技能能力熟練。作業或是回家的功課足以提供精熟的機會。

(6)**結束活動**：結束的活動可以在直接教學法的過程中出現於兩個時間。如果延伸活動是在課堂上進行，則結束活動可以緊接著延伸活動完成後直接進行；如果延伸練習是回家的功課，那麼結束活動就可以在教學活動之後，也就是完成督導練習之後就進行。結束活動主要進行教學內容重點的複習，或是說明學生未來可以在哪些場合使用新教的知識或技能。要求學生呈現學習成果，或是再次提示「開始活動」中的學習目標，讓學生應證，都是可行又有效的方式。

(7)**評量活動**：評量的目的是決定學生進步的情形。在督導練習與延伸練習的活動中仔細的觀察，就可以知道實施評量測驗的最佳時機。

(8)**學習任務**：在教案草稿完成後，就要檢查教案中的每一個元素都一致、符合，以及評估整個教學過程中不同策略的使用是否適當。因此，教案中應該要寫：

① 特定的行為管理策略：在轉換活動時，全班教學時，考慮個別學生對於座位安排、高度或低度的學習結構、以及增強的需求。例如：指定一些重要的課堂表現，作為加分的鼓勵。或是指定某些特殊的學生在課堂上做一些事，好讓他們可以表現。

② 列出教學時需要參考的資料或是學習時需要的設備。

以下就以數學單元，利用直接教學法，做一範例說明之。

**表4-7　數學直接教學法範例**

| 教材單元 | 康軒，三上，第3單元周長與面積<br>活動2：周長的實測與計算 |
|---|---|
| 教學資源 | 公分尺 |
| 目標理由 | 周長為圖形構成的元素之一，為了能掌握對圖形的基本能力，計算圖形的內部、外部面積以及周長是為圖形之學習目標。生活中可以運用周長解決問題。 |

教學內容分析：

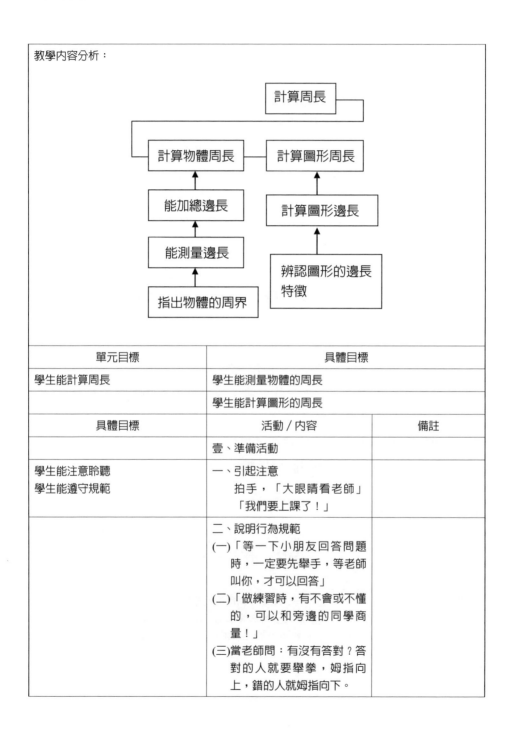

| 單元目標 | 具體目標 | |
|---|---|---|
| 學生能計算周長 | 學生能測量物體的周長 | |
| | 學生能計算圖形的周長 | |
| 具體目標 | 活動／內容 | 備註 |
| | 壹、準備活動 | |
| 學生能注意聆聽<br>學生能遵守規範 | 一、引起注意<br>　拍手，「大眼睛看老師」<br>　「我們要上課了！」 | |
| | 二、說明行為規範<br>(一)「等一下小朋友回答問題<br>　時，一定要先舉手，等老師<br>　叫你，才可以回答」<br>(二)「做練習時，有不會或不懂<br>　的，可以和旁邊的同學商<br>　量！」<br>(三)當老師問：有沒有答對？答<br>　對的人就要舉拳，姆指向<br>　上，錯的人就姆指向下。 | |

| | 貳、開始活動 | |
|---|---|---|
| 學生能說出周界的定義 | 一、複習周界的定義 | |
| 學生能注意聆聽 | 二、解釋目標<br>呈現目標，並說明之 | |
| | 三、說明目標的價值<br>瞭解周長的計算與測量，可以計算教室布置四周需要多長的彩帶；或是計算教室前面花圃四周需要多少塊磚頭圍起來。 | |
| | 參、教學活動 | |
| 學生能注意聆聽 | 一、示範與說明<br>(一)計算課本的周長<br>　1.用公分尺測量課本的邊長<br>　2.加總課本的邊長<br>　3.算出課本的周長 | |
| | (二)計算鉛筆盒的周長<br>　1.用公分尺測量鉛筆盒的邊長<br>　2.加總鉛筆盒的邊長<br>　3.算出鉛筆盒的周長 | |
| 學生能舉手回應 | 二、檢查學生的瞭解<br>Q1：是不是瞭解怎麼計算課本和鉛筆盒的周長嗎？請小朋友舉大姆指表示。 | |
| 學生能算出物體的周長 | 三、督導練習<br>（個別練習）<br>(一)計算教室桌子的周長<br>(二)計算作業簿的周長<br>（小組練習）<br>(三)計算教室的周長<br>(四)計算黑板的周長 | 練習單 |
| 學生能主動參與 | 四、學習參與<br>(一)和同學比較測量桌子的結果<br>(二)和同學確認自己鉛筆盒的周長<br>(三)各組報告教室的周長<br>(四)各組報告黑板的周長 | |

| | 肆、結束活動 | |
|---|---|---|
| 學生能說出計算周長的方法 | 一、再次提示開始活動中所敘述的目標<br>二、複習物體周長的計算方法 | |
| | 伍、延伸練習<br>　　完成習作 | 練習單 |
| 學生能答對85%的題目 | 陸、評量（下週）<br>　　進行學習評量 | 自編評量卷 |
| | 柒、學習任務<br>一、列出要加分的表現行為（製表）<br>二、讓明哲、小菁將行為表貼於黑板左側，並負責加分記錄與統計<br>三、讓怡欣、曉芬擔任小老師<br>四、指定明宣、易容擔任測量的示範，以提高他們的參與感<br>五、海報一張、奇異筆數枝、膠帶（製表用）<br>六、電腦放映機、ppt檔案（呈現目標、教室書桌、鉛筆盒之影像）<br>七、練習單 | |

　　直接教學法的特徵是將單元中的內容和目標作教學的講解、示範的重點，然後藉由師生共同的練習，以及學生進行督導練習、獨立練習等方式學習。雖然，它是一種以教師為主導的教學方式，但是其教學的效率透過充分的練習後，學習成果往往是非常成功的，因此也受到許多教師的歡迎。表4-7所顯示的是整個完整的教學過程。如果仔細的研讀此例，它沒有用「單元教學法」的格式（準備活動、發展活動、綜合活動）來撰寫，可見不同的教學法在編寫其教案時，應該要使用它們專屬的格式。千萬不可用單一的制式格式來編寫所有的教學方法，這是要特別留意的！能夠用不同的教學法來編寫教案，並且凸顯各種教學方法的特性，才是一位專業的教學者。

　　本節介紹三種截然不同的教學方法：講述教學法、單元教學法、以及直接教學法，其目的是提供實習的學生或教師，能夠依照教學的單元或是活動的特性以及自己在教學中的意圖，就這三種教學法的教案作選擇，開始練習專業的教學方式。在實習課程中，在參觀學校教師的教學時，遇到教學表現很優秀的前輩時，不妨將他們的教學過程錄下來，分析、對照上述教案中的活動，其實你會發現，他們教學的歷程大都符合上述教案中的活動順序與步驟。甚至你還可以發現他們遺漏了些什麼，而這些都是可以做為自己未來教學的警惕。

　　實習的學生往往會被說成「缺乏教學經驗」，許多的學生似乎也安於這種寬容與批評。但是想想讀四年的教育系課程，不就是教你如何教學嗎？作者曾經帶學生到國小實習，有一位校長就指出來：「⋯⋯許多學生認為寫教案沒有用，那是因為你沒有懂教學，一份好的教案，就是專業的教學步驟，沒有所謂的經驗不足。」這一番話，直接道破教案的重要性。

　　或許，你的經驗不足，但是，努力可以克服這樣的缺點。只要按部就班的——遵循各種教學法的步驟進行教學，充分表現教師之專業訓練，那麼離專業的達人教師亦不遠矣！

**作業活動** ....................................

1. 選擇適當之單元分別進行叢集分析、表現分析。
2. 依據單元分析之結果，編寫單元目標以及具體目標。
3. 選擇適當之教學法，編寫講述教學法／單元教學法／直接教學法之教案。

 ## 能力指標的教學設計

　　許多的學生會問：「我可不可以把能力指標寫在教案當中？」或者也有學生會問：「能力指標可不可以直接教學？」對於這兩個問題，作者都認為這些的作法是不適當的。其中最主要的原因是能力指標在課程與教學

領域中，它們是屬於課程的範圍，而不是教學。當然，也有許多人會主張
課程與教學是「一體兩面」，但是這樣的說法，讓人對「課程與教學」之
間的分野感到無比的困惑。同樣的困惑也出現在能力指標的教學中，是否
可以直接將能力指標置於教案當中，作為教學的目標呢？

　　雖然對類似的問題，國內的學者專家各有不同的說法。如果從Oliva
的課程與教學模式中，是可以確定課程中的目標必須經過課程的組織與分
析之後才形成教學的目的，進而形成教學的目標。換句話說，課程的目
標，也就是能力指標，無法直接作為教學的目標，它必須經過一些轉化，
或是分析。

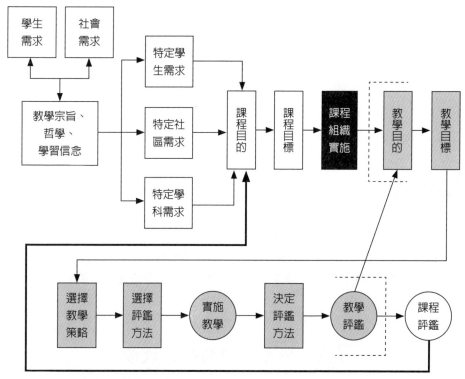

**圖4-7　Oliva課程與教學發展模式**

資料來源：翻譯自"The Oliva model for curriculum development," by P. F. Oliva, 2009, *De-*
*veloping the curriculum* (7th ed.), p.138.

　　另外，從英國的學者John對課程與教學的模式之觀點，也能夠看出相同的見解。在其模式中，清楚的將課程與教學作劃分。（英）國家的課程（亦即我國之課程綱要與能力指標）必須經過學校的政策解讀成學校本位的課程目標，再按照科目（在我國爲學習領域）將其組織並轉化爲教學目標後，才形成教案，進行教學之計畫。

　　從以上兩位課程與教學之學者專家的論理中，可以確定的是能力指標是指課程的範疇，不宜直接成爲教學之用。

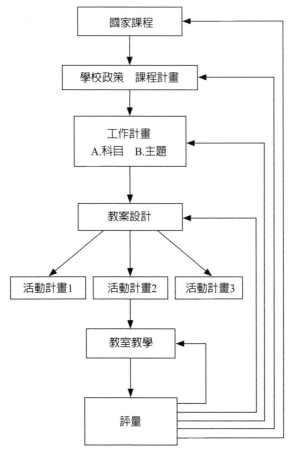

**圖4-8　John的國家課程與教學模式**

資料來源：翻譯自"*Planning and the curriculum,*" by P. John, 1995, Lesson planning for
　　　　teachers, p.12.

此外，我國教育部也曾經對能力指標與教學之間的問題提出下列之說明與指示：

能力指標是學生在各階段學習之後所應獲得的基本能力。在九年一貫課程中，能力指標是學校在各領域課程發展的重要依據，教師必須在教學歷程中不斷的檢視、修正與評估。在轉化能力指標為教學目標時，應注意下列的原則：

一、分段能力指標的用意在於提醒教師該階段學生所要達成的能力，並非學習的順序。

二、教學目標應依據分段能力指標加以分析、歸納或綜合，避免一直重複同一種概念的學習，而忽略了其他能力的統整學習。

根據上述之說明，能力指標出現於教案當中，必定經過轉化成為教學目標後才可行。

要如何轉化能力指標為教學目標呢？首先要熟讀教育部之「國民教育社群網」中各領域課程綱要之說明、詮釋、補充說明（各領域名稱不同），然後將其轉化為相當之教學目標。以下舉例說明，能力指標不可依字面之詞意就直接解讀，而是依照教育部之說明為之，才是正確之作法：

**表4-8　能力指標轉化為教學目標範例**

| 學習領域 | 能力指標 | 指標之意涵與釐清 |
|---|---|---|
| 數學（分年細目） | 1-n-05 能熟練基本加減法 | 1. 能用心算做+1, -1, +10,-10之加減 |
| | | 2. 能用合10與拆10作加減法 |
| | | 3. 能從加減算式中找出未知數 |
| | 4-a-02 能在四則混合計算中，應用數的運算性質 | 1. 能用交換律、結合律做四則混合計算 |
| 社會 | 4-1-1 藉由接近自然，進而關懷自然與生命 | 1. 能指出對土地、河流或海洋環境及其他生物的危害行為 |
| | 3-2-1 理解並關懷家庭內外環境的變化與調適 | 1. 能說出家庭人口增減的原因<br>2. 能說出住家搬遷與空間之分配<br>3. 能說出家庭經濟狀況之改變 |

**表4-8（續）**

| 學習領域 | 能力指標 | 指標之意涵與釐清 |
|---|---|---|
| 國語 | 4-3-1能認識常用漢字2,200-2,700字 | 1. 能指出生字之構造原理（六書）<br>2. 能用生字造詞<br>3. 能用生字造句 |

　　從表4-8當中，能力指標的意涵與轉化好像與原來指標字面的意涵有些出入。不論是能力指標或是分年細目中可以發現，它們很難從字面上看出教學的重點，唯有熟讀過教育部對其之說明或解釋之後，才能掌握其意。因此之故，必先轉化其指標之內容，確定其做為教學之目標後，才能加入教案當中，並且與單元原有之目標統整，形成教案當中之目標。然後在教案中，就可依照單元目標與具體目標進行教學。對於能力指標所轉化的教學目標，一般在教學設計中都採取融入的方式，亦即將其目標納入單元目標中一起進行教學。至於單元的內容，如果無法配合時，就要自編教材，此點必須注意。所有補充的教材均需經過學校之「課程委員會」審核通過後才能實施。

　　那麼如何教導能力指標呢？又，如何將其與課本單元相融合呢？都是困擾許多的實習學生以及現職教師的問題。主要的原因是在師資培育的學程中，很少會開設有關能力指標教學設計的相關課程。目前，作者所知應該只有國立臺中教育大學與國立屏東大學的教育學程有開設相關的課程（教學設計、教學科技、系統化教學設計等課程）。其實，對於能力指標之教學設計，目前所熟知的教學理論大概都不太適用，唯獨運用系統化教學理論才能進行教學之設計，有關能力指標教學的相關設計請另參閱Dick、Carey、與Carey所著之*"The Systematic Design of Instruction"*（由Pearson公司所出版）一書，或是參閱本章作者任慶儀所著《教學設計：理論與實務》一書（五南圖書出版），或可解開其惑。因其理論與作法頗為複雜，不再於此章中贅述。

# 參考文獻

朱匯森（1963）。「單元教學活動設計」的理論體系芻議。**國教輔導，22，**
4-6。

任慶儀（1993）。從教學過程到系統化教學設計：四十年來我國國小教學方
法之變革。**國教輔導，298。**

任慶儀（2012）。**教案設計：教學法之應用**。臺北：鼎茂。

任慶儀（2013）。**教學設計：理論與實務**。臺北：五南。

瞿述祖（1961）。單元教學活動設計之編製。**國教輔導，2，2-4。**

饒朋湘（1961）。單元教學活動設計的運用。**國教輔導，2，5-7。**

饒朋湘（1966）。**課程教材及教學法通論**。臺中：臺灣省立臺中師範專科學
校。

黃光雄（1988年）。**教學原理**。臺北：師大書苑。

王文科（1994年）。**課程與教學論**。臺北：五南。

視聽教育學會（1988）**系統化教學設計**。臺北：師大書苑。

張新仁（主編）（2003）。**學習與教學新趨勢**。臺北：心理。

林進材（2006）。**教學理論與方法**。臺北：五南。

黃政傑（1991）。**課程設計**。臺北：三民。

國立編譯館（1991）。**視聽教育**。臺北：正中。

中國視聽教育學會（1989）。**系統化教學設計**。臺北：師大書苑。

Assistant Masters and Mistresses Association. (1991). The workloads of secondary
teachers. Warwick, Univ. of Warwick Press.

Bloom, B. S. (Eds.). (1984). *Taxonomy of educational objectives*. New York: Long-
man.

Clark, C. & Peterson, P. (1986). Teachers' thought processes. In M. Wittrock (ed.).
Handbook of Research on Teaching (3rd ed.). New York: Macmillan.

Dick, W., Carey, L., & Carey, J. (2009). *The systematic design of instruction* (7th ed.). Boston, M. A.: Pearson.

Gagné, R. M. , Birggs, L. J. and Wager, W. W. (1995). *Principles of instructional design.* (4th ed.). New York: Holt, Rinehart and Winston.

Kemp, J. E. (1985). *The instrcutional design process.* New York: Harper & Row.

John, D. P. (1995). *Lesson planning for teachers.* London: Cassell Education.

Kemp, J. E. (1985). *The instructional design process.* New York: Harper & Row.

Oliva, P. F. (1992). *Developing the curriculum* (3rd ed.). New York: Harper Collins.

Oliva, P. F. (2009). *Developing the curriculum* (7th ed.). New York: Pearson.

Ornstein, A. C. & Hunkins, F. P. (1988). *Curriculum: Foundations, principles, and issues.* Englewood Cliffs, N. J.: Prentice Hall.

Ornstein, A. C., Pajak, E. F. & Ornstein, S. B. (2007). *Contemporary issues in curriculum* (4th ed.). Boston: Pearson.

呂錘卿

# 第五章

# 教學技巧之應用

**動機的技巧**

動機是教師在教學過程中，引發、指引及維持學生行為朝向學習目標的內在驅力。學生有無動機從事學習活動，是學生學習效果及教師教學成效的關鍵因素。教師在教學當中，並不只有單純要求學生合作，而是要運用動機的技巧，誘導學生在教室的活動，使有高品質的投入行為。因此，動機的技巧是教師很重要的教學課題。

引起動機是貫穿整個教學活動的持續工作。歸納學者的意見及個人的經驗，將動機技巧依運用時機，大略分為：激發動機的基本前提、教學開始時的動機技巧、教學進行中的動機技巧，以及教學結束時的動機技巧四方面來說明：

## 一、激發動機的基本前提

教師要激發學生的學習，首先應做好幾個基本的工作：

第一，營造安全、溫暖及和諧的班級氣氛，並讓學生在班級有隸屬感、自尊感，滿足學生的基本動機需求，學生才能進一步專心學習。

第二，選擇適合學生程度或能力的學習教材，並儘量與學生的經驗背景相結合。

第三，提供舒適的學習環境，布置激發學生學習興趣的情境。

第四，讓學生瞭解學習的目標。學期開始，說明這一學期的學習目標與重點；新單元開始，說明這一單元的學習目標、重點及準備事項。

## 二、教學開始時的動機技巧

### ㈠用故事引發興趣

在一個單元開始時，教師可以講述和教材有關的故事，引發學生的興趣。用故事引發學習的動機，有各種不同的引導方向：1.由故事本身引出一個疑難問題，等學生在單元學習後去解決。2.由故事內容中引出本單元要討論的問題。3.由故事引起學生對單元主題探討的興趣。4.由故事引起

學生的聯想，特別是語文或創作的學習單元，可用這種方式來引導。

除了單元教學開始用故事引起學習的動機外，也可運用長篇連續的故事，激發學生認真於學習活動。教師事先與學生約定，只要每日在學習和行為表現良好，即可聽老師講連續的故事。低年級雖看過童話故事，但透過老師的口語講述和肢體表演，學生還是很有興趣；中年級故事的範圍則較多；高年級可講些文學上、歷史上、科學上等名人的傳記故事。

### ㈡提出疑難問題

教師可誘發學生的認知衝突，進而產生對問題探究的興趣。另外也可提出一些具有挑戰性的問題，使學生產生好奇而願加以探究。例如：人都喜歡自由自在，不受拘束，在班級團體中若完全依照人的喜好，會有何種結果？

### ㈢變化感覺管道

人有五種感官：眼、耳、鼻、舌、身，相對應的有五種感覺：視覺、聽覺、嗅覺、味覺、觸覺。感官對外界新奇的刺激都很有興趣，教師配合教學的內容，應利用較不尋常的呈現方式，或變化不同的感覺管道，使學習者有新奇的感覺而引起注意。例如：運用色彩（或圖片）、聲音（或音樂）、模型、標本、實物等，引起學生的興趣。

### ㈣讓學生做報告

教師可要求學生於課前先做觀察，蒐集新單元有關圖片、資料、報導、事件，或整理與新單元有關的個人經驗。在新單元上課之始，由學生就自己觀察、蒐集及經驗，發表個人的心得，以引起學習動機。學生的報告，不管是學生的親身經驗，或是學生的觀察與整理結果，都能引起學生的討論興趣。

### ㈤運用偶發事件

在校園內、社區裡、國內社會、或是整個地球村，每日有許多事件發生。教師可選擇適合討論的事件，適時納入單元的問題討論中。一方面能引起學生學習的興趣，另一方面也是將教材內容和社會建立連結的關係，

做到課程統整的目標。

## (六)運用影片

教師可在單元教學開始前，播放一段有關本單元的影片，藉著動態影像及聲音的陳述，引發學生學習的興趣。在教學活動中，有些實驗在教室無法進行、有些現象平常不易看到、有些劇情無法用個人的語言表達，藉由影片的動態描述，不但可激發學習的興趣，也可引起討論的問題。目前網路上YouTube可蒐集到很有意義的影片，有的只有3-5分鐘，可當作引起動機的影片。

## 三、教學進行中的動機技巧

### (一)在教材內容方面

#### 1. 讓學生瞭解教材的價值及實用性

學生知道學習活動有價值，所學的知識和技能，可以在目前和未來的生活中使用，自然會比較有興趣學習。學生能將所學的用於社會上，就是課程統整所強調的社會統整。

#### 2. 運用連結、類化

將課堂所學的知識，與學生周遭生活的經驗、事物、事件、活動及現象相關連或類化。讓學生瞭解學習不是獨立而無意義的事件。學生將所學的與周遭的經驗相關聯，就是經驗的統整。

### (二)在教學方法的安排上

#### 1. 運用小組討論

小組討論可使學生有參與感，並且能分享同儕的經驗和觀點，學生會覺得比較有興趣。因此，教師應將小組討論與講述交替運用，藉以引導學生持續積極學習。比較簡單而常用的小組討論方式有六六討論法和腦力激盪法。

#### 2. 教學方法多變化

教師的教學方法及活動應多樣化、新鮮化，想辦法使每一件工作的某些部分，對學生而言是新奇的，或至少與最近所做的是不同的。魔術師表

演時，大概不會有人打瞌睡。因此，「變化、新奇」是維持學生的注意與新鮮感的有效方法。

### ㈢在情境的安排上

#### 1. 建構適當的競爭與合作情境

教師可運用學生的好勝心理，將全班分為若干小組，並與學生討論競賽的內容、方法及計分。運用合作學習教學法的方法，在小組間相互競爭，小組內相互合作。競賽的內容可以是教學的內容，如完成一則故事；可以是教學進行的程序，如實驗過程完整和條理程度；也可以是班級常規，如討論或實驗時最有團隊精神。教師可每天或每週將競爭結果做一總結，給予適當的獎勵。

#### 2. 讓學生有操作的機會

對於很多自然科學方面的學習，學生必須操作才能有深入的理解和印象。因此，教師應指導學生利用相關的工具與設備進行實驗和製作，由親自動手中，體會和感受教材內容的意蘊。

#### 3. 進行戶外教學

教師可視教材內容，安排校外的參觀、訪問及觀察，以印證基本之概念和原理，使學生知其然，也知其所以然，增加學習的興趣。

#### 4. 適當的運用遊戲

遊戲是人的天性，兒童更是如此。因此，教師應盡量將教學內容和活動加以遊戲化，增加學生的學習興趣。有時學生學習知識學科時間太久，覺得腦力疲勞，教師可來一段「帶動唱」，或「趣味遊戲」，以提振學生的精神。

#### 5. 穿插幽默的笑話

在教學中，教師可在適當時機來個幽默的笑話，引發學習興趣並集中注意力。

### ㈣運用學生已有的內在動機

外在的增強和誘因，總是暫時性的，內在的動機才能持久且主動。教師可利用學生對某些事物既有的興趣、好奇心及冒險欲望去激發強烈的學

習動機。例如：學生對探測火星感到興趣，教師可引導小朋友蒐集有關太陽系、火箭、岩石、地球科學、生命現象等資料，指導其研究。由瞭解火星，進一步瞭解太空科學、地球科學、生命科學、及人類社會等。

### 四、教學結束時的動機技巧

1. 教學結束時，來一個小測驗。大多數的學生會因要有好的表現和成績，以獲得老師和家長的鼓勵，而有較高的學習動機。

2. 讓學生在結束該課程之後，有機會利用所學的新知識，使學生在自然的情形下產生滿足感。例如：學完面積計算單元後，可請小朋友實際計算桌面、黑板及教室的面積。

3. 提示學生與下一單元的關係。在一單元結束前，如同在單元開始時，教師應當進行「連結」的工作，就是提示本單元與下次學習單元的相關，一方面引起下次的學習動機，另一方面使學生對知識的脈絡有一瞭解。

---

**作業活動** ...........................................

1. 蒐集有關文學上、歷史上、政治上、科學上、數學上等各領域的小故事，作為教學上引起動機之用。
2. 蒐集「團康活動」、「魔術表演」、「啟示性小故事」等，並與同學分享、演練及講述，觀其效果，以建立引起動機的資料庫。
3. 請選擇一個教學主題，設計一個教學單元，在計畫的左邊列出教學活動項目，相對的右邊列出並簡要描述你如何應用動機的技巧。

---

 ## 貳　講述的技巧

講述技巧在運用上非常方便、經濟、省時、自主性及有系統（王財印、吳百祿、周新富，2009：138），而且講述也有許多的功能，任何教

學都要用到講述的技巧。講述可在教學開始前，引起學生的動機；在單元開始教學時介紹概念和學習目的；在教學過程中對教材內容或概念做說明與解釋；在單元教學結束前做複習與整理。這些都需要教師運用講述的技巧來完成。

　　教學的實務上，教師在每次的上課中，往往運用多種的教學方法，如合作學習、問題解決、討論、練習、欣賞、表演、實驗等，但是都得靠教師的講述技巧來貫穿整個教學活動。因此，教師能熟練講述的技巧與要領，不但能使教學生動，而且也能掌握班級秩序。歸納講述的要領分為七方面，包括：教師準備、教材本身、陳述技巧、輔助措施、語言運用、肢體儀態及結束整理。

## 一、教師準備

　　教師在進行講述前，應做下列的準備工作：1.編選教材。2.熟悉教材和相關資料。3.瞭解學生起點行為，即分析學生已有的經驗。4.設定或分析單元目標。5.熟悉教學活動與流程。6.擬定並熟悉講述大綱。

## 二、教材準備

　　教師若運用講述的方式來介紹概念或說明內容，對於所陳述的教材內容應當注意三個原則：1.教材適合學生程度。2.教材條理井然層次分明。3.教材能有縱向和橫向關聯。縱向關聯是指學科或學習領域內前後的邏輯關係，橫向關聯是學科或學習領域之間的相關性。

## 三、陳述技巧

　　有關陳述技巧，可從下列八項技巧來說明：

### 1. 在一時間單位內只陳述一個重點

　　一個單元可能分好幾個綱要或重點，教師應依每一綱要或重點之繁簡、難易，分配若干時間來陳述。講述時即依事先擬定的邏輯或難易順序說明。在一個單位時間內把一個重點、概念交代清楚，不可跳脫，以免學生無法進入老師的思考層次。有這樣的時間及重點控制，也可避免講述時

之離題現象。

### 2. 陳述清楚，逐步引導

教師依教材之組織及條理，將重點陳述清楚；陳述完後，還要進一步確信學生是否熟悉教材內容，才能進入另一教材要點之學習。如此循序漸進，逐步引導，才能對整個教材完全的瞭解。

### 3. 在艱深處做說明、解釋或舉例

教材難免有比較困難、複雜、抽象的地方，學生無法只聽一次講解，就能明白；也無法於短時間內就能熟悉。因此，教師應多花一些時間重複說明、解釋、或舉一些學生能理解的具體例子來說明，使兒童有思考的時間。

### 4. 適時提問學生

教師講述時可適時穿插發問，一方面檢視學生是否瞭解，一方面可促使學生專注聽講。

### 5. 講述生動化

教師講述時，要注意生動，切忌平鋪直述。講述過程宜多用形容、描寫、比喻、擬人化、例證、反詰、懸疑等方法，並加強抑揚頓挫語調，以增加學習興趣。

### 6. 適時的強調重點

教師在說明重要概念時， 可以用暫時停頓或提高音調的方式來引起學生特別的注意，並使學生能有時間作筆記、劃記或其他思考反應。

### 7. 講述的時間不宜太長

在小學階段，正題講述的時間以10分鐘為原則。國中和高中階段則可適度增加時間。講述之後應配合發問、討論等其他活動。

### 8. 適時運用集中焦點的技巧

講述可能因時間過長、內容單調、學生疲倦而分散注意。教師在講述途中，可運用集中焦點的技巧（詳見本章之集中焦點技巧），把學生的注意力拉回來。

## 四、輔助措施

### 1. 同時提供講演綱要或書面資料

在講述過程中，除口頭講述外，最好能再提供講述大綱或其他相關的書面資料，如此將有助於學生的聽講、記憶和瞭解。

### 2. 事先提供相關資料

教師在教學前如能提供料材、補充教材、參考資料給學生，並要求學生事先預習，再經教師的講解說明，效果更好。

### 3. 配合其他方法或技術

講述雖然簡便，但一節課或一個單元中，不能被講述法所壟斷。講述法一定要搭配其他方法或技術來運用。

### 4. 運用教學媒體

在正式的講述和演講時，教師常使用各種教學輔助器材，包括圖表、實物、模型、簡報（連結網路資源、影像、聲音及圖片）、影片等。如此可使教學活動生動而富有變化，亦可增加學生的注意力，避免學生覺得枯燥。

## 五、語言運用

教師在教學中，語言的運用主要有下列六項技巧：

### 1. 口齒清晰而響亮

口齒清晰，發音正確，使學生聽得清楚明白，不致發生誤解。另外，聲音要響亮清脆而不尖銳，使最後一排的學生都能夠聽得清楚，自然容易集中學生的注意力，也容易提高學生的學習興趣。如果教師的聲音較小，應當不時地走動身體，到教室中間，使音量能達到教室的後面，或利用擴音器，以補助音量之不足。不過使用擴音器對教師的肢體語言表達有所不便；且音量不宜過大，因為音量過大，學生容易疲勞。

### 2. 說話流暢而自然

教師講話要流暢，聲音要自然，如行雲流水般，聽起來順暢、悅耳，引人入勝，如此必能提高學生聽講的興趣。說話絕對不可吞吞吐吐，結結

巴巴，拖泥帶水，顛三倒四，反反覆覆，會使聽者感到厭煩。

### 3. 用語適切而淺顯

教師在講述課文時，不論措辭用語，均需特別注意，否則會給予學生不良的印象。教師用語要優美典雅，不可粗俗，更不可冷嘲熱諷，語帶譏笑，使學生的心理受到傷害。另外，教師在講解時，所用的語言一定要切合學生的程度，不可太深或太淺，遇到艱深難懂的專門術語，要深入淺出地為學生解釋。同時語言要兒童化，例如說到「父親」、「母親」，便可改用「爸爸」、「媽媽」等語氣為妥。

### 4. 速度快慢適中

教師講述的速度要適中，有時可配合講述之情節或內容調整速度。當講述緊張而急促的故事情節時，可加快速度並拉高聲音；當講述抽象概念、複雜原理時，應放慢速度並用聲音強調重點，使學生瞭解前後語詞之邏輯關係。而一般的演講，在50人的室內，每分鐘的語速大約在180到200個字（張正男，1985）。教學時為了讓學生充分理解，速度應稍慢一些；對低年級速度更要慢些。

### 5. 聲調要變化而有致

教師講話時，不要平鋪直敘如誦經般，聲調應有變化。配合講述內容情節，注意聲調高低，抑揚頓挫、快慢疾徐得宜。講述切忌從頭到尾，採取同一的聲調和速度。說話的音調，常表達心中的情意和感受。一般來說高亢的聲音表示慷慨激昂，急促的聲音表示興奮，柔和的聲音表示愉快，低沈的聲音表示哀怨，莊重的聲音表示肅穆，顫抖的聲音表示悲傷，快疾的聲音表示緊張，徐慢的聲音表示寧靜，大叫的聲音表示驚懼，嘆息的聲音表示感嘆，加重的聲調表示使人注意。教師應視教材的內容，配合以上的聲調來進行。

### 6. 避免口頭禪

講話時帶有口頭禪，讓人覺得說話者語言不夠成熟，也使人看出沒有準備和信心，更嚴重的是影響表達之流暢和條理性。因此，教師應當避免這些無謂的口頭禪。如「這個」、「那個」、「那麼」、「嗯」、「然後」、「對不對」等。

## 六、肢體儀態

教師上課就像是演說。演說必定有說（講）也要有演；演而不說是啞劇，說而不演是朗讀。一般來說，演說的肢體儀態有三大原則：端莊大方、優美自然及配合內容（張正男，1985）。茲根據過去之經驗和觀察，提出四個重點：

### 1. 保持儀態

教師要有良好的儀態，包括服飾整潔、穿戴得宜；態度大方、和藹愉快；坐站有樣、動作合度；精神振作、篤實誠懇。

### 2. 注意講述時的動作

講述的動作要自然大方、從容不迫，不輕浮。有時候，教師會有一些習慣性的動作，例如：手弄粉筆、手插褲袋、手理頭髮、手捏鼻子、眼看天花板、或其他反覆動作等，這些不雅的動作均應避免。

### 3. 眼神與學生保持接觸

教師在講述時，要隨時與學生保持眼神接觸。如此可以維持學生之注意力並瞭解其反應情形。另一方面，從學生的眼神中獲得回饋，評估學生的瞭解和專注情形，以改進自己的講述缺失。

### 4. 適當運用肢體語言

教師在描述、形容、敘說和說明教材內容時，也常藉手勢的輔助，以增進學生的瞭解。如講到「信心」、「力量」、「高」、「大」時，都可用手勢來表示。在講述故事或劇情時，為增加戲劇的效果，可誇大肢體語言，吸引學生的注意力。

## 七、結束整理

講述結束前，應引導學生歸納本單元所學習課程的重點，或由教師作扼要之重點提示，使學生能有一完整的概念，瞭解講述的中心要旨。教師在每一單元或每一次上課結束前，可運用三種技巧做為結束：一是歸納若干重點以口頭陳述，二是以提問方式做重點整理，三是預告下一單元及準備事項。

作業活動 ..................................

1. 找一則兒童故事，愈精彩愈好，情節變化要多：有緊張、刺激、幽默、哀怨、感人、嘆息等。揣摩講述這一則故事時的表情、動作、聲調等，再找機會說給你家的小孩子或隔壁鄰居的兒童聽。然後到學校講給同學（1-3位）聽，並相互修正技巧。

2. 找自己專精領域任一單元，依此單元之主題內容，草擬一講述大綱。這種大綱是教師一面在講述時，一面可用透明片展示出來，也是學生學習的重點綱要。

 ## 參　發問技巧

　　教師在教學當中，經常要提問題問學生。因為發問在教學過程中占有很重要的地位，如引發學生的學習動機、啟發學生思考、促進學生參與學習活動。教師也經常用提問的方式，來瞭解學生的理解程度或做單元結束前的綜合整理。因此，發問在教學上是相當重要的技巧。教師在發問技巧上，至少應瞭解問題的類型、提問的技巧、候答的技巧及理答的技巧。參考張玉成（1995）及實務經驗所得，敘述如下：

### 一、問題的類型

　　不同的問題類型，能引發學生的不同反應，產生不同的效果，達成不同的預期目標。因此，要成為一位勝任的教師，應該認識各種問題的類型，瞭解不同問題類型的功能。而在提問題前，教師應當經常想到：針對此一教學活動的目標，我現在應該問哪一類的問題？因此，在探討發問技巧前，應該先瞭解問題的類型。茲舉兩種問題的分類方法來說明。

#### ㈠從問題的答案來區分

　　對問題類型的區分，比較常見的方法是依問題有無固定答案來區分，有閉鎖式問題和開放式問題，另一名稱為聚斂性問題（convergent question）和擴散性問題（divergent question）。

### 1. 閉鎖式問題

這類問題在引導學生朝向某一思考方向，答案通常就在學生所學習的資料或知識中，大都不要求有新的發現。回答問題經常需依賴回憶的方式，答案通常是可預期的而且較為簡短，並且只有一個標準答案，這個答案就是發問者事先準備好的答案。例如：

「臺灣最高的山是哪一座？標高多少？」

「種子的構造可分為哪幾部分？」

### 2. 開放式問題

這類問題能激發學生從各種不同的觀點和角度，探索各種可能性，而有新的發現或創造。開放式問題要破除墨守成規，不拘泥於既有的習性去思考。答案通常不固定，並且強調容多納異，讓學生有發揮的空間，沒有唯一的標準答案。即使發問者事先已有自己的答案，也不排除其他可能的的答案。例如：

「學校要培養學生的民主素養，應當有哪些積極和消極的作為？」

「如何增進學生的記憶能力？」

## (二)從問題內容性質來區分

張玉成依據布魯姆（B.S. Bloom）的認知領域學習目標六個層次，加以歸併和修改，將問題之類型區分為五種（張玉成，1995：107-109）：

### 1. 認知記憶性問題

這類的問題大都是學科的基本知識。學生回答問題時，只需對事實或概念作回憶性的重述，或經由認知、記憶和選擇性回想等歷程，從事再認的行為。例如：

「滿清皇室入關後，有哪些皇帝統治過中國？」

「立方體有幾個邊？幾個頂點？」

### 2. 推理性問題

學生回答問題時，需對以前所接受或所記憶的資料，從事分析及統整的歷程。此類問題因需依循固定思考結構進行，故常導致某一預期的結果

或答案。例如：

「下雷雨時，爲什麼不能在空曠的地方？」

「爲什麼鐵軌的連接處有縫隙？」

### 3. 創造性問題

學生回答問題時，需將要素、概念等重新組合，或採新奇、獨特觀點做出異乎尋常之反應。此類問題並無單一性質的標準答案。例如：

「臺灣地區各鄉鎮市有許多的垃圾無處可倒，有何解決辦法？」

「若複製人體的技術非常普遍時，法律又無法禁止，人類社會將會變成如何？」

### 4. 批判性問題

回答問題時，學生需先設定標準或價值觀念，依據此標準或價值，分析和評析事物或方案的好壞或可行程度，並加以評斷或選擇。例如：

「小學生在學校上課，可否攜帶手機？」

「您認爲各縣市在跨年時，有必要競相辦理跨年活動嗎？」

### 5. 常規管理性問題

指教學管理上所使用的語言。例如：「上課不守秩序，會有什麼後果？」、「上一節的作業完成了沒？」

## 二、提問題的技巧

教師對學生發問，並非即興式，而是要遵守某些規則，才會收到預期的效果。下列六個原則可作爲參考（張玉成，1995：111-114）：

### 1. 各類問題兼顧

良好的發問，應當包含認知領域六個層次的各類問題，或是上述所提的四個類型的問題（常規管理問題除外）。

### 2. 運用有序

教師在提問題時，應當注意內容要有連續性；問題的難度由淺到深，由簡單到複雜。內容連續性，學生才能從問題中獲得系統的知識；難度由淺到深，由簡單到複雜，學生才能拾級而上，達到預期的學習目標。

### 3. 注意語言品質

教師的語言表達應清晰、速度適中、音調和緩，並注意用字遣詞，勿把污穢當幽默，肉麻當有趣。

### 4. 多數參與

教師在提問題時，為使全體學生都能注意反應，首先必須把握先發問後再指名的原則。其次，應該多用高原式策略（plateaus strategy），避免尖峰式策略（peaks strategy）使用過多。高原式策略，是指教師提出一個問題，由多人回答不同意見後，老師歸納學生的意見，再提出深入一層的問題，讓不同的學生回答。如此循序而進至某一預定目標為止。例如：

師：我們的環境有哪些汙染？指名三位學生回答，A生：空氣；B生：噪音；C生：水。

師：環境汙染有三類─空氣、噪音、水。

師：空氣汙染源主要有哪些？指名D、E、F等回答。

尖峰式策略，是指教師提出一個問題並指名回答後，陸續提出較深入之問題由同一人回答，直到某一階段後，才指名他人回答另一系列問題。例如：

師：我們的環境有哪些汙染？指名A生，回答：空氣。

師：空氣汙染源主要有哪些？A生回答：汽機車、工廠……之廢氣。

師：這些汙染的廢氣，對環境有何影響？A生回答……

### 5. 指名回答的原則

教師指名學生回答有三個原則：(1)先提問題後指名回答。(2)多人舉手回答中，應給較少發言者優先的機會。(3)依問題的難易，指名不同能力的學生回答，使能力差者也有表現的機會。

### 6. 不重述問題

教師提問應以合適的速度，清晰且扼要地陳述問題一次，不重述問題。因重複提問，會養成學生不專心的習慣。

## 三、候答的技巧

教師提出問題後，等待學生回答或反應的這段過程，叫做候答。候答

應注意下列要點（張玉成，1995：114-115）：

### 1. 候答時間不宜過短

教師提出一個問題後，應有適當的停頓，至少3秒鐘，讓學生有思考的時間。尤其是推理性層次以上的問題，問題愈難，候答時間應愈長。

### 2. 注意學生的反應

教師在候答時，應注意學生的眼神、姿態等身體語言，以瞭解學生的理解情形，並請準備回答的學生回答。

### 3. 教師要有耐心等候學生回答

教師要瞭解，有時候學生回答問題需要較長思考時間，回答也不一定很完整。因此，教師要有耐心等候或聽學生回答，並正向、肯定的表情等候學生，讓學生有信心回答。

### 4. 教師避免自問自答

我國的學生普遍不太踴躍發言或回答問題，又加上有時教師急躁之故。常發現教師提問1-2秒後，學生不語，教師就自問自答。教師應瞭解這種情形，耐心等候並激勵學生回答，必會改觀這種現象。

## 四、理答的技巧

教師對學生所提出的答案或反應，做適當的處理，叫做理答。理答時應注意下列四個原則（張玉成，1995：115-116）：

### 1. 注意傾聽

學生回答問題，教師注意傾聽，眼神看著學生，給予點頭微笑，並要求全班同學注意聽。這表示對回答者的重視與尊重，養成學生聆聽別人說話的習慣，瞭解他人的意見和想法。必要時可請沒有注意聽的學生複述回答的內容。

### 2. 給予鼓勵

無論學生回答正確與否，都要給予鼓勵。在過程中用轉動手勢，引導繼續回答。若回答正確，應給予讚美和肯定；回答錯誤或不會回答，也應當給予鼓勵、提示或給予圓場（找臺階下），以建立學生的自信心。

### 3. 匡補探究

匡補是當學生回答問題而有所不足時，教師運用手勢或語言引導學生再補充，必要時由教師補充說明。所謂探究的技巧，是指當學生回答問題時，教師針對學生回答內容，認為有值得進一步瞭解、分析、批判等之必要，再用不同的問句，繼續引導學生探究。

### 4. 歸納答案

教師對不同學生的回答內容作歸納或總結。學生所提意見或回答內容，有對有錯，良莠不齊，總結時不妨只歸納出正確的、可接受的部分，其餘可略而不提。

總合上述發問技巧之運用，首先要瞭解問題的類型，其次瞭解提問題的要領，再次要知道候答和理答的技巧。但還有一個很重要的前置作業，就是要編擬各類問題。在問題類型中，編擬認知記憶性的問題比較簡單，可直接就知識的內容來問。至於推理性的、創造性的及批判性的問題，就要花心思才能編出好的問題。

---

### 作業活動 ......................................

1. 以您專精的學科領域，找不同年段（級）之課本，各選一個單元，依據課文內容，按照本節所區分的問題類型前四種，每一問題類型各編兩個問題。
2. 試從師生間的互動或學生間的互動，想出兩種以發問為主體的教學策略或活動，來激發學生動腦筋思考及發問。
3. 試從同儕中找一位搭檔，就兩人感興趣的兩個主題，各自編擬一些問題，並輪流發問，以練習提問、候答及理答的技巧。

---

 肆　討論技巧

討論法是一種教學的「技術／技巧」（technique），但也有人稱為教學「方法」（method）。討論技巧可採用小組討論或全班討論。小組討論

是在一個班級中，分成幾個小組或小團體，為達成教學目標，分派不同角色，透過語言表達、傾聽對方及觀察手勢表情等的過程，彼此溝通意見以獲致某種結論。

小組討論有許多方式，比較常用的討論技巧有：菲立普六六法（Phillips 66）、腦力激盪法（brainstorming）及討論會。另，最近中小學教學現場正在推動的學習共同體（learning community）的理念和做法，這種上課方式也有參考運用的價值。

## 一、菲力普六六法

菲立普六六法是由美國密西根州立大學的菲立普（J.D. Phillips）所提倡的方法。此法是以六人為一小組，每人針對討論議題發言一分鐘，在6分鐘內獲致結論。其特色是能很快地成立討論小組，並且不需要給學生討論前的準備，學生也不必熟練團體討論的技巧。因此，對於剛形成的團體極為適宜。

菲立普六六法的成員最好是六人，可由教師分派或由學生志願組成。小組形成後立即在一分鐘內選出主持人，然後由教師在一分鐘內指示所要討論的問題，學生針對所要討論的問題，在6分鐘內歸納出小組的意見或主張。菲立普六六討論法很適合討論具有爭議性的問題，以培養學生依理據來論述的能力。例如，根據資訊處理理論，該不該要求學生背書？學生中午是否應該午睡？安樂死是否該合法化？……等。

以翰林出版社《國民小學社會教學指引》（六上）（2010出版）第1單元「消費與生產」為例，說明六六討論法之應用。本單元教學指引第32頁活動四「消費計畫」有一討論題目：「消費之前需要先進行規劃嗎？為什麼？」這個討論題目適合用「六六討論法」來進行。茲說明討論進行的過程。

### ㈠分組

將學生分為六個人一組。並選出主席、記錄、報告三個人。三個人的任務如下：

1. 主席：其任務有維持討論秩序、控制發言主題及時間、排除離題及超過時間之發言、歸納本組之意見。

2. 記錄：記錄組員的發言重點，但亦應發言。記錄紙格式如表5-1。

3. 報告：代表小組報告討論之結果。

## ㈡解說題目

教師揭示討論題目，將題目事先寫在長條紙上，於說明時揭示在黑板（或PPT）上。以本單元消費與生產活動爲例，將討論題目揭示如下：

「消費之前需要先進行規劃嗎？爲什麼？」

教師首先說明題目的旨意，「消費」是指個人或家庭在需要購買任何物品或食品等；「規劃」是指在做任何事之前先想好或寫出來。前已說過，六六討論法是針對有爭議性的論題，讓學生發表正反兩方面的看法，最後達到綜合性的意見。因此，教師應指導小朋友，提出個人認爲「需要規劃」或「不需要規劃」的論點或理由根據。

**表5-1　小組討論記錄表格式**

```
              縣（市）國民小學上課分組討論記錄（第　組）

一、日期：___年___月___日（星期___）第___節　班別：___年___班
二、小組人員分配
    主席：_____   報告：_____   記錄：_____
    組員：_____   組員：_____   組員：_____
三、討論主題：
    _____

四、討論記錄：

```

## ㈢進行討論

當小組人員準備就緒，題目也解說完畢後，教師詢問小朋友有無疑義。若無疑義，教師用很清楚的口令宣布「開始討論」，並按下計時器，時間限制6分鐘。教師可規定由主席的順時鐘方向輪流發言，強迫學生一

定要表達意見，並在一分鐘之內說完。討論時，若正反意見人數相同，主席應就論點較有力的一方，或提出折衷的論點，作爲本組的結論。討論時間到時，教師應宣布「時間到，停止討論」。

### ㈣綜合報告

由報告員上臺報告該組討論之結果，提出該組的論點。

### ㈤總結

在綜合報告時，有的小組可能認爲在消費之前「需要」先進行規劃，並陳述很多論點和理由；有的小組可能認爲在消費之前「不需要」先進行規劃，也陳述很多論點和理由；有的小組可能提出折衷的看法，比較大的消費要規劃，比較急的或簡單的消費，如買一本筆記本，則不用規劃。教師聽完學生的報告，做結論如下：

1. 消費之前必須進行規劃，對物品先做調查和比較，才能買到合用和合理的價格，不會造成浪費。

2. 消費之前必須先進行規劃，才能依據家庭或個人的財務能力去消費，不至於超出自己的負擔能力之外。

3. 若比較單純或急需之效費，如買一本筆記本、買一瓶醬油等，則不用規劃。

## 二、腦力激盪法

腦力激盪法（brainstorming）是由奧斯朋（A. F. Osborn）所倡導的。腦力激盪法是一種團體思考方式，要求在一定的時間內，透過團體思考互相激盪之作用，以產生大量的意見、觀念、方法及方案，以引導創造思考的一種技巧。腦力激盪法可運用到任何領域或議題之教學內容。教師要進行腦力激盪法時，首先應當培養班級有一種自由、愉快而又願意表達的團體氣氛。其次，教師要學生遵守在腦力激盪法討論過程中的規則：

1. 點子、意見、觀念愈多愈好。

2. 不可批評別人的意見。

3. 自由思考，應用想像力，容許異想天開的意見，先不要考慮所提

意見的邏輯性和合理性。

4. 能夠將別人的觀念，加以組合或修改，提出新的意見。

5. 思考的速度愈快愈好。

有這些基本準備，才能順利進行腦力激盪法。在教室中使用腦力激盪術的步驟如下：

### 1. 選擇及說明問題

腦力激盪法所討論的問題，適合開放式或擴散性問題。問題的範圍要小，且為具有分歧性的答案，問題大都為「如何」的形式。教師所選擇問題的內容要適合學生的能力和經驗。例如：

「如何使汽車駕駛人不丟菸蒂或其他垃圾到車窗外？」

「如何培養學生的民主素養？」

「公共場所發生火災，如何逃生？」

### 2. 組織討論的小團體

腦力激盪法之討論小組以十到十二人為原則，討論時選擇一人當主席，一到二人為記錄。主席負責主持並引導討論，對小組成員所提的意見不要作說明、解釋，只有當成員所提的意見不明確時，才要求發言者釐清所提意見。記錄則將所提意見一一記下來。

### 3. 分組討論

各小組利用教室的角落分開討論，每一小組為成U字型，開口面對牆壁，由主席主持討論。小組成員提出意見時，記錄者即將它記下來。記錄最好用壁報紙（或其他替代之白板）貼在牆上，便於全組同學觀看，以激發其他的意見。

### 4. 評估意見

各小組在整理好所提意見後，可休息一段時間，再進行評估工作，有時甚至可延到次日或次週再進行評估活動。評估時必須根據問題目標或性質，訂出評估的標準，依據標準來評斷哪一個是最好的意見。為使評估內容明確，條理清楚，可設計評估表格來運用。

### 5. 歸納最佳意見或方法

經過小組之評估後，選擇該組最好、最可行的方法，作為本組討論的結論。

### 三、討論會法

討論會通常是使用在可以從不同角度去討論的主題或者需要應用高層次思考能力的問題上。這種小組討論技巧提供學生從不同角度來交換彼此對問題的意見。教師可以應用此種討論來協助學生針對爭議性的問題提出暫時性的解決策略或各類替代性的方案。不過，採取這種討論並不需要去獲致全體一致的結論。

討論會的主題應事先由教師選定，並且儘量與教學目標及學生的經驗有關聯。如此的主題可以使學生有意願和興趣去討論和找出解決之道。教師可以先採用腦力激盪的方式來尋找討論的題目。

參加討論會的成員必須對於主題具有基本的認知和理解，並且事前有充分的準備，例如預先針對主題進行相關的研究。

參加討論會的人數只要二或三人即可，通常是由教師事先指定（類似研討會的引言人），但是出席討論會的學生數可以多些，大約為5-15人或全班學生。在討論時，主持人（裁判）先介紹主題、討論會成員，並且要提醒其他學生要注意聽講。其次是由討論會成員分別做5-10分鐘的簡短陳述來表示各自的觀點。在陳述各自意見後，主持人即可開始進行公開的討論，讓所有的學生能自由表示意見，學生可從公開討論中學得討論的技能。討論到最後，則是由討論者分別就討論的主題，提出結論及解決問題之道。

這類型的教學可以使學生從討論中交換意見，使學生瞭解別人的觀點。此種型態的教學還具有價值澄清和獲得團體意識的功能（林寶山，1994）。

### 四、學習共同體之課堂運作

學習共同體（learning community）是佐藤學在日本所推動的學校教育理念與實踐。三十年來，在日本已有三千多所中小學在實施。韓國和中國大陸受到相當程度的影響，我國也有學校和教師嘗試此一理念進行教學。學習共同體包含教師教育理念的塑造和學校教育運作的改變。

學習共同體強調教師的教育理念有三：1.公共性哲學：學校是一個公共性空間，不再只針對孩子，應該開放給所有的人；教室也是公共性空間，教師至少一年要開放自己的教室一次，讓全校老師、外地老師、社區人士及各種人來參觀。2.民主主義哲學：校長、老師、學生及家長都是學校的主人，每個人都有同樣的發言權，都可以參加學校的活動。3.卓越的哲學：永遠給孩子最好的教育內容和資源，不會因為成績不好、家境不好，就降低教育內容和教學水準。

學習共同體在學校教育運作上分三個層次：1.第一層：教室教學的核心是小組學習。2.第二層：教師開放觀課，即教師每年至少一次開放學習提案，讓其他教師到教室內觀課，以共同的高度探討教學，強調觀課後，我（觀察者）學到什麼。3.第三層：加入家長，即學校／教室開放讓家長參與。就教室的教學層次言，主要有下列做法或措施：

### (一)分組學習

學習共同體在教學上以小組學習為原則。小學一年級是全班一起學或兩人一組學習，三年級以上為四人一組。小組相互協助學習，小組和班級是互動密切的學習共同體，學校則為較大的學習共同體。

### (二)小組的組成和形式

在學習共同體中，小組是採隨機分組的。班級內各小組座位的安排採ㄇ字型，主要是當同學在分享時，其他同學能方便看到發表者的面容。國內都會區學校，班級人數較多，分組座位若無法排成ㄇ字形，可以實際合適的安排方式進行。

### (三)小組相互協助學習

在課堂教學上要掌握三個要素：活動、協同學習及分享表達。教師對單元內容講解引導之後，1.安排讓學生有動態的學習機會（活動），可能是練習／作業／學習單／問題討論等；2.此種活動採用小組學習方式，引導小組成員相互協助學習，透過對話、溝通及交流熟悉教材內容或練習；3.最後做分享表達，引導學生分享自己的收穫。經過學生的協同學習和分

享表達後，可能會引發新的問題或待探討的活動，教師可再度引導另一個活動（循環）。最後再做歸納和總結，並交待今天的作業。

### ㈣小組協同學習的技巧

在分組學習過程中，小組成員如何進行報告、對話及分享，有下列幾個重點：1.每人講述一項重點，2.提出不懂的問題／題目／練習，讓其他成員回答／解題／示範，3.對於聽不清楚／不懂之處，提出詢問，4.對於被誤解的敘述，提出澄清，5.尊重或包容他人不同的意見，這並不表示接受他的意見，6.分享自己的想法，公開自己的思想世界。只有能公開自己的想法，才會相互學習和修正。

### ㈤伸展跳躍

教師在教學過程中，要強調「精通教科・伸展跳躍」。即教師必須先精通所授學科的內容（CK）和如何教導（PCK），在引導學生學習過程中，才能適時提出更深入或更高層次，且為學生能夠達到的問題，以激發學生學習的動力。這種觀點，也就是維谷斯基所提的「鷹架」概念。

### 作業活動

1. 請以您專精的領域，找任何一本課本（小學中年級以上），就課本中的教材內容，列出可以作為六六討論法的討論題目。
2. 六六討論法練習：學校可否懲罰嚴重干擾上課之學生「請家長帶回管教」？
3. 腦力激盪法練習：「人」如何才能活得有意義和快樂？

## 伍 集中焦點技巧

集中焦點是指教師用語言、手勢、動作、或其他方式，把學生的注意力，拉到教學的活動上來，或使學生安靜下來，注意老師的說明。在教

學上，除了分組討論、實驗、作業等活動有很多個焦點外，其他的教學活動，在一個時間內，只有一個學習焦點。集中焦點就是使學生注意當下的學習活動。另外，集中焦點用在常規管理上，可讓學生安靜下來，聽老師進一步的指示，避免秩序失控。實習教師在試教期間，師生還沒有建立默契，更要運用集中焦點的技巧，教學才能夠順利進行。

　　集中焦點有下列五種技巧：一、使用語言集中焦點、二、使用動作集中焦點、三、同時使用語言和動作集中焦點、四、使用信號集中焦點、五、建立默契集中焦點。

## 一、使用語言集中焦點

　　在教學過程中，教師運用指示性的語言，告訴學生「看」教材內容的章節，或「注意」所展示的媒體資料。例如教師指示：

　　「打開課本第35頁，『看第一個例題』……」
　　「大家注意看這張透明片『右上角紅色部分』……」

　　這樣的指示性語言，其目的是要求學生注意於所進行的教學活動，使學生能隨時知道老師現在是進行何種教學活動，不至於一時分心而無法歸隊。

　　使用語言集中焦點，不管是運用在教學的引導上，或常規的要求與指示，應當「簡潔」、「清楚」、「肯定」，千萬不要「囉唆」、「含混」、「猶豫」。指示性的語言要直接、有力，語氣不要過於委婉、客氣，否則學生不是無所適從，就是不聽你的話。例如：實習教師要求混亂中的二年級小朋友的常規，教師說：

　　「請小朋友安靜下來看老師這邊好嗎？」（學生沒有反應）
　　教師若用比較肯定、有力的語言，情形就不一樣了：
　　「請小朋友安靜下來看老師這邊！」或「數到三，我找還在講話的同

學！1，2，……」（還沒數到3，學生已經安靜坐好了）

另外，使用語言集中焦點，切記不可用更大的聲量來要求學生安靜或注意聽。如此會使學生養成「要大聲壓制才能安靜」的壞習慣，教師也因此累壞了喉嚨。

## 二、使用動作集中焦點

使用動作集中焦點是指運用教師的肢體動作，讓學生注意學習的活動。在教學進行中，可能會有小組討論、實驗、分組練習、作業活動等，當教師要學生中止這些活動，注意教師的說明，教師不願用喉嚨大聲喊，即可用動作讓學生停止活動。例如教師用「拍掌三下」的方式，指示學生停止小組討論。又如在實驗課學生比較吵鬧的情況下，教師「舉起手勢」要求看到老師的手勢時，結束或停止實驗活動，注意老師的方向，直到學生都安靜，教師才進一步說明。

使用動作集中焦點，切記不可以用教鞭（或類似物品）猛敲講桌或粉筆板。這種動作告訴學生「生氣時可以敲公物」，這種動作也告訴他人「老師已黔驢末技了」。

## 三、使用語言和動作集中焦點

混合前面兩種方式，同時運用語言和動作，引導學生注意教師的教學。教師在運用口語指示學生的學習行為時，同時也加上相應的動作，以加強這種指示的功效。例如教師指示：

「現在，請各位小朋友觀賞○○同學的演示。」（教師手指向演示的同學）

「請大家看這張圖中顯示斷層線經過的地區……」（教師手指向斷層線的位置）

在低年級上課中，由於學生的注意力短暫，教師要經常使用語言和動作，讓學生提起精神並注意教師的教學。例如教師拍掌並複述「請你跟我這樣做」來引起學生的注意。其做法是：

教師：「請你跟我這樣做！」（有節奏地拍掌覆誦）
學生：「我會跟您這樣做！」（有節奏地覆誦並跟隨老師的動作）

反覆幾次後，最後把手放在教師所期望的學生坐姿的位置，學生安靜下來，教師繼續上課。

## 四、使用信號集中焦點

教師事先和學生約定以某一種聲音或符號，代表一種意義或要求之動作，在教學過程中，教師發出這種信號，學生必須注意或做出動作，以集中學生的注意力。例如：以三角鐵、木魚、鈴聲、鐘聲、哨子等之聲音作為信號的工具。信號所代表的意義視教師和學生之約定，如「一聲」代表「開始」、「兩聲」代表「停止」、「三聲」代表「注意」等。不過信號不要太多，否則學生會混淆而產生反效果。在室外或體育課，學生隊伍的收放、分組練習的開始或結束，最好和約定學生以「哨音」信號作為散開、停止、集合等口令。實習教師在上體育課時，經常發生學生散開後收不回來的情形，就是未建立或善用「哨音」來代表教師的「口令」。

## 五、建立默契以集中焦點

在一節40分鐘的課中，學生無法從頭到尾都很專心，尤其是低、中年級。因此，教師必須和學生建立一些口令動作的默契。當學生吵鬧無法進行教學時，教師即運用這種口令，要求學生做動作，以集中學生的注意力。實習教師在短暫的集中實習中，由於小學生的心態對實習教師和級任導師不同，實習教師比較難掌控秩序，更要和學生建立集中焦點的默契。表5-2舉一些例子供實習教師參考：

表5-2　師生默契示例

| 教師口令 | 學生回答 | 學生動作 | 目　標 |
|---|---|---|---|
| 大白鯊 | 閉嘴巴 | 停止說話，坐好 | 要求安靜 |
| 大眼睛 | 看老師 | 眼睛注意老師 | 注意老師的講述 |
| 小嘴巴 | 閉起來 | 停止說話 | 要求安靜 |
| …… | …… | …… | …… |

　　以師生的默契來集中焦點，應當多思考其他可供建立默契的點子，或參考其他教師的做法。在一段期間最少有兩、三種的口令動作交替使用，否則學生很容易產生厭煩，而失去效果。

 **媒體運用技巧**

　　媒體運用技巧是指運用資訊溝通科技（information and communication technology, ICT）之硬體和軟體，以及網際網路資源來幫助老師教學的技巧。本節僅介紹媒體運用的三種技巧：一、簡報（PPT）製作與運用、二、影音連結與運用、三、互動式電子白板之運用。

## 一、簡報（PPT）製作與運用

　　簡報（PPT）是PowerPoint的簡稱，它是由Microsoft公司開發的簡報程式，是Microsoft Office系統中的其中一個元件。PPT是學校和各行各業在教學和簡報的常用工具。教師在教學上運用PPT，使得教學的內容變得豐富和生動，也減輕教師在教學前備課和教學過程中體力的負擔，並提升學生學習的興趣和效果。

　　一個成功的簡報有四個關鍵因素：一是內容，二是設計，三是態度，四是形象與聲音。內容是簡報要傳遞的知識和概念，設計是安排內容如何呈現，態度包含講者事前的準備和簡報當時的心理傾向，而形象和聲音則為簡報當時的表現。

### (一)PPT的內容

成功的簡報內容必須滿足三個標準：1.內容精鍊：簡報之內容要以概念化表達，每一頁面只表達一個核心主題，並且提煉概念，只留關鍵詞，去掉修飾性形容詞和副詞。2.結構清晰：整個PPT要有結構化思考，其結構要清楚且合邏輯。一份完整的PPT之型式結構有：封面頁、目錄頁、過渡頁、內容頁、結語頁、封底頁。3.頁面簡潔：即視覺化呈現，文字不要太多，能用圖片就用圖片，能用統計圖表就用統計圖表，但動畫或圖片不要太複雜。總之，PPT之設計要遵守KISS（Keep It Simple, Stupid）原則（田嵐，2010；鄭靜華、范婷婷、李百怡及張燕，2011），即簡約原則，讓人一目了然；至於詳細的內容或概念，則需講者進一步陳述。

### (二)簡報本身的設計

有專業和豐富的簡報內容，也要經過有水準的設計。一個好的PPT設計與呈現應注意下列五個重點（李雪琪、申廣浩、劉娟，2010；鄭靜華、范婷婷、李百怡及張燕，2011）：

#### 1. 文字的設計與呈現策略

在文字的設計與呈現方面，有下列幾個重點：(1)教學內容先進行層次化組織，並精鍊為要點；(2)文字字號大小適中：大標題用44號，以下標題一用32號，標題二用28號，標題三用24號，標題四用20號，若用18可能看不到了；(3)避免使用過多的字體（不超過三種）、減少下畫線、斜體和粗體之使用；(4)文字不要過滿，應留適當空白，一頁大約七行（7±2），一行字數約20-25字，標題約5-9個字；(5)一張頁面呈現一個主題，且只顯示同一層次內容；(6)表格內的文字字體和字號一致；(7)選擇對比明顯的背景和文字之顏色；(8)整套的PPT格式一致，包括顏色、版面、字體、背景等。

圖5-1左欄顯示文字偏多的PPT頁面，大小是20號字；右欄PPT頁面呈現的標題和說明文字比較合適，說明文字大小是28號。

過多文字的PPT頁面　　　　　　　　　比較適切的PPT頁面

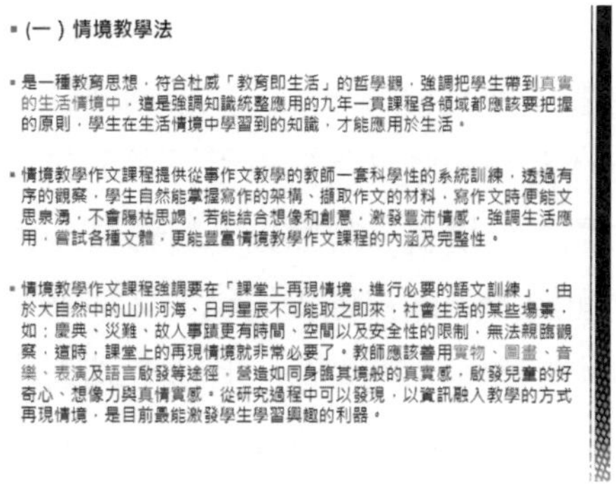

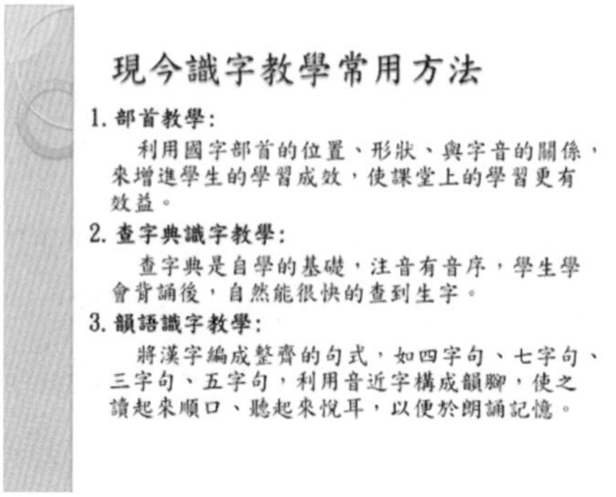

**圖5-1　兩種PPT文字呈現之頁面**

### 2. 圖片的選擇與呈現策略

　　圖片的呈現有幾個重點：(1)選用圖片要有目的，傳達一個概念，或說明一個現象或步驟；(2)將概念視覺化處理—即把要表達的概念，通過圖片來產生一個直覺印象，幫助學生理解；(3)要選用清晰的圖片；(4)圖片內含有說明文字，應確保文字筆畫清晰，易於辨認。

### 3. 圖表的設計與呈現

　　圖表呈現的重點有：(1)若想表現某個數值隨時間變化的趨勢，則用折線圖（如圖5-2）；(2)若想表現個別項目與整體的比率關係而不求數值之精確，可用圓餅圖（如圖5-3）；(3)若想表現某段時間個別項目數值差異，用柱狀圖（如圖5-4）。

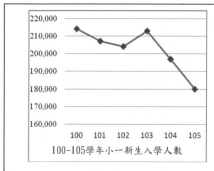

**圖5-2　用折線圖表現一種趨勢**

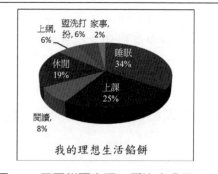

**圖5-3　用圓餅圖表現一種比率分配**

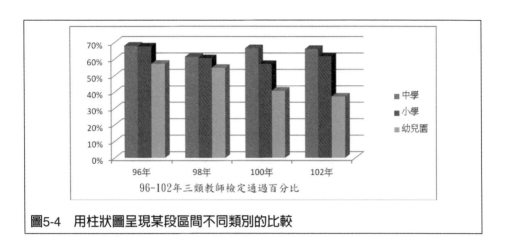

**圖5-4　用柱狀圖呈現某段區間不同類別的比較**

### 4. 顏色的選擇與呈現

首先說明色彩的屬性。暖色系有紅色、黃色、橙色，冷色系有綠色、紫色、藍色等，且每一種顏色有其象徵的意義。其次顏色的選擇與呈現，有下列五個原則：(1)根據主題內容性質，選擇暖色系或冷色系；(2)同一版面，字形和顏色變化不宜超過三種；(3)不同層次內容可選用不同的顏色；(4)儘量選擇深色背景配淺色字體，或淺色背景配深色字體，對比強一些。(5)如果背景顏色與圖片顏色難以區分，應給圖片加外框。

### 5. 動畫與聲音的選擇與呈現策略

動畫與聲音的呈現，是要提供學習者更多的感官刺激和經驗，以豐富教師的教學內容。其呈現有三個重點：(1)需要引起大家特別注意或者開始另外一個主題時，才使用動畫和聲音；(2)要控制動畫效果的速度，不要讓它不停運轉或運轉過快；(3)巧用片頭動畫、邏輯動畫、強調動畫、情景動畫及片尾動畫。

### ㈢講者的態度

態度分簡報前準備和簡報當下的表現。一個好的簡報表現，講者準備過程所持的態度很重要。他必須相信：我能做好簡報，我的內容很有價值，我的觀眾很重要（以顧客／學生為焦點），我要讓觀眾很有收穫。有此態度，就會認真的準備整理和設計簡報。在簡報當下，也要秉持「我能

做好簡報」的自信心。簡報內容和設計完成之後，最好能演練一下，尤其是演講經驗沒有或較少者，應當充分練習，讓每一次簡報後能增加自己的信心。

### ㈣形象和聲音

講者在簡報之講臺上，要注意自己的形象。衣著方面要表現出專業，男生為西裝（深色）和襯衫（淺色）；女生為套裝、窄裙及高跟鞋。在簡報當下表現有精神和熱情。在儀態方面，儘量在螢幕的兩側，最好是在螢幕的右側，不要侷限在電腦和E化講桌前。目光注視著聽眾，並善用雷射筆。在聲音呈現方面，大致上與講述時的聲音相同。語速適中，節奏快慢合宜；也要適度運用停頓技巧；隨時與觀眾保持目光接觸；在重要的重點上運用「強調」技巧—提高聲調或加重語氣等。當然，在陳述時應當充分表現講者的情感。

## 二、影音連結與運用技巧

教學上經常需要有聲音、圖片或影像來豐富學生的學習經驗，或藉影音資料引發討論問題。因此，聲音、圖片、影片等，是重要的教學資源。下面介紹聲音和影像的剪輯技巧。

### ㈠聲音的剪輯

#### 1. 聲音的來源

聲音的來源有幾種，一是CD音樂轉成的mp3或wav檔；二是蒐尋網路可供運用的聲音檔；三是自己錄製的口述、演奏（唱）、自然界等聲音檔（mp3）。前二種要注意著作的財產權和人格權。將CD的音樂轉成mp3可用CDex或其他應用軟體。

#### 2. 剪輯一小段聲音

如果聲音檔案很大（很長的聲音檔），教學上只需要其中一小部分，必須經過剪輯。聲音剪輯可用CoolEdit或其他應用軟體。您可剪輯30分鐘聲音檔中的1分鐘段落，也可挑選其中多段的聲音，再把它合併成一個聲音檔，每一段之間留幾秒空白。

### 3. 加背景音樂

如果您錄製了一段介紹性的敘述或說故事的聲音，單純只有人的聲音（主體聲音），聽起來會覺得單調。因此，必須加背景音樂，聽起來才會比較豐富且能引起想像力。這種主體聲音加背景音樂，也可用CoolEdit軟體來編輯。聲音剪輯好之後，配合PPT內容呈現之需要，加以連結。

### (二)影片的剪輯

### 1. 影片的來源

影片檔可由 VCD或DVD讀入，或直接讀取mpeg檔，或網路下載之影音檔。目前影片檔的格式有很多種，也有多種轉檔和剪輯的軟體，可上網蒐尋。就個人所知，常見的影音檔案格式有AVI、MOV、MPEG/MPG/DAT、RM、RMVB、ASF、WMV、DIV-X、VCD、SVCD、DVD。影片的剪輯，可用「威力導演」或「繪聲繪影」等軟體。

### 2. 剪輯一小段影片

首先，確定剪輯影片段的起始和末端的時間，如「1'31"-3'15"」。其次，依照影片剪輯的要領，剪出所要的影片片段。第三，編輯影片之標題和說明，並依說明字數多寡設定標題停留的時間。第四，若剪輯的影片是合併多個影片段落，也要有標題和說明，並加上段落間的轉場隔頁。第五，若所剪輯的是沒有明顯聲音的紀錄片或景物，則應剪輯相應長度時間的音樂檔加進來。第六，依照所要的影片格式輸出存檔。

### 3. 將靜態相片編輯撥放影片

在一般情形下，瀏覽相片的軟體，可以將相片以自動撥放的方式呈現相片。但為了播放相片時，提供富有意義的學習訊息，可將相片介紹的文字檔，編輯成影片的方式播放。編輯的方法可用前述的威力導演或繪聲繪影軟體。

### 4. 現成的影片

在教學上，若需要看的影片是完整的，可直接用VCD或DVD片子播放。但教師在準備教材時，應在簡報檔中加以說明，甚至標記光碟（影片）名稱、影片段落、起—迄時間點、總共要播放多少時間。另外，也可

直接連結到網路上的影片,如YouTube、TED等網站。同樣的,也要標示足夠提示講者相關的訊息。

### ㈢運用影音的教學

播放影音是提供學生抽象文字訊息外,比較動態且具體的感官刺激。運用影片教學,有時是提供學生無法到實際情境中觀察體會的另一種虛擬情境。例如:教導學生認識火山噴發、雨林生態、蜜蜂8字舞等,我們無法帶學生親臨自然界現場觀看,但可透過剪輯的簡短影片,讓學生從影片中體會和理解。另外,要讓學生瞭解和體會過去或現在人生的某種意義或價值,也可提供某種情境的影片讓學生觀看。例如:要讓一般人體會「避免在人生過程中錯過太多」,可觀看「心靈投手」影片;要讓學生體會或感動愛情的偉大,可看黃梅調的「梁山伯與祝英台」或西洋的「羅密歐與茱麗葉」影片。

教師在課堂中提供學生觀賞影片,不是純娛樂的,而是有教育和學習的意義。因此,教師播放完所提供的影片後,記得要拋出一些引發學生思考的問題,將學生分組並討論影片中所蘊藏的意義、問題等,並請各組代表發表該組的討論結果。最後教師再分析歸納學生的見解,並總結影片的重點。

## 三、互動式電子白板之運用

互動式電子白板(interactive whiteboard, IWB)是一連結電腦、單槍投影機及大型觸控式螢幕,以手寫或觸控筆取代滑鼠或鍵盤,在應用軟體支援下直接於螢幕上書寫/點選並同步在電腦螢幕上顯示,成為一個即時回饋的大螢幕,建構成「IWB—教師—學生」三者間互動的教學環境(張詠瑄,2011)。互動式電子白板系統架構與運作如圖5-5(楊凱悌、王子華及邱美虹,2011)。在此系統中,電腦整合IWB、單槍、教學資源及輸出,教學活動的重心則是在紅色A區內,由教師主導設計和安排之「學生、IWB及教師」三者之互動情境中。

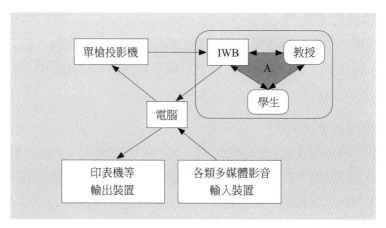

**圖5-5　互動式電子白板系統運作圖**

資料來源：楊凱悌、王子華及邱美虹，2011，頁194。

　　互動式電子白板，從書寫的感應技術上區分有四類：雙向紅外線感應、壓力觸控感應、電磁感應及超音波（掃描）感應。至於品牌，則有很多種，例如：ONfinity, Haboard, TeamBoard, HB-078, ANOTO, Panasonic, Easy, IQBoard, JECTOR, VOSA等多種廠牌。

　　不同廠牌的互動式電子白板，其功能被應用到教學上，主要是有下列幾種：1.書寫／標記：在白板上寫字或做標記，2.縮放：放大縮小，3.聚焦：要強調的部分顯示，背景反黑，4.拖移：將物件移動位置，5.旋轉：將物件旋轉，以不同方向或角度觀察，6.匯入：匯入已建立的教學資料庫或檔案，7.即時錄製（儲存）：將教學過程錄製儲存起來，供總結或複習之用，8.即時反饋：作練習時提供檢視答案，9.資料庫與線上資料庫：本身即儲存許多數位教學素材庫或圖庫，並可視需要連結到線上資料庫（李舜隆，2012）。

　　互動式電子白板提供師生、生生及人機互動，強調學生的主動和創新的情境。教師可運用互動式電子白板上述的功能，發揮以下的教學效果：

#### ㈠激發學習興趣

　　電子白板有豐富的圖庫，教師可運用這些圖庫和自己設計的教材，運用軟體的功能，創造學習情境，提供較深入或具體的說明和練習。

## ㈡培養思考能力

利用電子白板的圖庫和軟體功能，可以模擬移動或轉動，甚至於以動畫呈現，讓學生從不同方向和角度進行觀察，透過即時互動中，啟發學生思考。

## ㈢重現教學做複習

教師可利用電子白板的存取功能，讓教學過程再現。例如：教師將自己的教學過程細節，運用電子白板儲存起來，必要時可回顧先前講述／演算過程之內容，讓教師的歸納或總結時，有實質的內容。

## ㈣改變學生的角色

傳統的學習是教師講述學生聽，或教師引導學生討論。教師可利用電子白板的動態互動功能，改變學生的角色。例如可要求學生上臺選題、操作圖形／步驟等，由學生提出、設計或引導問題，以激發同學相互討論（張美，2011），教師則從旁主導整個活動之進行。

由於互動式電子白板廠牌不一，教師在運用時要注意不同廠牌所提供的圖庫，或者教師所建立的教學資料庫，能否相容的問題。

另外，電子白板軟硬體建置費用不便宜，若沒有經費建置電子白板，也可透過現有的硬體和軟體建構虛擬的電子白板。這需要的硬體和軟體有：電腦（有藍芽功能）、Wii主機、單槍投影、無線手寫筆（IR pen）、互動軟體等軟硬體，就可建構如互動式電子白板的運作模式（蕭英勵，2013）。

### 作業活動

1. 每位同學以專精領域的一項概念或知識為例，製作成PPT檔，輪流上臺向全班介紹，練習運用簡報筆並注意陳述的技巧。
2. 請選擇一單元或主題，先編寫單元或主題教材內容，再製作一完整PPT檔，其中包含能呈現圖片、圖表等，並連結聲音和影像，以豐富學生的感官經驗，啟發學生思考。

# 參考文獻

王財印、吳百祿、周新富（2009）。**教學原理**。臺北：心理。

方炳林（1979）：**教學原理**。臺北：教育文物出版社。

田嵐（2010）。**PPT設計原則的思考與應用**。中國農業銀行武漢培訓學院學報，6:144，52-53。

李雪琪、申廣浩、劉娟（2010）。**談PPT設計與呈現策略**。中國醫學教育技術，24(2)，136-138。

李舜隆（2012）。電子白板為媒介的國小數學建構教學模式之實驗研究—以三年級兒童數概念教學為例（未出版知博士論文）。國立高雄師範大學，高雄。

李詠吟（1992）。**教學原理**。臺北：遠流。

林寶山（1989）。**教學原理**。臺北：五南。

高廣孚（1996）。**教學原理**。臺北：五南。

張正男（1985）。**演說與辯論**。臺北：文笙。

張玉成（1988）。**教師發問技巧**。臺北：心理。

張玉成（1988）。**開發腦中金礦的教學策略**。臺北：心理。

張玉成（1995）。**思考技巧與教學**。臺北：心理。

張美（2011）。**依托交互點子白板改善數學課堂教學**。人文社會科學學刊，2011(5)，28-29。

張詠瑄（2011）。運用互動式電子白板於國小五年級學生社會領域學習成效之研究（未出版之碩士論文）。國立臺中教育大學，臺中。

陳龍安（1995）。**創造思考教學的理論與實際**。臺北：心理。

黃光雄主編（1995）。**教學原理**。臺北：師大書苑。

黃郁倫、鐘啓泉（譯）（2012）。**學習的革命：從教室出發的改革**（佐藤學著）。臺北：天下雜誌。

楊凱悌、王子華及邱美虹（2011）。探討互動式電子白板對於不同認知風

格國中學生學習效益之影響──以細胞分裂單元為例。**課程與教學，**
14(4)，187-208。

鄭靜華、范婷婷、李百怡及張燕（2011）。**PPT課件設計原則和實用技巧。**
中國教育技術裝備，26：248，115-117。

蕭英勵（2013）。互動式電子白板的教學效益。師友月刊，2013(2)，62-
66。

Borich, G. D. (1992). Effective teaching methods (2nd ed.). New York: Merrill.

Burden, P. R. & Byrd, D. M. (1994). Methods for effective teaching. Boston: Al-
lyen and Bacon.

Froyen, L. A. (1988). Classroom management: Empowering teacher-leader. Co-
lumbus, Ohio: Merrill.

楊銀興

# 教學評量

引導問題 .................................

一、教師自編測驗的步驟有哪些？各步驟的內容是什麼？

二、編製各類型紙筆測驗，須遵循哪些共同的原則？各種題型編製時，須注意哪些原則？

三、試題難度、鑑別度的意義是什麼？怎麼計算？選擇試題時，難度與鑑別度採擇的標準為何？錯誤的選項要怎樣才算是有誘答力？

四、多元化評量是什麼？常用的多元化評量有哪些類型？怎麼編製？

　　教師教學告一個段落或是在教學進行過程中，要檢視教學效率或學生學習成效，必須經由教學評量。R. Glaser（1962）在其所著的《基本教學模式》中，即將「教學評量」列為教學的四個基本階段之一，故教學評量成為教師必備的基本專業知能。過去在教學評量著重的是紙筆測驗，自從R. Gardner（1983）提出多元智慧的理論後，多元化教學評量亦蔚為風潮。現今教師除了要能設計品質精良的紙筆測驗工具外，也要具備能設計多元化評量的能力，以便能從各個不同的角度，瞭解學生所具有的能力。

## 壹　教師編製測驗的步驟

　　平常教師要編製一份品質良好的測驗工具，必須包括下列幾個步驟：確定測驗的目的；設計雙項細目表；選擇試題類型及編擬試題；編輯測驗。

### 一、確定測驗的目的

　　一般教師應視測驗目的的不同，編製不同類型的測驗，包括預備性測驗（readiness test）、安置性測驗（placement test）、診斷性測驗（diagnostic test）、形成性測驗（formative test）、總結性測驗（summative test）。測驗目的不同，所考慮的命題範圍與難度，就會有所不同。

　　如果測驗目的在瞭解學生在學習新教材之前所具備的基本知能，以便

於開始教學時適當的調整教材的難度，此為預備性測驗，預備性測驗命題時須包含每項學習的起點行為，試題是比較容易且採標準參照來解釋。如果測驗的目的是要在教學時，將學生做適當的安置，以便做分組用，此測驗即屬安置性測驗，命題時要考慮試題要能代表即將學習的教材內容，試題難度分散範圍較廣，且採常模參照解釋測驗的結果。如果測驗的目的在瞭解學生學習的困難，以便做為補救教學的依據，即應編製診斷性測驗，診斷性測驗命題的範圍須包括學生所容易共同犯錯的內容，通常同一類型的題目會多出幾題，以便能找出學生學習困難的所在。如果測驗的目的在瞭解學生在學習過程中的學習進步情形，以提供教師或學生即時回饋，此即屬形成性測驗，命題時要盡可能包括教材中主要的單元目標，試題難度要配合教材的單元，採標準參照的解釋方式。如果測驗的目的在瞭解學生學習告一個段落後學習成就的表現，以瞭解是否達成預期的教學的目標，此即為總結性測驗，總結性評量命題的範圍廣，難度分散範圍也較廣，解釋測驗結果採常模參照的方式。

## 二、設計雙向細目表

教師在真正命題之前，最重要的是要設計一個命題的計畫表或藍圖，此一命題的計畫表即稱之為雙向細目表（two-way specification table）。

雙向細目表包含兩個向度，一個是課程內容，一個是教學目標。教學目標放在縱軸，以認知領域而言，依據布魯姆的分類方式，將認知領域目標分成記憶、理解、應用、分析、評鑑、創新等六類（國民中小學因學生年齡較小，可將分析、評鑑、創新層次的評量整合成批判思考能力的測量）；在橫軸的地方若是定期考察，則將本次考察的各單元名稱依次放在橫軸中；若是形成性測驗，則將該次的評量分成幾個重點，將各個重點依次放於橫軸中即可。然後教師命題時，即在這兩個向度交叉的細格中，按照課程內容，學科性質及學生年齡，分配適當的比例，命題時即按照此比例來命題，所出的試題才會有代表性。雙向細目表範例如下表：

| 命題比例 \ 教學目標 \ 課程內容 | 記憶<br>基本名詞<br>天氣符號 | 理解<br>影響天氣形<br>成的因素 | 應用<br>竹蜻蜓、紙風車、<br>風向計的設計原理 | 批判思考<br>（分析、評<br>鑑、創新）<br>天氣圖 | 命題百<br>分比 |
|---|---|---|---|---|---|
| 氣壓 | 4 | 6 | 6 | 4 | 20 |
| 風 | 5 | 6 | 5 | 4 | 20 |
| 溫度 | 4 | 8 | 4 | 4 | 20 |
| 溼度和雨量 | 5 | 8 | 4 | 3 | 20 |
| 雲 | 6 | 9 | 5 | | 20 |
| 百分比 | 24% | 37% | 24% | 15% | 100% |

　　雙向細目表分配比率時，須注意下列幾點原則：1.最右邊欄中，各細格的人數不可以是零，零代表該單元完全沒有題目，會形成各單元分配比率不均的現象。2.最右邊欄各單元配分的比率，原則上以均衡為主，但命題者可以依各單元的分量、重要性彈性酌予調整。3.教學目標與課程內容交叉的細格中，部分細格若無適當題目，可以為零。4.最底下橫列的百分比則不必均衡分配，原則上理科可能是理解、應用、分析比率比較高；文科則可能記憶的比重會稍微多一點。5.依據各細格中的百分比搭配各種不同題型進行命題工作。

## 三、選擇試題類型及編擬試題

　　每一類型試題都有它的功能與限制。大體上，傳統測驗試題類型可分成兩大類：選擇類型試題（selected-response item）與建構類型試題。（constructed-response item）。

### ㈠選擇類型試題

1. 選擇題（multiple choice item）
2. 是非題（true-false item）
3. 配合題（matching item）

㈡建構類型試題

1. 填充題（completion item）

2. 簡答題（short answer item）

3. 解釋名詞與默寫（explanation item and rehearsal writing）

4. 申論題（essay item）

此外，目前盛行的解釋型試題（interpretive exercise），其題型採用前述兩種試題類型中的任何一種題型或綜合幾種題型都可以，解釋型試題學生須先閱讀命題者所提供的情境，再運用學過的知識與能力，回答所設計的問題，因此解釋型的試題能夠測量理解、應用、分析、綜合等能力。

選擇類型試題適合測量記憶、理解、應用、分析的能力，但不適合測量表達、組織、統整、綜合、評鑑的能力。建構類型中的填充、簡答題、解釋名詞與默寫適合測量特定事實的記憶。申論題適合測量高層次的心理能力，如組織、統整、綜合、評鑑及問題解決等能力，不過因為國民中小學學生年紀較小，通常考試的題型中較少出現，故底下介紹各類型試題編擬的原則時，申論題將不予介紹。由於各種不同類型的試題功能都不相同，亦都有其限制。因此教師在命題之前，應綜合考量後，選擇適當的試題類型，以達成測量的目標。

## 四、編輯試題

試題編擬完成之後，須檢查文字表達是否清楚明白，重要的概念、原理原則是否都能測量得到，各單元的比例是否適當，難易程度是否符合學生的能力，題數的多寡是否能與測量時間相符，前後不同題型間是否有互相提供作答的線索等。檢查完畢後將試題作一有邏輯的編排，編排的方式一般有下列四種方式：

### ㈠根據試題的難度

為建立做測驗者的信心與作答動機，避免浪費太多時間在前面困難的題目，導致後面簡單的題目也沒時間作答，通常會將簡單的題目排在前面，困難的題目排在後面。

### ㈡根據試題的類型

為方便閱卷者的計分與作答者的作答習慣，通常將相同的題型排在一起，亦即將是非、選擇、配合等相同類型的試題編排在一起。

### ㈢根據教材的內容

以單元或教材內容為依據，將相同單元或相同教材內容的試題編排在一起。不過這種編排情形容易關聯到學生學習的慣性，會將原本可以測量較高層次能力的，如理解、分析能力，變成測量基本的記憶能力，所以這種編排方式較為少見。

### ㈣根據測量的能力

測量時每一題目都有其測量要達到的目的，有的題目其目的在測量學生記憶特定事實，有的在測量學生理解或分析等能力，試題編排時依據測驗能力的類型排列，如將記憶的題目排在一起、理解的題目排在一起等，即編排試題時將題目依記憶、理解、應用、分析、綜合等能力編排。

---

**作業活動** ·····································

在七大領域中任選一個領域，以一次定期考查的內容為範圍，製作一份雙向細目表的命題計畫。

---

## 貳　紙筆測驗的編擬

紙筆測驗是由英文paper and pencil test直接翻譯而來，其意為教師將要測量學生的問題直接命題在紙上，學生則依據教師在命題紙上所出的情境，以筆寫的方式進行回答。底下首先介紹各類型試題編擬時的共通原則，然後再依據不同的題型，逐步介紹各種題型的編擬原則。

## 一、各類型試題命題的共同性原則

一般而言，不管任何類型的試題，均需考慮下列共同的命題原則：

### ㈠試題取材宜均勻分布，且包括教材中重要的部分

每次編擬試題時，都有一定的考試範圍，定期考查（總結性評量）時通常包含數個單元，平時考查（形成性評量）時，單一單元內會有不同的重點項目，不論是幾個單元或幾個考試重點，都應該依據雙向細目表的所分配的比例，進行命題的工作，讓試題的取材能夠均勻分布到各個不同單元或重點項目，不可以有所偏頗。命題時也須注意到所命的題目，必須是教材當中重要的概念、原理原則，不可以是零碎的事實記憶。

### ㈡試題的敘述應簡明扼要，題意明確

試題文字的敘述，須簡明扼要，題意明確即可，不可以爲了擴充篇幅或故意咬文嚼字增加學生的閱讀負擔。

不良試題：小明和小華是兄弟，小華是哥哥，小明是弟弟，兩兄弟共有160元，哥哥給弟弟40元後，兩個人的錢變得一樣多，請問原來各自有多少錢？

修正試題：兄弟兩人共有160元，哥哥給弟弟40元後，兩個人的錢變得一樣多，請問原來各自有多少錢？

### ㈢各個試題須彼此獨立，不可相互牽涉

各個不同類型試題或不同題目之間須彼此獨立，不可以在不同題目（題型）間互相提供作答的的線索，例如常常發現教師命題時，填充題可以從選擇題中找到答案。

### ㈣各個試題宜有公認的正確答案或相對較佳的答案

每一道試題須只能有一個公認的正確答案或最佳答案（best answer），避免有爭議性的答案出現，滋生閱卷、計分及後續解答的困擾。

### ㈤試題應重視重要的概念或原理原則的應用，避免瑣碎或零碎事實的記憶

試題出題範圍應是教材中重要的的概念或原理原則，避免瑣碎或零碎事實的記憶。如：

不良試題：（　）三民主義是建國的最高指導：(1)原理 (2)原則 (3)方法 (4)策略。

修正試題：下列哪一個是建國的最高指導原則？(1)三民主義 (2)建國方略 (3)建國大綱 (4)實業計畫。

### ㈥試題的敘述宜重新組織，不可直接抄錄課文

試題的概念雖然從課文中來，但是也必須將文字敘述重新加以組織，其目的在使學生須融會貫通教材內容後，方能作答，否則如果完全抄錄課文的內容，將容易養成學生死記、死背教材，以背誦的教材填寫答案，如此將會使高層次能力的測量降低為低層次記憶的測量。

### ㈦試題中不可含有暗示本題或他題正確答案的線索

試題中應避免有暗示的線索存在，以免學生雖然不會回答，但依據線索也會回答問題，失去測驗的本意。例如下列例子其目的是在測驗學生會不會蘋果（apple）這個單字，然卻因文法規則變成作答的線索，而讓學生會選擇答案(3)apple。

不良試題：What kind of fruit do you like the best？It is an (1)banana (2)guava (3)apple (4)pineapple.

修正試題：What kind of fruit do you like the best？It is the (1)banana (2)guava (3)apple (4)pineapple.

### ㈧命題勿超過單元教學的目標

命題時不可以超過命題的範圍，實務上作試題分析時，常發現試題本身沒有問題，但是求出來的試題指數卻發現該題品質不佳，分析之後發現是教師命題超出範圍，連高分組學生也不會作答，致使該題的鑑別度指數偏低，故教師命題時須注意不可以超出範圍。

㈨**多命一些試題，以備不時之需**

教師平時教學時，即可將教材中重要的概念、原理原則預擬爲題目，平時即多命一些題目，以便最後組題、審題時，若有發現題目不太適宜時，可將其汰除，此時即可適時提供補充題目，組合成完整的試題。此外，亦可提供隨時編製一份新的試題，以備不時之需（如學生請假或作弊補考）。

## 二、選擇題命題原則

選擇題的構成，一般分成兩部分，一部分爲有關題目情境的敘述，稱爲題幹（stem），採直接問句（direct question）或不完全的敘述句（incomplete statement）的方式呈現；另一部分爲根據該問題情境所提供的可能答案，稱爲選項（option；alternative；或choice），選項中正確或可能答案僅有一個，其他爲不正確答案，稱之爲誘答（distracter），依據英文該字的原意即爲干擾或分心之意，意即誘答的目的在使未具備足夠知識或技能的學生會因而選答，導致答案錯誤而得不到分數，據以判斷該生對學習內容的精熟情形。選擇題如果試題品質編得好的話，可以測到學生記憶、理解、應用、分析等層次的能力，且受猜測因素影響的可能性較低，是一種相當優良的題型。

編製選擇題須注意下列的原則：

㈠**必須要能測到重要的學習成果**

命題須注意試題的內容是否能測量到重要的學習成果，避免無關緊要的教材，模糊或不重要的內容出現在試題中，干擾測量的目的主要是在讓學生精熟所學習的內容。

㈡**選項數保持一致**

適合國民中小學學生作答的選項個數，最好維持在三至四個，且選項個數應力求一致，不可以忽多或忽少。選項個數太少，會增加學生不會而猜對的機率，選項數若少於三個，即應改爲是非題。選項個數過多，會增加編製試題的困難，且誘答不容易保持似眞性、合理性，可能徒增學生閱

讀的困難。

### (三)清楚表達題意，勿過長或過短

題幹的敘述，目的在表達題意，讓學生清楚瞭解問題在問什麼？怎麼樣回答即可。題幹敘述若過短，可能題意不清，影響學生作答。題幹敘述若過分冗長，且無關答題要旨，則增加學生閱讀負擔，影響作答的動機。

### (四)題幹應保持完整，避免被選項切成兩部分

題幹的敘述應前後連貫，避免從中間被分隔兩段，影響題意的完整性，如此可能增加學生對題目意思的誤解。例如：

（　）下列哪一座山是臺灣海拔最高的？(1)玉山 (2)奇萊山 (3)大霸尖山 (4)雪山，它位於南投縣、嘉義縣和高雄市的交界。

此題宜改為：（　）位於南投縣、嘉義縣和高雄市交界，為臺灣海拔最高的山是哪一座山？(1)玉山 (2)奇萊山 (3)大霸尖山 (4)雪山。

### (五)選項敘述宜簡短，相同的字詞宜放在題幹中

選項的敘述宜簡短，清楚表達題意即可，最好將相同的字詞放到題幹中，以縮短選項的文字長度。例如：

（　）木蘭辭中「軍書十二卷、策勳十二轉、同行十二年」，三句中的「十二」表示什麼？(1)吉祥的意思 (2)很多的意思 (3)數字12的意思 (4)誠懇的意思。

此題宜改為：（　）木蘭辭中「軍書十二卷、策勳十二轉、同行十二年」，三句中的「十二」表示什麼的意思？(1)吉祥 (2)很多 (3)數字12 (4)誠懇。

### (六)錯誤選項的敘述要有似真性或合理性

選擇題試題品質的良窳，問題不在「正確的選項」，而是在「誘答」，誘答若能有似真性或合理性，就能使未具備足夠知能的學生去選答；如果錯誤的選項，學生一看就知道是錯誤的，就無法達到引誘能力不足的學生去選答，無法達到鑑別不同能力學生的效果。

(七)**題幹儘量用正面敘述，避免使用否定的敘述，若一定要使用否定敘述，必須特將其特別標示**

因為學校教學都是強調正面的、重要的學習，較少教導學生反面的方法、理由、原理原則。因此，命題時題目的敘述，最好採用正面的敘述，避免學生作答時產生疏忽或遺漏。但若是編製題目時，因正面的敘述難以命題時，偶爾難免會採否定的敘述方式，此時應將否定的敘述以特別標示（如將否定敘述加上引號、以粗黑體標示、在否定敘述文字下加上底線）的方式，以提醒考生注意。

(八)**每題只能有一個正確答案或相對較佳之答案**

選擇題的正確答案，每一道題目應該只能有一個，不可有模稜兩可或多個答案的現象，以避免引起糾紛或引發爭議。如果試題中每一個答案都正確，那就要在作答說明中詳細交代清楚，告訴學生，必須從選項中選擇一個最佳答案，而不是在選正確答案。

(九)**題幹或選項的敘述避免有暗示答案的線索**

試題中，選項敘述過長或過短、選項中使用特殊的字眼（如全部、唯一、通常等）、選項概念互相包含、選項內容重疊、特定的文法規則等，這些通常都含有暗示答案的線索存在，教師命題時應多加注意，避免學生因教師命題技巧不佳，而容易產生猜題現象，導致獲得假性高分的現象。

(十)**選項儘量避免「以上皆是」或「以上皆非」**

命題時選項應避免使用「以上皆是」、「以上皆非」。若採「以上皆是」，則命題教師必須將「以上皆是」放在最後的選項，答題時學生若看到第一和第二個選項都對，可能會直接跳到第四個選項答「以上皆是」，忽略了第三個選項，如此會讓學生僅憑部分的知識在作答。若是採用「以上皆非」，則學生看到第一和第二個選項都錯，就可能直接跳到第四個選項，選擇「以上皆非」，萬一第三個選項才是對的，則學生可能就會因疏忽而錯失答對的機會。此外，學生若知道「以上皆非」是正確答案，那他未必知道正確答案是什麼，如此將有違教導學生須學會正確知識的教育目的。

### ⑪ 以隨機排列或調整正確答案出現的位置及次數

未受過評量專業訓練的教師，心態上都會認為正確選項放在中間比較安全，比較不會讓學生猜出來，因此會有一個通病，那就是常常會將正確答案放在中間位置，其中以第三個選項為最多，第二個選項次之，如此一來，若有學生他將不會的題目都猜中間的選項，則猜中的機率必然會提高，如此將出現相同能力的人會得到不同的分數。因此教師命題時須將正確選項大約平均分配到四個選項當中，各選項被選為正確答案的次數要約略相等，不可懸殊太大。此外，有部分教師為了閱卷的方便，將正確答案作有規則性的排列，如此若讓學生發現答案的規則性，將很容易就猜對，因此正確答案必須以隨機排列的方式出現。

### ⑫ 同一份測驗中每個試題需各自獨立

同一份試卷中的每一個題目必須彼此獨立，每一個題目或選項不可為其他題目提供作答的暗示線索。因此，教師在命完題後，必須仔細檢查全部的試題，以避免作答技巧好的學生，會利用教師命題技巧的缺陷，提高自己得分的機率。

### ⑬ 試題不宜過多

試題題數的多寡應考慮考試時間的長短、試題的難易程度、參與考試學生的年齡等，選擇合宜的試題數目，避免試題過多，造成學生變成是在作答題速度的競賽，而不是在測驗學生真正的能力。

## 三、是非題命題原則

是非題又稱對立反應題（alternative-response item），是選擇題的一種特例，是非題適合用來辨別對某一事實的敘述是否正確的能力，測量層次比較低，適合較低年級的學生使用。是非題命題時應注意下列的原則：

### ㈠每一題避免同時包括兩個以上的概念

在同一個題目中只能測量一個重要概念，不可一個題目包含兩個以上的概念，尤其是其中一個答案是對的，另一個答案是錯的。例如：

（　）高雄市是全國最大的工業都市，也是全國人口最多的都市。

## ㈡敘述簡潔明確

文字的敘述須簡單明確，避免過度冗長，不需要的贅字儘量減少。

## ㈢少用否定的具有敘述，尤應避免雙重否定

學生閱讀習慣通常是正面的敘述方式，因此題目的敘述方是儘量採正面方式，避免採用否定的敘述方式，不得已一定要使用時，須將否定文字特別標示出來，但切記避免雙重否定的方式。例如：

（　）蜻蜓沒有一隻不是複眼的。

## ㈣避免使用暗示答案線索的特殊字詞，如「通常」、「一般而言」、「總是」、「全無」、「只有」、「唯一」

某些特殊字詞，通常含有暗示的線索，宜避免使用，例如題目中有「總是」、「全無」、「只有」、「唯一」的字眼，此種類型題目很可能暗示答案是錯的；相反的，題目中有「通常」、「一般而言」等字眼，很可能暗示此一題目答案是對的。

## ㈤「對」與「錯」的試題，敘述的長度應要接近

題目無論是對或錯，試題敘述的長度應該儘量接近，不可以「對」的題目敘述比較完整，長度比較長，「錯誤」的題目敘述就比較簡短，有時錯誤的題目敘述也可以比較長一些，以避免學生根據試題敘述長度進行猜測。

## ㈥「對」與「錯」的題數，應該約略相等並以隨機方式排列

「對」與「錯」的題數應該約略保持相等的數目，大致上以接近各半為宜，且「對」與「錯」的題目要採隨機排列的方式，不可以為了閱卷的方便，將答案作有規則性的排列，以避免學生發現教師意圖後，會全部猜對。

## ㈦避免使用語意不清的數量語詞

題目文字敘述，若涉及數量語詞時，語意要明確，不可以使用籠統的

文字。例如：

（ ）高雄市年平均溫度很高。

「很高」這兩字語意不夠明確，不同人會有不同的解讀，改成一個明確的數字會比較合適，例如將「很高」兩字改成「在攝氏20度以上」，題目就不會有疑義。

## 四、配合題命題原則

配合題係由兩部分組成，前一部分是問題項目，稱前提項目（premise），後一部分為可能答案，稱為反應項目（response）。學生必須判斷前後兩部分的關係，然後從後者選出和前者有關聯的項目，將其代號填入前題項目的括弧中，或用線將兩者連接起來。若有性質相近的重要教材內容，以其他題型命題時，必須出好幾個題目，但是配合題即可一次將性質相近、內容有關的教材，以一題的形式將這些教材全部包括在內，可以省時省事。配合題編製時，須注意下列的原則：

### ㈠前提項目與反應項目敘述宜簡短，以前提項目放左邊，反應項目放右邊為原則

前提項目和反應項目的敘述要簡短扼要，以節省學生閱讀的時間。排列方式，通常前提項目放在左邊，反應項目放在右邊。如果在國小低年級，像數學或自然領域，以橫式方式書寫題目，作答採連連看的方式，亦可以將前提項目放在上面，反應項目放在下面。

### ㈡作答方式應清楚說明

前提項目與反應項目之間應如何配合？反應項目被選次數是否不一定是一次（可以為0次、1次或2次）？這些都應在作答說明中交代清楚，以免學生作答時的困擾，甚或因誤解而產生作答的錯誤。

### ㈢同一題組之前提項目與反應項目應放在同一頁上

同一個題組的前提項目和反應項目必須放在同一頁，以免學生作答時要將試卷前後翻來翻去，增加答題的麻煩；也可能會有部分學生會忽略背

頁還有題目，造成答題錯誤的現象。

### ㈣同一題組之前提項目與反應項目應保持同質性

同一題組的前提項目與反應項目，在性質上要保持同一性質，例如要測量清朝不平等條約，前提項目可以放條約名稱，後面反應項目要放條約訂定的年代，如此前提項目都是同質，反應項目也是同質。不可以同一題組中分別問條約、山脈、河流、都市名稱、人口數，這樣因每個前提項目與反應項目都是不同性質，學生不必讀書也會猜對，失去測量的意義。

### ㈤同一題組之前提項目與反應項目不宜相等或對稱，且不宜限制每個反應項目被選的次數

命配合題時，教師最容易犯錯的就是前提項目個數與反應項目的個數一樣多，如此就很容易造成猜題的現象，如果一個題組前提項目和反應項目都是5個，很容易造成5個全會的和會3個的學生得到相同的分數，因為會3個的同學，只要猜中一個，另一個也會猜對。解決之道就是讓前提項目與反應項目的個數不要相等，而且不宜限制每個反應項目被選次數固定都是一次，如此可增加答題的困難程度，並降低亂猜而猜中的機率。

### ㈥反應項目宜按邏輯、時間、數字或字母序等，採有系統的排列方式

反應項目宜按規則做有系統的排列方式，例如測量清朝不平等條約的訂定年代，前提項目列條約的名稱，後面反應項目必然是列條約訂定的時間，此時條約訂定的年代即應按照順序，由年代數字較少排起，年代數字較多的排在後面，成一有邏輯體系的編排。

### ㈦項目不宜超過十或十五項

前提項目與反應項目配對的項數不可以過多，最多以十至十五項為宜，因為項數太多，不容易讓同一題組的材料內容性質保持同質，反而容易提供作答線索。此外，項數太多也會造成作答時的複雜性，混淆學生的概念，若學生作答時間有限，會造成反而是在測量學生閱讀和理解速度以及反應的精確性，扭曲配合題命題的原意。

### 五、填充題與簡答題命題原則

　　填充題與簡答題都是要求學生填寫重要的字詞、數字或符號等，以回答一個問題或完成一個敘述。此種題型雖可由學生自由書寫答案，但答案仍有客觀標準，回答此種題型時，學生並無現成的選項可供判斷，完全仰賴學生的記憶，所以若命題品質不佳，很容易會僅測量到低層次的能力。不過，此種題型較不可能有猜題的型為產生，如果是自然科學或數學領域，如計算或反應方程式等，仍可以測量到高層次的學習結果。編製填充題與簡答題須注意下列的原則：

　　㈠**填寫的字詞必須是重要的概念**

　　要學生填寫的內容必須是重要的內容、概念或原理原則，應避免要學生填寫無關緊要的字詞。例如：

　　不良試題：南投縣是臺灣各縣市中＿＿＿不濱海的。（唯一）

　　宜修正為：臺灣各縣市中唯一不濱海的是哪一個縣市？＿＿＿（南投縣）

　　㈡**一個試題只能有一個答案，且答案要愈短愈好**

　　命題時，題目的語意要清楚明確，讓學生閱讀完題目，就只會在心中產生一個答案，避免因語意不清，致產生很多不同的答案，造成閱卷上的困擾。

　　㈢**儘量採用直接的問句來命題，少用不完全的敘述句**

　　命題時採用直接問句的型式來命題，語意會比較清楚，若採用不完整的敘述句，則容易讓人產生很多不必要的誤解。例如：

　　不良試題：會吃肉的動物是＿＿＿？（答案可能會是老虎、獅子、人、肉食性動物）

　　宜修正為：會吃肉的動物是什麼性的動物？＿＿＿（肉食性動物）

　　前述例子，命題者原意是要學生填「肉食性動物」，卻因採不完整敘述句的方式，以致產生許多不同的答案，若採用直接問句的型式，即不會有此困擾。

## ㈣待塡的空格不宜太多，以致使題意無法清楚表達

命題時待塡的空格不可以太多，以致影響題意的完整性，讓學生不知從何作答。例如：

不良試題：1839年清廷與＿＿＿發生戰爭，戰敗後簽定＿＿＿條約，割讓＿＿＿，開放＿＿＿、＿＿＿、＿＿＿、＿＿＿、＿＿＿，賠款黃金＿＿＿。

宜修正爲：1839年清廷與英國發生戰爭，戰敗後簽定＿＿＿條約，割讓＿＿＿，開放廣州、福州、＿＿＿、＿＿＿、＿＿＿，賠款黃金＿＿＿萬兩。

前述例子，空格太多會影響語意的完整性，適度修正後，語意較爲清楚，學生容易作答。

## ㈤各題待塡的空格儘量放在末端或集中在最前端，以方便計分或容易作答

將待塡的空格放在題目的最前端或最後端，除了會讓語意更清楚，方便作答與計分之外，同時亦可以避免讓空格夾在中間，將題目分成兩段，造成誤解。

## ㈥如果是使用數字型的答案，應清楚標明所要求答案的精確度

數字型的答案，須清楚交待答案所要求的精確度，否則可能會有不同量詞的答案內容，造成閱卷上的不便。例如：

不良試題：鉛筆一枝3元5角，買5枝，共要多少錢？（17.5元、17元5角、175角）

宜修正爲：鉛筆一枝3元5角，買5枝，共要幾元幾角？（17元5角）

上題修正後，答案將只會有一個。

## ㈦避免提供答案的線索

命題時，宜避免提供作答線索，例如英語科容易因文法（如冠詞的a、an；動詞的時態）、或因所留空格的長短（要學生回答長一點的答案，底線劃長一點；要回答短一點的答案，底線劃短一點），造成學生作答的線索，這些現象都應加以避免。

### 六、解釋名詞與默寫命題原則

解釋名詞命題時，只列出專有名詞、術語、概念等，要求學生用較具體且為一般人能懂的語詞加以說明。評分時以學生所下的定義是否具體周延，來判斷學生對該專業術語的瞭解程度。惟在國小階段，學生文字表達的能力、對下定義的周延程度，思慮較無法完整，故還是可以由教師先行說明專有名詞、術語或概念的定義，再由學生填出該語詞，此即變成為填充題。

默寫則是教師在測驗之前，要求學生記誦指定的材料，然後在評量時要求學生靠回憶的方式，將試題中所指定的記誦範圍寫出來。

解釋名詞或默寫，命題時比選擇題省力，且不受猜答影響，也比填充題更難找到作答線索。計分時有標準答案，比較客觀簡單。不過，只適於測量記憶、理解的認知層次，且容易養成學生背誦教材的學習習慣。命題時應注意下列的原則：

#### (一)所測驗的要是重要的名詞或核心概念

所要學生解釋的名詞一定要是重要的名詞或是核心的概念，解釋名詞的主要目的在要求熟悉該名詞或概念，以便掌握學習中重要的部分。

#### (二)專業術語若有多種譯法時，要加註原文

很多專有名詞是由外國引進，對於外文名詞，不同的人會有不同的譯法，因此在作名詞解釋時，必須要加註原文，以免因譯法不同，讓學生以為是不同的概念，導致回答錯誤。

#### (三)默寫的內容必須是非常重要的要點或值得背誦的文章

教師要學生默寫的必須是經典性的文章或內容，經典性的文章或內容才有值得背誦的價值，學生背誦起來，以後在適當的時機可以引經據典，豐富寫作或口語表達的內容，加強文章的文采，增強口語表達的力道。

#### (四)默寫的範圍要事先告知學生

一個學期學過的重要文章或內容可能很多，事實上也無法將全部教過

的教材內容完全背誦下來，也無此必要，所以任課教師事先必須將要默寫的文章或要點的範圍告訴學生，命題時只要要求學生默寫其中一段即可。

## 七、解釋型題目命題原則

解釋型題目（interpretive exercise）的測驗方式是給學生一篇導論性的材料（introductory material）閱讀，然後要求學生依據導論性材料所提供或隱含的訊息，在一連串事先編好的問題上作答。導論性材料可以是文字、地圖、統計表、模擬情境、公式、符號等。導論型的試題型式可以是前述各類題型中的一種或數種題型的綜合皆可。解釋型的試題因學生必須先行閱讀所提供的引導材料，將引導材料及學過的知識及能力互相搭配方能回問題，所以較能夠測量到高層次的能力，近年來在國民中學基本能力測驗和教育會考中頗受歡迎。編製解釋型題目須注意下列的原則：

### ㈠導論性材料的選擇必須根據教學目標並符合學生的程度

教師在選擇導論性材料時，首先須考慮要與教學目標密切配合，然後根據學生年齡、語文程度、課程內容選擇適合的材料。否則偏離教學目標，即使再好的引導材料也沒什麼意義。

### ㈡所編擬的試題要能確保測到高層次的能力

回答解釋型試題，學生必須先閱讀引導性材料，再配合過去所學知能，才能正確回答問題，故所編製的題目必須要能讓學生經過理解、應用、分析、綜合才能作答，如此才能確保測到高層次的能力。

### ㈢導論性材料必須新穎、簡短，具可讀性

導論性材料必須是學生以前所沒有學過的，才能測到高層次的學習結果，但是為了吸引學生閱讀的興趣與作答動機，在選擇材料時，必須選擇新穎、簡短、有可讀性的材料。

### ㈣題目數量的多寡，宜與導論性材料的長短成正比

如果導論性材料很長，所出的題數很少，將不符經濟原則；反之，導論型材料短，也很難出太多的題目。所以導論性材料的長短必須與試題數

量的多寡成比例。

　㈤所提供的導論性材料必須印刷清晰，問題的分類必須獨立互斥

　導論性材料通常是由其他的印刷材料中選取，若採複印貼上的方式，可能會影響清晰度，比較好的方式是重新製作、繪製或打字，才能確保印刷清晰。此外，所提出的試題必須獨立互斥，不可題與題之間彼此有互相牽連的線索。

　解釋型試題範例：

　　下段英文信即為102年度國民中學基本能力測驗中，英文科的解釋型試題範例。該題的引導材料是一封顧客寫給餐廳老闆的書信，信中的19,20,21（劃底線處）為情境底下題目標號，每一個題目有四個選項，學生須根據上下文題意，並參酌文法規則、時態，選擇一個正確的答案。

---

Dear Sir,

　I'm sorry that I have to write this letter, but if I <u>19</u>, you'll never see what your problem is.

　On Saturday evening, my family and I went to your restaurant for my birthday. Many people <u>20</u> in the restaurant. We were very hungry and didn't want to wait, but your waiter said we <u>21</u> served in twenty minutes. We believed him, but we ended up waiting for ONE HOUR!

　I have to say the steak was delicious, but it was still wrong to keep people waiting for so long.

Julia Wu

---

19. (A)didn't　(B)don't　(C)hadn't　(D)haven't

20. (A)were already　(B)are already　(C)have already been　(D)will already be

21. (A)were　(B)would be　(C)have been　(D)are going to be

作業活動 ...................................

一、在七大領域中任選一個領域，製作一份包括各種題型的定期考查試卷。
二、任找一份國民中學或國民小學的定期考查試卷，依據課本中各類型試題命題的原理原則，進行試題的評鑑，分析該份試卷命題的優點與缺點。

# 參　試題分析

　　一般教師命題完畢，須進行審題的工作，檢查看看整份試卷的用字遣詞是否恰當，以先前設計的雙向細目表（命題計畫）檢視是否各單元及各認知層次都有適當的比例，以及有無違反命題的原理原則，然後進行組題的工作，正式付印之前，可請任教同一領域的教師進行專家審題，提供修正的意見。

　　教師自編測驗雖然不必像標準化成就測驗，須先進行試題分析，求出難度、鑑別度、信度和效度。但為了改進命題技巧，提供優質化的試題，同時也為了能真正測出學生的能力，在測驗之後仍須進行試題難度、鑑別度與選項誘答力分析。分析的方式目前除了藉助統計軟體的方便性之外，如果在自己班上也可以很容易實施，其方法為評分完畢後，依照學生得分高低選出高分組和低分組學生，逐題請高、低分組學生，以舉手方式表示該題答對或錯，計算高、低分組答對的百分比，將高、低分組的答對百分比相加後再除以2，即可得出難度；將高分組答對百分比減去低分組百分比，即可得到鑑別度。各題選項誘答力的分析方式，同樣亦可請高、低分組學生對各選項答對、答錯，以舉手的方式表示，找出各錯誤選項是否有誘答力。

## 一、難度：用以表示試題的難易程度

　　難度指數愈高，表示題目愈容易，難度指數愈低，表示題目愈難，難度指數若不以百分比表示，亦可僅以小數方式表示。

難度之計算方式有兩種：

(一) $P_i = \dfrac{R_i}{N} \times 100\%$　　$i = 1, 2, \cdots, n$，表示試題中各個題目編號

　　　　　　　$R_i$：表示第i題之答對人數

　　　　　　　$N$：表示全部人數

(二) $P_i = \dfrac{P_{iH} + P_{iL}}{2}$　　$i = 1, 2, \cdots, n$，表示試題中各個題目編號

　　　　　　　$R_{iH}$：表示高分組答對人數

　　　　　　　$P_{iL}$：表示低分組答對人數

高分組：參加考試學生成績排名在前 $\dfrac{1}{3}$ 至 $\dfrac{1}{4}$ 者

低分組：參加考試學生成績排名在後 $\dfrac{1}{3}$ 至 $\dfrac{1}{4}$ 者

　　有關試題難度，測驗專家都會建議挑難易適中的題目（難度指標值在.50左右），因為試題難易適中，鑑別度會最大。不過，都要挑選難度值在.50的試題，實務上不太可能，Ahmanan和Glock（1981）建議以.40到.70為難度指標值選擇的範圍；Chase（1978）認為以.40到.80為選擇題難度值選擇的範圍，以.55到.85之間為是非題難度值選擇的範圍。平均而言，整份試題難度的平均值以.50左右為宜。

　　不過，在國民小學中由於課程教材內容的難度不高，也不太適宜將此一標準套用在國民小學的測驗中，越低年級的學生，難度值可以適度提高，畢竟測驗的目的主要是要讓學生精熟所學習的教材內容。但難度值提高，鑑別度值則勢必會下降，原則上在中低年級中，鑑別度值只要不是低到.10以下，都是可以接受的。

## 二、鑑別度：用以表示試題是否能將不同能力的學生區分出來

　　試題區別不同能力學生的功能愈強，鑑別度指標值就愈高，試題區別不同，能力學生的功能愈弱，鑑別度指標值就愈低。理論上鑑別度的值會介於-1.00到1.00之間；不過因為計算的方式（公式列於下）是由高分組通過的百分比減去低分組通過的百分比，所以實務上是不應該有負值的現

象出現，依照測驗專家Noll、Scannell、Craig（1979），在常模參照測驗中，試題鑑別度的指標值愈高愈好，一般可接受的最低標準至少要在.25以上。另美國測驗學者Ebel和Frisbe（1991）訂定如下的試題鑑別度判斷標準，依據此一標準，試題鑑別度須在.30以上才屬於優良試題：

$D_i = P_{iH} - R_{iL}$

D值：.40以上，試題非常優良

　　　　.30～.39，優良，但可能需要修改

　　　　.20～.29，尚可，但需作局部修改

　　　　.19以下，劣，需要刪除或修改

## 三、難度與鑑別度的關係

　　試題的難度和鑑別度會有互動的關係，在常模參照測驗中，理論上難度和鑑別度會呈菱形的關係（◇ 圖中縱軸為難度，範圍從.00到1.00；橫軸為鑑別度，範圍亦從.00到1.00。難度.50時，鑑別度會最大）。因為題目太簡單，不論高分組或低分組答對率都會很高，高低分組答對率相減的結果，鑑別度指數便會降低；同理，題目若很難，高低分組的同學，答對率都會很低，高低分組答對率相減的結果，鑑別度指數同樣會很低；而試題若在中等難度，則能力強的學生大部分會答對，能力弱的學生大部分會答錯，高低分組答對率相減的鑑別度值會比較大，最大值會達到1.00，此時表示高分組全部都答對，而低分組全部都答錯。

## 四、選項誘答力分析

　　選擇題「誘答項」的目的在使能力不足的學生會誤認其為正確答案，因而出錯。因此錯誤的選項，若沒有任何一位學生選填，表示該選項一看就知道是錯誤的，完全沒有任何誘答能力，則表示該選項的出現是多餘的。教師遇有此種情形，下一次命類似的題目時即應修改該選項的性質，使其更具有似真性或合理性，以便達到誘答的功能。通常選項是否有誘答力，有下列兩個判斷的標準：

㈠**低分組學生在每個不正確選項，選答人數的百分比不可以爲零**

錯誤的選項，若至少會有一位以上的低分組學生會將其選爲正確答案，表示選項至少有部分的誘答功能。

㈡**低分組學生在每個不正確選項，選答人數的百分比不可以低於高分組學生選答不正確選項人數的百分比**

理論上，高分組的學生，能力比較強，選答錯誤選項爲正確答案的人數應該比較少；低分組學生能力比較弱，選答錯誤選項爲正確答案的人應該比較多。如果不是這樣，就表示教師命題技術可能有問題，不是超出範圍，就是試題語意不清，或是教學沒有效果等，教師即應找出問題的眞正原因，針對問題謀求改進之道。

**作業活動** ..........................................

一、請至國民中、小學，找一份已經考完的試卷（任一領域皆可），根據測驗的結果，進行試卷中各個題目難度與鑑別度的計算。

二、請至國民中、小學，找一份已經考完的試卷（任一領域皆可），根據測驗的結果，進行各題中選項誘答力的分析，並說明哪些選項的誘答力不佳，需要修改。

 **肆　多元評量的設計**

## 一、實作評量

### ㈠意義

教學後教師設計一模擬的情境，讓學生以實際操作的方式展現他的能力，以表現他的學習結果，教師再根據一定的「標準」評定學生的表現。

㈡編製步驟

1. 確定評量的目的：實作評量的評量項目可以是評學生實作的「過程」或「成果（作品）」，甚至於「過程」或「成果（作品）」兩者兼具，編制測驗之前須先確定評量的目的，才能依據目的挑選適當的方法，進行客觀公正的評量。

2. 以工作分析法（job analysis）擬出實作或作品的重要元素：這些元素必須是具體可觀察的，評量時即針對這些項目進行評定。

3. 訂定實作表現評定的標準：當把實作表現（或作品）的項目列出之後，要為每個項目設定一個「表現標準」。這個「表現標準」是指此一項目通過的最低標準。

4. 提供實作表現的情境：發展出可供觀察的標準之後，即應選擇或設計可供進行觀察學生行為表現或成果（作品）的情境，情境可以是自然發生的，也可以是老師特別設計的模擬情境。

5. 評定實作表現的成績：根據先前訂定的「表現標準」，評定學生的成績。

㈢實作評量實例說明

實作評量強調學生在實際情境中展現出所學習的知識或能力，所以須依工作分析法將學生所要表現的項目設計出來，再依據學生實際表現的情形評定其成績，以蛙式游泳為例，各項實作動作如下表所列，測量時，教師必須帶學生至游泳池進行動作的實作演示：

| 項目 | 動作內容 | 評量標準 | | | | |
|---|---|---|---|---|---|---|
| | | 優 | 良 | 中 | 可 | 劣 |
| 手部動作 | 雙手前伸，手肘要伸直 | | | | | |
| | 向外划水，將水推向兩面，頭部仰出水面 | | | | | |
| | 高肘抓水，產生推力 | | | | | |
| | 向內划水，雙手前臂往內夾 | | | | | |

| 項目 | 動　作　內　容 | 評　量　標　準 | | | | |
|---|---|---|---|---|---|---|
| | | 優 | 良 | 中 | 可 | 劣 |
| 腳部動作 | 收腿，收腿完成時，大腿與軀體的角度大約在100°-130°左右 | | | | | |
| | 勾起腳板，腳指朝外，雙膝距離約與雙肩距離同寬 | | | | | |
| | 向身體的後方踢水 | | | | | |
| | 踢水至雙膝伸直時，雙膝約與肩膀同寬 | | | | | |
| | 雙腳併攏排水，並降低水的阻力 | | | | | |
| 手腳配合動作 | 身體伸直向前划行 | | | | | |
| | 雙手划水時雙腿伸直 | | | | | |
| | 雙手向內抓水時收雙腿 | | | | | |
| | 雙手前伸，伸至一半時雙腳踢水 | | | | | |

## 二、軼事記錄

### ㈠意義

是一種針對有意義的重要偶發事件，做扼要的描述和說明的記錄，內容包括被觀察的對象、事件發生的時間、觀察者、觀察到的行為、發生的情境、以及針對此事件的個別詮釋。

### ㈡記錄時注意原則

#### 1. 事先決定觀察的行為，並對異常行為提高警覺

對於學生哪些是異常行為，教師應先加以界定，異常行為必須是具體可觀察的，教師對這些行為應敏於察覺，一旦異常行為出現時，即將事件發生的經過予以記錄下來。

#### 2. 須記錄各種有意義行為產生時的情境資料

學生日常行為五花八門，且常隨著情境而改變，僅敘述行為而無發生情境的描述，有時會難以解釋為何會有這種行為的產生。因此對於行為發生情境的資料，亦要有詳細的記錄。

### 3. 觀察記錄時儘量避免個人的偏見，如刻板印象、月暈效應

　　教師要觀察記錄之前，應詳細分析作記錄時可能會有的偏見，對於種族、性別、外貌、學生先前成績的優劣等，這些可能造成刻板印象或月暈效應的因素要予以去除，以維持記錄的公正性。

### 4. 事件發生後應立即記錄

　　對於異常行為的記錄，應於事件發生之後，立即予以進行重點摘要的記錄，待有空或下課時再作較為完整的記錄，惟間隔時間不可以過久，以免遺忘。尤其應避免完全以事後回溯的方式進行記錄，因時間拖得愈長，遺忘的就會愈多。

### 5. 記錄事件宜簡單明確

　　事件的記錄宜簡單明確，但是重點一定不能遺漏。簡單明確的記錄可以減少記錄所需的時間及閱讀時間，惟人、時、地、學生的行為等重要資料一定要記錄下來。

### 6. 事件描述和解釋必須分開記錄

　　事件描述的記錄包括時間、地點、語言及非語言訊息，具體的動作，當時的場景等，須作事實的說明，不作價值的判斷。隨後事件的解釋，則可加入教師的價值判斷，根據教育或輔導的專業，對此一事件表達看法。

### 7. 正面、負面的偶發行為均應記錄

　　教師對於課堂記錄的行為較常偏向學生違規犯過等的負向行為；其實教師平常對於學生優良或有意義的正向表現，亦應予以記錄，並給予學生積極的鼓勵，以讓其他學生有見賢思齊的機會。

### 8. 進行正式記錄之前，要有充分練習

　　要能夠作簡潔扼要的記錄，教師必須要有充分的練習的機會；必要時，可以先請專家作記錄的指導。

## ㈢軼事記錄表格

| 觀察對象： | 觀察者： |
|---|---|
| 事件發生時間： | 觀察地點： |

事件經過描述：

<br><br><br><br><br><br>

觀察者詮釋：

<br><br><br>

# 三、口語評量

## ㈠意義

即以口頭表達的方式讓學生說出學習的成果。

常用的口語評量有兩種：一種是「口試」（oral examination），另一種為「問問題」（questions）。口試教常用在總結性評量，例如演講、辯論、口頭報告（分組或個人）、心得分享等，主要目的在對階段性的教學內容或特定的主題進行結果的評量。「問問題」較常用在形成性評量，一般是教師在教學過程中，於適當的時機對學生進行的提問，主要在隨時檢視學生對授課內容的瞭解情形，此種提問的方式，對於診斷學生學習困難有一定程度的效果，同時亦可讓教學過程中有較多的師生互動，避免整節課多由教師唱獨角戲。

## ㈡口語評量應注意的原則

### 1. 口語問答須與教學目標相關

口語問答要像筆試一樣，教師須事先預想教學所要達到的目標，依據目標來提問問題，以免流於與學生閒聊。問問題也不一定要有標準答案，

口語問答可以提問學生一些有創造性、擴散性的問題，激發學生的想像力。

### 2. 避免廣泛模糊的題目

教師提問時要有重點，讓學生明瞭所要回答的問題，避免題目過度廣泛模糊或題意不清，使學生抓不到重點。

### 3. 使用直接、簡單的問題

教師提問問題若過於冗長，問題過於複雜，容易使學生難以理解，以致無法正確回答問題，所以發問問題最好直接、簡單即可。

### 4. 給予學生充足時間回答

教師發問問題後，須讓學生有足夠的時間，思考如何回答問題；如果學生一時無法回答，一般要等個3-5秒的時間，必要的時候給予學生適度的提示，增加學生有回答的信心。

### 5. 候答態度應和藹

教師提問問題後，除了要有適當的等待時間外，候答的態度要和藹，學生暫時回答不出來，教師應避免眉頭緊皺，出現不耐煩的表情，以免造成學生心理的壓力，越發答不出來。

### 6. 審慎衡量運用時機

教師提問問題時，應衡量適當的時機，當要檢視學生學習是否精熟、或是要強調內容重點，抑或當學生精神不集中時，都可以適時提問問題，讓口語問答達到預期的效果。

### 7. 事前建立公正客觀的評量標準

若要把口語評量的成績拿來當學生總成績的一部分，教師應在事先將評量標準明確的訂定出來，且要把評量的項目讓學生知道，讓學生知所遵循。評分時依照事前訂定的項目評定分數，這樣才會有公正客觀的標準。

### ㈢口語評量實例

以學生課堂口頭報告為例，口語評量設計如下：

| 項目及配分 | 表　現　內　容 | 評　量　標　準 | | | | | 得分 |
|---|---|---|---|---|---|---|---|
| | | 優 | 良 | 中 | 可 | 劣 | |
| 口語及動作、表情（25%） | 發音、咬字清晰、聲音有抑揚頓挫 | | | | | | |
| | 表情動作生動，儀態端莊大方 | | | | | | |
| | 以手勢、停頓、或音調變化強調重點 | | | | | | |
| | 眼睛環視全場，注意教室各個角落 | | | | | | |
| 報告主題（50%） | 主題切合內容 | | | | | | |
| | 內容充實，言之有物 | | | | | | |
| | 組織架構分明，條理清楚 | | | | | | |
| | 能旁徵博引，作歸納整理 | | | | | | |
| 精神、態度與其他（25%） | 能按進度按部就班準備 | | | | | | |
| | 報告準備的態度 | | | | | | |
| | 文字報告目錄、格式、內容編排 | | | | | | |
| 總分 | | | | | | | |

## 四、檔案歷程評量

### ㈠意義

係指教師指導學生蒐集學習過程中的資料，學生須將所蒐集的資料加以分類整理、編碼，並視實際需要適時檢視所蒐集的材料，以瞭解學習的進展情形，教師並依一定的標準評定學生檔案蒐集的表現。

### ㈡檔案評量實施及編製要點

#### 1. 向學生說明檔案資料蒐集的意義

老師必須告訴學生，要他們建立的資料，或所蒐集的資料必須對他們自己有意義，且隨時可以檢討反省、複習，而非僅是做老師最後評定成績之用。

#### 2. 決定蒐集何種資料

所蒐集的資料可視檔案歷程建立的目的而異，教師可以和學生共同討論。若檔案的目的在展示學習成果，則必須選擇具有代表性的優秀作品；

若檔案的目的在瞭解學習的歷程，診斷學習的問題，則蒐集的資料必須完整，將學習過程中各個階段有意義的資料保留下來；若檔案建立的目的在檢視學生基本能力與學習結果，則教師必須依據評量內涵來規劃，學生則依據教師規劃的內容蒐集資料，以利於評鑑之進行。

### 3. 蒐集和整理作品

學生必須備妥資料夾或資料簿，並按事先指定的項目進行資料蒐集的工作。所蒐集的資料要加以分類整理，按類別予以編號，使層次分明，條理井然。

### 4. 訂定檔案評量的規準

檔案歷程評量較爲主觀，教師應事先訂定評量的標準。依照學生在每一個檔案項目的可能表現情形，列出等級，作爲評分的依據。

### 5. 要求學生持續性的評量（檢視）他們所蒐集到的作品（資料）

檔案歷程評量的主要功能之一在於讓學生瞭解其進步的情形，因此應要求學生隨時檢視所蒐集的作品，加以比較對照，瞭解自己的學習進展情形。

### 6. 安排時間檢討反省檔案

教師應安排固定的時間，全班集體檢討反省檔案的內容，讓學生有省思的機會，檢討自己檔案蒐集的內容，並針對自己學習的優缺點反省改進。

### 7. 請家長參與檔案歷程的評量

爲讓學生家長瞭解子女在校的學習情形，也可請家長參與子女檔案歷程的評量。

### (三)歷程檔案評量製作說明

對學生學習而言，學習歷程檔案對學生較有實質意義，學生可經由學習歷程檔案，隨時檢視自己學習的進步情形。底下介紹四年級本國語文歷程檔案，首先介紹檔案蒐集的目的，然後說明指定學生蒐集檔案的項目。

檔案建立目的：

1. 能熟悉每課課文中難寫的生字。

2. 能熟悉每課課文中難懂的語詞。

3. 能運用每課難懂的語詞造出通順的句子。

4. 能書寫一篇200字的流利短文，內容必須包含前四課所找出的難懂新詞。

歷程檔案蒐集項目：

1. 每課蒐集四個難寫的生字，每字每天至少書寫練習五次。

2. 運用每課這四個生字造出新詞，將新詞寫於檔案中。

3. 蒐集每課難懂的語詞三個，並查出其意義寫於檔案中。

4. 運用每課這三個新詞造出通順的句子，書寫於檔案中。

5. 每教完四課，學生自訂題目書寫一篇200字的短文，內容須包括前課所蒐集到的十二個難懂的語詞，並將文章置於檔案中。

指定蒐集項目後，教師須指導學生製作檔案的格式，要求學生依照格式將蒐集到的內容置於檔案夾內。教師並應於格式中設計學生定時檢視的記錄表，及設計有自評、他評、家長評、教師評的表格，透過自評讓學生隨時可以自我檢視歷程檔案。透過同學的參與評定，同學們可以互相觀摩學習，透過家長的參與評定家長可以瞭解子女在校的學習情形，最後再由教師每隔一定期間評定學生檔案歷程製作的情形。

## 五、闖關評量

### ㈠意義

以實作評量的精神為基礎，將所欲評量的內容以實際操作的方式進行，過程生動活潑，是一種結合考試與遊戲於一爐的評量方式；通常採分站的方式進行，每站由關主把關，依照考生實際的表現給予成績的評定。評量的方法採用觀察法，並於事前依照各關評量的內容，設計評定量表或檢核表，以作為評定成績的依據及方便評分工作的進行。

### ㈡闖關評量設計的原則

#### 1. 整個活動事先應妥善規劃

闖關評量由於採分站過關的方式，因此需要動員很多人參與，人員作

適當的分工。各站（關）須製做一些道具器材，須有足夠的經費來支應，因此須於事前有妥善的規劃。

### 2. 設計之活動不可與教學目標脫節

闖關活動係將評量活動趣味化，將測驗寓於遊戲之中，以提高學生作答的興趣，但是也不可流於嬉戲，仍應與教學目標密切結合，才不至於本末倒置，失去原先測量的目的。

### 3. 活動中所評量的須是重要的能力

在闖關評量中所設計的評量項目，所評量到的必須是學習中重要的能力，一些枝微末節的能力也許較為趣味化，較能設計到評量活動中，但仍宜儘量避免，以免測不到學生真正的能力。

### 4. 活動中所評量的能力要能反映教材的內容

設計遊戲活動時，應以教材為設計思考的重點，將教材內容設計到遊戲的項目裡，這樣才能充分反映所教過的教材內容。

### 5. 學生安全為最高原則

闖關活動所需要的空間較大，一般都是在室外進行，學生常規秩序本就不容易控制，加上採遊戲方式進行，學生往往會高興過頭，很容易產生意外事故，故活動進行時，須注意學生安全問題，以能維持學生安全為最高指導原則。

### 6. 相關人員應事先溝通協調與分工合作

闖關評量須動員人員眾多，可能需要行政人員、全年級教師、家長志工的共同參與，因此相關人員工作的分配，應事先溝通協調，並做好任務分配的工作，大家分工合作，以免連各自負責的項目都不清楚，屆時亂成一團，影響活動的進行。

### 7. 活動說明應清楚明確並以書面方式呈現

闖關評量係屬大型活動，事情繁瑣工作繁重，光靠口頭說明難以讓參與人員清楚明白，因此最好將活動計畫、工作項目、任務分工、注意事項等，以書面方式呈現，發給參與的每位人員，這樣大家才會清楚瞭解。

### 8. 考慮學生年齡設計不同的活動

闖關評量以活動方式進行，相當受學生的喜愛，不過應隨著學生年

級升高，活動型式也應設計較爲複雜或困難一些，讓學生覺得有挑戰性，才能引起學生參與的興趣。此外，高年級學生所學教材內容，認知層次較高，若無法設計成活動形式，可以不用勉強，可以改成其他的評量形式。

### 9. 評量者及協助者應事前舉辦講習及模擬

闖關評量活動主持評量者或參與協助者，也許都是第一次參加，難免對活動的內容相當陌生。因此，必要時應對評量者及協助者於事前舉辦講習或模擬活動，這樣才能在正式進行活動時，大家才不會手忙腳亂。

### ㈢闖關評量實例說明

闖關評量以分站的方式進行，以本國語文科爲例，設計闖關活動如下：

1. **寫字好好玩**：教師事先寫好生字的注音，學生到站後抽出生字注音卡，將該注音轉換成國字。

2. **文字魔術棒棒棒**：教師事先將重要的生字寫成字卡，學生到站後抽出字卡，進行造詞活動。

3. **說唱藝術我最行**：教師先將重要的詞語寫成字卡，學生到站後將所抽到語詞，以說明或表演的方式，表達出該語詞的意義。

4. **文字接龍你我他**：教師先將重要的詞語寫成字卡，學生到站後以所抽到語詞，造出一句通順的句子。

## 六、動態評量

### ㈠意義

動態評量相對於傳統靜態的評量（static evaluation）方式，傳統靜態的紙筆測驗強調公平性、標準化，因此考試時不可以做任何的提示說明。而動態評量則相反，認爲評量時爲促進學生認知能力的提升，教師或學生同儕間可以做適度的提示。師生或同儕間透過互動的方式，幫助學生（同學）去思考，協助學生（同學）在面對問題時能做系統性、邏輯性的思考，以便能循序漸進解決問題。故動態評量是以蘇聯心理學家維果思基（L. S. Vygotsky）的認知發展論爲基礎，強調社會文化因素對於認知發展

的影響，學習（評量）過程中提供學生一個鷹架，讓學生能順利的達成學習的目標。有關動態評量的方式，許多學者提出不同的主張，其中以J. C. Campione 和A. L. Brown 的「漸進提示評量」是較常採用的動態評量模式。

### ㈡**Campione & Brown** 的漸進提示評量的程序

1. 前測：測量學生目前表現的水準，但不提供任何的協助。

2. **學習或訓練**：提供協助系統，實施平行式的作業訓練，瞭解學生如何達到目前的程度，需要提供何種協助。

3. 提供與前項平行作業稍作變化（近遷移）或較大幅度變化（遠遷移）的題目，以評估受試者眞正理解的程度、運用先前的知識及已習得原理原則的能力。

4. 後測：評估受試者最大可能的表現水準。

### ㈢**動態評量實例說明**

假設目前教學進度爲四則運算的計算，教師由測驗中（前測：程序1）瞭解學生會做計算問題，但是卻無法解答四則運算的應用問題，則須對學生進行程序2的學習或訓練，按步驟依次提供學生必要的協助。底下舉實例加以說明。

例題：鉛筆1枝3.5元，2枝自動鉛筆的價錢和5枝鉛筆的錢一樣多，請問自動鉛筆1枝要多少元？（計算列式：3.5元×5÷2＝8.75元）

此題係屬四則運算問題，有些學生不會作答，可能不是計算不會，而是無法理解題意，因此教學過程中，教師即可採動態評量方式的程序2，逐步加以提示，引導學生作答，底下即爲本題提示的七個步驟：

提示1.鉛筆1枝多少錢？（生回答：3.5元—學生由題目敘述即可得知題目）

提示2.題目上提到現有幾枝鉛筆？（生回答：5枝—學生由題目敘述即可得知題目）

提示3.鉛筆1枝3.5元，買5枝鉛筆要多少錢？請你實際列式計算看看？（學生若四則運算計算沒問題，會回答：3.5元×5＝17.5元；若四則運算

計算有問題，則必須再降低層次進行乘法的補救教學）

提示4. 2枝自動鉛筆的價錢和5枝鉛筆的錢一樣多，現在5枝鉛筆為17.5元，那2枝自動鉛筆會是多少元？（生回答：17.5元—由提示3中可知）

提示5.那計算時要如何列式？（生回答：17.5元÷2）

提示6.那請你實際列式計算看看？（生實際計算得出8.75元）

提示7.那請你將整題的計算過程列成一式？（生回答：3.5元×5÷2 ＝8.75元）

學生經由前述的提示步驟如果都會了，表示此題已經獲得解答，接著可以進行程序3，出一題類似的題目請學生作答（近遷移），如果該題學生也會，可以再出一題難度稍高的題目讓學生作答（遠遷移），以評估學生真正的理解程度。

如果在較難的題目，學生回答也沒有問題，則可進行程序4，進行後測的工作。

## 作業活動

一、請設計一份本國語文實作評量的試卷。
二、請設計一份跨領域的闖關評量的活動。
三、請設計一份自然領域的歷程檔案評量。

# 參考文獻

余民寧（2004，再版）。**教育測驗與評量：成就測驗與教學評量**。臺北：心理。

李坤崇（1999）。**多元化評量**。臺北：心理。

李坤崇（2006）。**教學評量**。臺北：心理。

郭生玉（2004，修訂一版）。**教育測驗與評量**。臺北：精華

陳英豪、吳裕益（1992）。**測驗與評量**。高雄：復文。

楊銀興（2003）。多元化評量。輯於賴清標（2003）。**國民中小學九年一貫課程教師手冊**，頁70-78。臺北：教育部。

周文欽、歐滄和、許擇基、盧欽銘、金樹人、范德馨（1995）。**心理與教育測驗**。臺北：心理。

Ahamanan, J. S. & Glock, M. D. (1981). *Evaluating student progress: Principles of tests and measurement* (6th ed.). Boston, MA: Allyn & Bacon.

Chase, C. I. (1978). *Measurement for educational evaluation* (2nd ed.). Reading, MA: Addison-Welsey.

Chase, C. I. (1999). *Contemporary assessment for educators*. New York: Longman.

Ebel, R. L. & Frisbie, D. A. (1991). *Essentials of educational measurement* (5th ed.). Englewood Cliffs, NJ: Prentice-Hall.

Gredler, M. E. (1999). *Classroom assessment and learning*. New York： Longman.

Noll, V. H., Scannell, D. P. & Craig, R. C. (1979). *Introduction to educational measurement* (4th ed.). Boston, MA: Houghton Mifflin.

Popham, W. J. (1995). *Classroom assessment: What teachers need to know?* Boston: Allyn and Bacon.

Tombari, M. & Borich, G. (1999). *Authentic assessment in the classroom: Applications and practice*. New Jersey: Prentice-Hall Inc.

Wolf, A. (1995). *Competence-based assessment*. Buckingham, Philadelphia: Open University press.

Worthen, B. R., White, K. R., Fan, X. & Sudweeks, R. R. (1998). *Measurement and assessment in schools*. New York :Longman.

陳慧芬

# 第七章

# 班級事務的處理

在國民中小學班級教學型態下，學生知識的學習、技能的培養和情操的涵泳，大多在班級中進行，因此，級任老師的責任益顯重大。級任老師除教學、輔導、協辦學校行政工作外，大部分時間均致力於級務的處理，若能條理井然，則是成就感的來源；反之即成挫折、負擔。其實級務處理只要把握原則與要領，加上教師本身的巧思妙用和汲取前輩的智慧經驗，相信在級務處理上都能漸入佳境，既勝任又愉快。

目前有效班級經營的理念已逐漸啓發級任老師對班級做全面的規劃經營，以更落實學校教育目標。本章不擬詳述班級經營的計畫、內容，僅就國民中小學級任老師（導師）主要之班級事務，概分爲例行性、週期性及特殊性三類，敘述其處理的原則和注意要項，俾供實習生與初任教師參考。

 # 壹 例行性的班級事務處理

## 一、學生出缺席狀況的掌握

學生到校，學校即應善盡教導、保護之責，若學生應到校而未出席，級任老師應該儘速掌握學生的去向。學生因病、因事請假，在所難免；逃課、發生意外，更須立即處理。爲能瞭解學生出席狀況與缺席原因，教師可依學校規定或以班級公約的方式訂定一套完善易行的請假辦法，請學生和家長配合施行。因此，在開學或新接班級時，教師應提醒學生共同遵守並取得家長的瞭解與支持，以確保學生的安全，並維繫班級的常規。學生的出缺席情形，教師也應確實記錄。

目前除部分縣市統一規定外，中小學的學生請假辦法由各校自行訂定，各校請假辦法大同小異。各校依學生請假日數之多寡，分由級任老師、生教組長、學務主任或校長核准之。若是學生無故缺席未經請假者，教師須向學校學務處生教組和教務處註冊組報備，並依中途輟學處理要點處理。

因此，級任老師應即時掌握學生出缺席狀況，並依各校規定處理學生

請假事宜，以下方式可供參考：

### (一)事前請假

事前請假，以填寫請假單為原則，經家長簽章後，送交級任老師。請假單的格式或簡或詳，各校應自有設計，如需教師自行規定，則至少應含學生班級、姓名、假別、事由、請假起迄日期、時間等項目，並留家長簽章欄，如加註家長聯絡電話以利查證，更為周全。若是學生需長期請假，應要求附加證明並知會學校教務、學務、輔導等相關處室。

### (二)臨時請假

臨時請假，通常可採途徑為：

1. 打電話給級任老師或打電話到學務處請學校人員轉達級任老師。學校若能設計請假電話登記簿，由教師獲知後簽名，更見效率。當然，家長方便親向老師說明請假亦可。現在很多學校裝設有可通達班級教室的電話系統，更方便家長聯絡請假事宜。

2. 由家長自行撰寫請假條（格式不拘，能清楚說明即可），親自或託人轉交級任老師，事後再依學校規定填寫正式假單。

不論是打電話或寫假條，若係經由他人告知或轉交，最好教師能聯絡家長，再加確證，一方面避免傳達訛誤，一方面可表達慰問或關心之意，既表示負責，亦有助良好親師關係之建立。

教師若在學校規定到校時間發現有學生未到校，應立即詢問同學去向或與家長聯絡，以免有人逃學或發生意外而未能即時處理。教師應該在踏入班級時，建立掃描全班的習慣，哪個座位有人缺席，其實是顯而易見的。此外，教師也應提醒學生協助留意班上同學的出缺席狀況，在發現同學未到校時，主動向老師報告，以利教師即時掌握與因應。

## 二、晨光時間的利用

晨光時間係指上午正式上第一節課之前的時光，各校依作息規劃時間可能略有差異。有的學校會明訂特定時段為「晨光時間」，有的學校則可能包括清潔打掃、晨間活動、升旗朝會、甚至導師時間，都泛稱晨光時

間。這段時間雖然不長，但日積月累，卻是一段可善加利用的寶貴時間。有的學校安排有共同的晨光活動，或有多元的社團活動可供選擇；有的學校則由各班級任老師自行規劃。

對於晨光時間的利用，老師可配合學校發展政策與行事，也可依據班級的特色形塑、學生能力與興趣需求、家長的資源與期望等，發揮創意善加設計。有的老師則將晨光活動委交給班親會規劃執行。晨間活動的設計應兼顧教育意義與學習興趣，有些活動需注重持之以恆，如書籍閱讀或體能訓練，有些活動則可穿插變化，如美勞創作或科學遊戲，讓學生保有驚奇與趣味。建議老師可多瞭解班級學生家長的特殊經驗與才藝，讓有意願的家長到班級帶領活動或分享經驗，不但讓學生的學習和視野更多元與豐富；也讓家長利用晨光時間參與班級活動，接觸與瞭解孩子的學習環境與同伴；另一方面能彌補教師的侷限性並減輕教師的負擔。

以下提供幾個晨光活動方向，供老師參考：

### 1. 閱讀書籍

教師可依據學校所在考量圖書資源，結合地方或學校本位特色，或者選擇有意義主題，有系統的進行書籍的借用與閱讀。也可配合班級讀書會活動，利用晨光時間進行閱讀與討論。現在教育部擬定各項中小學閱讀補助與獎勵計畫，大力推展閱讀活動，教師可至「教育部全國閱讀推動與圖書管理系統網」蒐尋可用資源。

### 2. 詩詞賞析

教師可依據學生程度，配合課程主題或時令季節等，選擇適當的詩詞供學生學習欣賞，培養語文興趣與素養。

### 3. 每日一句

由教師、學生或家長提供或選取良言佳句，每日抄錄於黑板與聯絡簿，利用晨光時間進行解析或體驗分享，不僅有助砥礪心性，並能提升語文能力。

### 4. 讀經活動

依據學生年段，選取適合的經典與規劃進度，讓學生能接觸祖先的智慧精華，在潛移默化中涵養心性與培養氣質。

### 5. 讀報活動

報紙可以提供多元的閱讀素材，教師可以先引導讀報的要領，再配合讀報活動訓練學生摘取重點與簡報能力，鼓勵學生投稿提升語文素養，並讓學生養成關心時事與思考批判的習慣。

### 6. 故事時間

現在很多學校有故事愛心志工進校爲學生說故事，也有家長願意到班級說故事，教師可以善加利用與安排。也可以讓較高年級的學生利用晨光時間輪流說故事互相分享。藉故事時間讓學生更喜歡閱讀，也從故事中獲得啓發。

### 7. 體育活動

可以配合教育部體適能政策的推動，培養學生良好體能奠定健康基礎，進行健康操、慢跑或快走、跳繩、跆拳、扯鈴、有氧舞蹈……等，亦可以依學校器材設備與場地狀況，進行田徑或各項球類運動。

### 8. 靜思語教學

靜思語教學是採用慈濟基金會證嚴法師的語錄作爲教材，以體驗、講述故事、省思、靜思和生活實踐等簡明步驟，啓發學生的良善品格，並促成親師生產生愛的循環。淺顯簡短又發人深省的靜思語，很適合晨光時間讓學生抄錄並省思實踐。

### 9. 補救教學

配合學校的認輔制度或商請學校的愛心志工或班級家長，針對班級學業落後的學生實施補救教學。

### 10. 棋藝天地

藉由各種適合學生年齡階段的棋類活動，如：五子棋、西瓜棋、圍棋、象棋、跳棋、西洋棋……等，不僅讓學生陶冶性情與享受樂趣，並可從攻防遊戲中學習觀察分析與靈活應變的能力。

### 11. 美勞創作

透過各種美勞活動，帶領學生感受與欣賞美好的事物，並讓學生嘗試利用各種媒材，體驗動手做的樂趣，豐富美感經驗也培養想像力與創作力。

### 12. 科學遊戲

依據學生的年齡階段，結合領域教學或另找延伸主題，利用簡單有趣的科學遊戲，讓學生從操作中發現與思考科學的原理，不僅學得科學知識並養成科學態度。

現在網路上各種教學資源豐富，上述閱讀、讀經、讀報、靜思語教學、美勞創作、科學遊戲……等，都能找到分享網站，有利於教師從中交流與發揮運用。此外，晨光活動不限於上述選擇，其他如樂器學習、音樂欣賞、數學遊戲、書法、影片賞析、經驗分享……等，都可由教師靈活變化。教師若能多花一份心力妥善安排晨光時間活動，就能使學生每天都有一個驚奇又有意義的學習開端。

## 三、整潔工作的安排與督導

整潔工作的實施是學校生活教育中重要的一環，教師指導學生共同清掃、維護一個舒適優美的學習環境，是班級經營的起點，也是確保學習成效的基礎。因此，如何在時間有限的整潔活動中，有效率地安排督導各項工作的執行，下列方法可供參考，靈活應用：

### ㈠正確觀念的建立

現在的小學生都是父母心目中的寶貝，在家會協助做家事──尤其是打掃工作的，恐怕不多。為避免學生質疑清潔工作是否為份內之事，更避免家長視此為苦差，捨不得子弟配合參與，教師有必要先釐清學生觀念並與家長做妥切溝通。因為從整潔工作中可以養成健康的衛生習慣，以及勤勞、負責、合作的良好德性，所以正確觀念的建立是整潔工作順利執行的基本要件，乘機讓學生瞭解整潔工作的意義和老師的期望，使學生能熱心的參與，家長能開明的配合。

### ㈡整潔工作的分配

1. 依班級負責區域（含教室內外和公共區域）細分工作項目並明訂工作內容。

2. 依班級人數和學生特質（如身高、體力等）安排工作，可先徵詢

志願，再做整體調配。

3. 相同工作項目下仍應明確劃分責任區域，以示負責，並便利督核。

4. 為求勞逸均衡，可採分組輪替的方式或隔一段時間加以調整。

5. 整潔工作分配情形明確張貼於公告欄，必要時到現場實地說明，務必讓每位同學瞭解自己的工作項目和工作範圍，並知道應如何做、要求標準如何。

### ㈢整潔工作的執行

1. 通常在學年或學期開始時，可能變換班級教室或清潔公共區域，教師最好在開學後一、二週內加強指導，留意學生工作狀況和應改進之處，瞭解個別學生有無特殊困難或待調整的考量，尤其要提醒安全問題，如清潔劑的使用、攀爬、或危險物的誤觸……等等。國小新生入學後通常有一段時間由高年級學長（姊）代替或協助整潔工作，但教師亦應儘快教導學生各項整潔工作的技巧和注意事項。

2. 教師應指導清潔用具使用和維護的正確方法並妥善保管，最好能在用具上註明班級、組別或使用人號碼，讓學生珍惜使用並避免遺失。

3. 選定各組組長負責該組各項協調或督導的工作，再由衛生股長為總督導，教師則輪流或不定時巡視各組工作狀況。

4. 制定各清潔區域的維護辦法，除了教導全班學生共同保持環境清潔，可讓各組自行討論，協調維護負責區域清潔的方式。

### ㈣整潔工作的考評

1. 教師帶頭參與整潔工作或到各清潔區域關心、指導清潔工作，對學生而言就是一項最好的鼓舞。

2. 班級應共同制定一套整潔工作表現的考評與獎懲方法，例如：依學生自評、互評、幹部考評和教師考評結果，在整潔記錄卡上記點或蓋「獎」章，累積可換取獎品，對於負責盡職的同學，老師不要吝於讚美，對表現不力者亦應給予糾正。

整潔工作是學校生活中必要的活動，所以教師應盡心指導，一旦建立

良好制度和習慣，則不必每天爲整潔工作煩惱費神，進而發揮整潔活動的實質意義和目的。

## 四、休息時間的指導

國民中小學的每日作息，各校間雖小有差異，但學生在校的休息時間，大抵約有三種，即下課、午餐及午休時間。要讓學生善用休息時間並過得快樂、安全，又要爲上課做好準備，教師仍須隨時留意指導。所以學生的休息時間，教師或可喘口氣，卻不見得輕鬆。

### ㈠下課時間

下課時間一般只有短短的10分鐘，在國小上午第二大節下課，雖有一次15至20分鐘的休息時間，但部分學校會安排課間活動，所以學生可利用的空閒其實不多，教師應提醒學生好好把握下課時間：

1. 遵守常規

教師宣布下課後，應起立敬禮，將桌面物品收拾好，周遭環境整理乾淨，椅子輕輕靠攏，方能離開教室。離開教室並應注意安全與秩序，不可爭先恐後。聽到上課鐘響，應儘快回教室。

2. 上廁所

尤其是低年級小朋友，務必養成學生下課先去上廁所的習慣，以免玩過了時間來不及上廁所，影響上課。

3. 注意安全

下課是學生感覺最興奮、最無拘無束的時光，往往橫衝直撞，非常危險。教師應時常提醒學生，勿在走廊追逐跑跳或打球，大活動儘量到操場或遊戲區。通常學生多在教室附近活動，尤其國小老師應該抽空觀察、巡視學生下課活動狀況，並指導注意安全。

4. 準備上課或更換教室

利用下課時間將下一節上課需要的用具準備好，例如：準備美勞器材、實驗用品……等。有時需要更換到專科教室上課，應訂好班級規則。先移往上課教室再自由活動，較不會耽誤下節上課時間；若等上課鐘響再

整隊前往專科教室，則應動作迅速，保持安靜，以免影響他班上課。

### 5. 適切舒散身心

班級中可能有部分學生下課時過度活潑好動，教師應提醒其適可而止，以免影響下節上課的體力和情緒；反之，可能有部分學生過分沈靜，老師也應鼓勵他或安排同學帶領他多到室外活動。

### (二)午餐時間

目前國民中小學不論自立午餐、外包午餐或家長送便當，均以學生在校用餐為原則。全班師生共聚午餐是件溫馨、愉快的事，教師可藉此多瞭解學生、拉近彼此距離，但這要建立在好的午餐常規上，否則輕鬆、快樂的時光即變成髒亂嘈雜的頭痛時間了。教師應指導的事項建議如下：

### 1. 秩序方面

(1)值日生（或分組負責人員）先將飯、菜桶或便當抬放定位。

(2)學生依序排隊盛取飯菜或便當。

(3)用餐時不可大聲交談或嬉鬧。

(4)殘餘剩飯應小心倒在收集桶。

(5)餐具、紙盒等分類疊放，以利清洗或資源回收。

(6)清理桌面，準備午休。

### 2. 衛生方面

(1)打菜人員應戴髮帽和口罩，並且不可張口交談。

(2)適時提醒學生用餐禮儀、衛生常識並建立良好習慣，如飯前洗手、飯後漱口（刷牙）、細嚼慢嚥、飯後避免過度運動……等等。

(3)留意學生是否有飲食過量、食慾不振或刻意節食……等等不正常現象，以便予以指導或聯繫家長。

### (三)午休時間

午休是學校中唯一較長的休息時間，教師可把握下列原則：

1. 教師應盡量陪同學生休息。

2. 鼓勵學生睡覺或閉眼休息，以養足精神和體力。

3. 目前多數學校午休時間並不硬性規定學生睡覺或趴在桌上，但基

本要求是應安靜休息，或進行不妨礙他人的事情。

4. 午休秩序的管控，應從由專人管理，漸漸讓學生學習自律。

5. 提醒學生於午休結束後洗臉、上廁所、稍加活動，準備迎接下午的課程。

## 五、作業的安排與指導

教師為提升教學成效，不論在學習前、學習中或學習後，都可能安排作業活動，而作業的訂正更是讓教師瞭解學生學習問題或熟練程度、進行補救教學的依據。因此作業的安排和訂正是教學活動中重要的一環，指導得宜可能激發學生學習動機，增進成就感，否則可能扼殺學習興趣，使學生視上學為畏途。

### ㈠作業的安排

作業的安排應把握下列基本原則：

1. 作業的難度應考量學生能力和興趣，儘量顧及學生個別差異。

2. 作業的份量應考量學生程度和完成所需時間，勿使學生感覺過度負擔。

3. 作業種類避免一味的機械抄寫，應力求生活化、多樣化。依學科性質、單元內容安排各類作業活動，如閱讀、書寫、演算、繪畫、勞作、剪報、蒐集資料、觀察、實驗、唱跳、說故事、心得報告……等等。甚至可以讓學生參與作業的設計，而非只由教師指定。

4. 除了上述作業項目外，假期作業可特別安排一些有益身心的活動，如：寫日記、放風箏、郊遊、參觀、游泳、打球、音樂欣賞、做家事……等等。但教師須提醒學生從事戶外活動應特別注意安全。

5. 配合學習單元蒐集學習材料的作業，或充實學生經驗的作業，應在該單元預定教學前先預告施行，如：兩週前即開始蒐集各種水果種子；一週前即將準備電池組納入作業項目，開學前（假期）即飼養昆蟲、種植蔬菜……等等。

6. 多與家長溝通，徵詢家長對作業安排的意見，請家長配合督導學

生完成作業。對於有特殊需要的學生，可請家長彈性增減作業種類或份量。

7. 作業設計應顧及分散練習的原則，並啓發思考、創造、觀察……等等能力。

8. 作業除學生獨立完成外，亦可設計分組合作或親子活動等方式。

9. 以學習單的方式，作爲教學前、中、後的搭配作業活動。學習單的設計內容，可包含課前的資料蒐集和預習、學習過程中的立即練習或形成性評量、及課後學習重點的歸納整理或加深加廣的延伸學習活動。學習單的設計應求生活化、創意化、統整化，並可鼓勵親子共同參與。此外，教師可指導學生逐一彙整學習單，總合成學習檔案，以利教師、家長、學生瞭解學習投入程度、進步情形與日後努力方向。

(二)作業的指導

作業的指導應掌握下列要件：

1. 讓學生瞭解所安排作業的價值和意義。

2. 讓學生明確知道作業項目、範圍與要求，記載在聯絡簿上。

3. 指導學生完成作業的方式，或適度提示思考問題、克服困難的可能途徑，尤其學生容易犯錯處應加以提醒，減少矯正的工夫。

(三)作業的訂正與評量

作業訂正與評量的技術，應注意下列事項：

1. 形成性評量作用的作業，最好即時批改，當面發還，立即校正。對於集中批改的作業，應按時收取，儘快批閱完畢發還學生，以收即時增強和改正的效果。

2. 作業應評定等第或成績，多採鼓勵方式，激發學生興趣或提升成就感，並適時給予評語。

3. 批閱作業應註明日期，並對每位同學繳交作業情形、進步狀況、學習困難等加以記錄，隨時掌握。

4. 作業訂正的符號和對學生作業改正的要求應清楚明確。

5. 作業中共同的缺失或個別的錯誤都應加以記錄，利用時間做共同

的指導或個別的追蹤。

6. 批閱作業時，學生錯誤之處最好保持原貌，只圈出或打叉，以讓學生分辨錯誤之處，學生訂正時亦避免塗改，而是在旁邊或在上方重新做正確的練習，便於對照比較，加深印象。

7. 若採用學生互相訂正或小組長協助初檢的方式，教師仍應隨後批閱複檢，以瞭解學生作業狀況並示負責。

8. 制定作業表現優良的獎勵辦法，如累計成績換取獎品、設置進步獎……等等；又如張貼展示、傳閱觀摩……等等方式，對學生亦有鼓舞作用。

9. 配合親師懇談會、家長參觀教學日、校慶運動會……等等活動，舉行班級作業或作品展覽，讓家長瞭解子弟學習成果，亦可達互相觀摩激勵之效。

### ㈣ 作業簿本的收發

作業的批改是一件很繁重的工作，各種簿本種類眾多，單是收收發發，若沒有一套簡易可行的方法，則費時費事，更顯雜亂。因此，這種每天例行的工作一定要講求效率。

1. 約定每天繳交作業的時間，時間一到，學生即主動備好簿本，方便快速收取。

2. 將作業簿本翻到待批閱的頁數，由每排的最後一位，依序疊放在前一位同學的作業本上，各排簿本為一單位摺放在指定位置上。

3. 教師批改完畢將各排簿本置於排頭，然後依序往後傳，每位同學都可在最上層看到自己的簿本，井然有序。

4. 收取作業本依理應由最後一位同學協助最為方便，但易造成一人煩不勝煩而其他同學無機參與的情形。所以收取作業可由排長（組長）負責，但排長應定期輪換；或同排學生依不同領域負責作業的收取。

5. 為立即掌握各類作業繳交情形，排長收取作業後應將缺交或作業不完整的學生號碼登錄在作業繳交記錄卡或黑板上，教師據此督導並在家庭聯絡簿上註明，告知家長。

6. 有時教師可採逐一唱名的方式分發作業，利用此機會稱讚表現優良的同學，當場展示優良作品；對於表現欠佳的學生亦乘機惕勵，讓學生知道老師隨時在注意每個人的作業表現和用心程度。

## 六、家庭聯絡簿的運用

家庭聯絡簿是親師溝通的基本橋梁，藉此，老師可以讓家長瞭解孩子在學校的學習狀況和行為表現，家長也有管道反應其期望和意見。因此，教師不要只將聯絡簿視同作業本來改，也不要覺得聯絡簿是一種負擔，只要靈活運用，將可以獲得莫大的效益。目前各校設計的家庭聯絡簿格式，項目略有差別，有些公益機構亦設計具特色的聯絡簿提供學校使用。老師在運用上可把握下列原則與基本功能：

1. 記錄每天的家庭作業項目和份量，供學生備忘，也讓家長瞭解並便於督導。

2. 提醒次日應帶之學用品，低年級可請家長協助檢查是否準備齊全，並逐漸養成學生自我負責的習慣。

3. 傳達學生在校的優良表現。有的聯絡簿上印有現成的讚美詞供勾選，如上課認真、進步顯著……等等，老師填寫較為省事；但如能具體扼要地敘述事蹟，相信學生獲得的鼓舞、家長感受到的關心更多。例如：「○○今天上臺說故事，儀態大方，唱作俱佳，真是難得！」、「○○唸書的聲量已有進步，請再加鼓勵！」雖然老師付出的時間、心力較多，但依需要為之即可（天天寫效果不見得好）。

4. 提醒學生待加強或改進之處，應謹慎處理。教師如果常常在聯絡簿上舉出學生的缺失，如上課不專心、打人、功課未做完……等等，容易讓家長覺得臉上無光，甚至誤以為老師只會告狀或對孩子有偏見，則效果適得其反。因此，老師務必同時表達關心之情，並說明請求家長配合協助的具體事項。通常，學生的問題較難三言兩語在聯絡簿上說清楚，若某學生常出狀況或涉及問題較不單純，最好以電話或面談的方式與家長溝通。

5. 通知學校、班級的活動資訊。如親職演講、校外教學活動……等等，也可請家長將回條浮貼在聯絡簿上交回。

6. 教師與家長聯絡事項，例如：「學生視力檢查結果不良，請家長陪同進行複診」；「學生在校跌傷，已敷藥處理，請家長留意傷口變化」……等等。除了特定聯絡事項，亦可與家長進行觀念的溝通。不宜讓學生看到內容的聯絡事項，則採密封信件或電話、面談方式進行。

7. 提供教育相關活動或資訊，如教育講座、親子植樹活動，昆蟲特展……等訊息；或育兒妙招、如何與子女溝通、認識創造力……等新知，教師可印製小紙片浮貼在聯絡簿上，供家長參考。教師也可善加利用班級網頁，提供相關訊息與好文分享。

8. 瞭解家長的回應與建議。利用聯絡簿請家長將各種聯絡事項、問題、建議……等等反應出來。教師最好教導學生若家長有緊急或特別反應事宜，應在到校後立即交給老師查閱，以免錯過處理時機。對於家長的詢問，應耐心解答；家長的建議，也應虛心考量或婉轉說明。

9. 調查學生家居生活狀況。如：放學到家時間、就寢時間、飲食習慣、課後休閒活動、分擔家事……等等，以便老師配合指導，也提醒家長注重孩子良好生活習慣的養成。

10.除上述功能外，教師更可以激發巧思，利用聯絡簿的空位欄規劃各種用途，如：摘取成語佳句、描述一天心情、表達想對老師或家長說的話、老師或家長對孩子的勉勵、記錄閱讀書名、創意圖畫、加強易出錯之國字新詞……等等。

11.聯絡簿應每天儘早查閱，確實掌握缺交名單（可請幹部協助）。教師利用時間處理聯絡簿上問題或個別聯絡事項後，於放學前發還給學生填寫交代之作業、攜帶物品、共同通知事宜等，教師查驗無誤後簽章，讓學生帶回。

12.養成學生回家主動出示聯絡簿，促請家長詳閱並簽章的習慣。遇有家長不重視、不願配合查閱聯絡簿者，教師應先循其他管道和家長溝通，讓家長瞭解聯絡簿的功能和對孩子的影響，激發家長對孩子的關心。

**週期性的班級事務處理**

## 一、座位的安排

　　班級中學生座位的編排，除直接反應教室空間的規劃利用外，更影響學生學習態度和師生的交互作用。所以座位的安排、桌椅的變化若設計得當，可提升學生學習興趣和教學效果。以下是基本的編排方法：

### ㈠先編定傳統的座位表，再視教學需要變化

　　傳統中基本的排排坐方式雖較呆板，但卻有易於掌控常規的優點。尤其是接任新班級時，可先做這種座位的安排。

　　1. 檢查全班課桌椅，由前排到後排依低高順序安置，並檢查有無損壞待修或更換者。

　　2. 全班背好書包到教室外，依高矮順序排隊。

　　3. 由矮到高從前排入座，亦可以考慮男女合座方式。

　　4. 檢視全班座位編配情形，有無需調整之處。如：因視力問題需要調到較前排座位？能力好、發言多的學生是否有集中現象？上課不專心，不守常規的是否聚在一起，須加以分散？

　　5. 每排定期（如一週）輪換，讓學生都有機會坐在左、右側和中間位置。

　　6. 座位排定後一段時間，可再視需要機動調整，尤其在新接班級對學生習性、程度尚不瞭解時，常須適時考量，重新安排座位。

　　7. 國小新生初入學時排定座位後，可在桌上貼上名牌，方便小朋友入座，也有利教師辨識新生。等學生熟悉環境後再拆除名牌並考慮排位的輪換。

### ㈡依教學領域性質、教學方法與活動變換課桌椅的排列方式

　　桌椅的排列組合可依教學的需要加以變化，如：小組教學可數張桌子併組；表演活動挪出大空間；全班性的討論或會議可排成ㄇ字型……等等，常用的排列形式應設計出最簡單、快速的變換方法，訓練學生熟練變化方式。

## 二、教室的布置

　　教學情境的設計與安排影響教學活動的進行，更關係學生學習的成效。尤其在班級教學型態中，教室為學習的主要場所，因此，教室的布置是否能激發學生學習興趣，充實學習內容，營造生動、活潑、溫馨的學習氣氛，有待師生共同努力。以下提供教室布置的設計、策略、內容、材料和維護的原則，教師可靈活應用並隨時思考創新：

### ㈠教室布置的設計原則

#### 1. 展現教育意義與價值

　　教室布置的目的除提供學生舒適、優美的環境外，主要在發揮潛移默化的功能，增強學習效果，因此要儘量求生活化、人性化，由環境中涵泳氣質。

#### 2. 考量學生安全與健康

　　安全是學校（班級）生活最基本的要求，陳列物品的穩定性應予注意，尖銳品、凸出物可能造成的傷害，都應留意避免。空間的規劃、採光、空氣流通、清潔……等等物理條件，會影響學生身體健康與生活情緒。輕鬆、愉快的班級氣氛也相形重要，務期讓孩子在溫馨的環境中學習。

#### 3. 注重美觀與實用

　　教室布置應注意色彩的協調、造型的變化，力求充實但不雜亂，和諧而不單調。再者，教室布置不是一勞永逸的事，須配合學習單元或學校活動隨機更新，因此設計應便於使用、更換並易於維護。

#### 4. 講求生動與互動

　　教室布置要達到提升學習興趣的效果，必須生動、活潑、富於變化，除了依學習主題、時令節慶、學校活動機動更新布置內容外，應力求動態化的設計，讓學生與布置產生互動，例如：不只讓學生觀賞，還能加以操作；不只提供資訊，還能激發思考。

#### 5. 鼓勵發表與創新

　　教室是教學的場所，也是展現成果、互相觀摩激勵的園地，教室布置

不只提供「優良」作品的展示，應讓每位同學均有機會呈現自己努力的結果，也激發自我比較以求取進步。此外，教室布置的設計應多鼓勵學生發揮創意，因為學生的參與，使他們更注意布置的內容，也更珍惜共同的學習環境，既可提升成就感，又能培養創造力。

### 6. 發展特色與文化

每個班級有其獨特的班風，教室布置可以配合凸顯這種特色，也可以藉著情境的規劃來發展班級的文化，讓學生生活在一個每天迫不及待想投入的樂園，提升班級的凝聚力與師生的感情。不過有時教師也應注意主題的變換，不能只順應師生偏好而忽略其他學習，畢竟國民中小學要培養的是五育均衡發展的健全國民。

### ㈡教室布置的內容

教室布置的內容可以多樣化、多變化，師生可視需要發揮創意。以下項目均各有功能，教師可依教學年級參考、創新：

### 1. 教學單元布置

配合各領域教學進度做引起動機、強調重點、複習教材、解答疑難……等等布置。

### 2. 公布欄

公告學校、班級的宣導和通知事項。

### 3. 榮譽榜

顯揚團體或個人的優良表現，如錦旗、獎狀、模範兒童、好人好事……等等。

### 4. 中心德目與班級公約欄

張貼中心德目、生活指導要項和班級公約等。

### 5. 作品欄

提供學生各項學習成果、作品展示的園地。

### 6. 圖書角

成立班級圖書室，師生共同訂定管理與借閱規則，善用學校圖書資源並促進同學間圖書的交流。

7. 保健站

提供保健常識和班級醫藥箱。

8. 愛心盒

提供針、線、鈕釦、鏡子、文具、剪刀、釘書機……等等用品或工具。

9. 遊戲寶庫

提供跳棋、象棋、拼圖、跳繩、扯鈴、呼拉圈、皮球……等等各項動、靜態遊戲器材。

10. 益智天地

設計謎語、填字遊戲、科學動動腦、數學問題挑戰……等等。

11. 認識同學

新生班或新編班後，尤其適合貼上同學相片和姓名，並介紹自己的興趣、個性等。

12. 班級信箱

提供師生與同學間問題溝通和意見交流、感情聯繫的管道。

13. 溫馨園地

傳達對老師和同學有關感謝、讚美、道歉、建議、祝福、勸導……等等的話語。

14. 班級花絮

布置班級活動照片、學生生活照片或班級發生的有趣事件。

15. 美化綠化

布置裝飾圖案、彩帶、盆景……等等，增添美感與綠意。

16. 其他專欄的設計

如交通安全、視力保健、時事分析、節令介紹、世界奇譚、好書介紹、每日一字（詞）、成語接龍、詩詞欣賞、鄉土探源、古蹟巡禮、名人名畫、歌謠天地……等等，可視師生專長和喜好設計各項專欄。

### (三)教室布置的方法與要點

#### 1. 師生共同參與

低年級需要教師較多的安排與教導，中、高年級可逐漸參與規劃設計，教師扮演顧問角色；對國中生則可多放手讓其發揮。

#### 2. 整體規劃

先討論計畫，確定內容項目，共同蒐集可用資料。

#### 3. 分工合作

按專長興趣劃定責任區或擔任職務，選定小組召集人，分頭進行工作。

#### 4. 善用時機

利用導師時間、團體活動、作業指導、美勞課等時機儘快完成布置，儘量不要耽誤正常上課。

#### 5. 欣賞、獎勵和檢討

師生共同鑑賞努力布置的成果，除了對大家的參與予以肯定、讚賞外，可一起評定表現最優和工作最投入的小組或個人，予以獎勵，並且檢討工作過程或結果待修正和改進之處。

#### 6. 注意後續的更換工作

資料蒐集仍共同進行，但依劃定之責任區按時更新布置內容。可重複使用或具保存價值者，應有專人蒐集管理。

#### 7. 慎選布置材料

為顧及安全穩固、美觀實用、更換方便……等等原則，材料可以多樣化，但不可色彩突兀、反光刺眼、擁擠雜亂。例如：紙、布、塑膠、金屬、繩索……等等材質都可搭配使用，展現巧思。又如：以塑膠布為版底，容易黏貼、拆卸；保麗龍板可製造立體效果，並便於釘掛小物品；紙盒、空罐……等等可廢物利用，化腐朽為神奇，又響應環保。

#### 8. 妥善安排教室空間

桌椅的排放、盆景的擺設、櫥櫃的安置……等等都關係教室整體的感覺，尤其櫥櫃可用以收存圖書、作業簿、教具、學生個人用品、清潔用具、遊戲器材……等等及各項雜物，免除教室亂象。又如教室前方黑板兩

側，擺設或布置內容應力求單純化，以免使學生上課分心。

很多教師將教室布置視爲開學後最頭痛的工作之一，其實，只要平常多蒐集資料，多觀摩別人的班級布置，師生共同投入，不但教室布置不再傷腦筋，還能成爲促進班級團結，聯絡師生感情的快樂時光呢！

## 三、班級自治活動

班級實施自治活動的目的，在於培養學生藉由自治組織的組成與運作，學習自我管理、自我負責的能力與態度。因此教師指導班級自治活動的實施，應把握學生管理能力、民主素養、合作精神、服務觀念的養成目標。而學生年齡不同，教師著力的重點與程度亦隨之而異，教師也可隨班風的不同加入彈性與創意。班級自治活動的推展中，自治組織和自治集會爲兩大基礎，因此以下針對幹部的遴選輔導與班會的規劃指導，加以敘述。

### ㈠幹部的遴選輔導

學校通常訂有共同的班級自治幹部名稱，規定於每個學期開學推選後送交名單。此外，教師亦可依照自己班級經營的規劃，另行遴選各類自治幹部，以順利推展班級自治活動，讓學生從中學習與體驗。以下要領可供教師參酌：

1. 幹部的產生方式

傳統的幹部推舉，多爲先提名再依多數決產生。投票方式是培養民主法治精神的基礎活動，教師也應藉此教育學生，在幹部推舉時，不必侷限於成績頂尖的同學，而可以依幹部職務特性考量，選出有能力與服務熱誠的人。此外，依照幹部性質的不同，教師也可以考量採自願方式，鼓勵學生選擇承擔幹部，把握學習與爲班級服務的機會。對於較高年級的班級，甚至可以讓學生自主討論決定幹部產生的方式。

2. 幹部的類別與職責

基本的班級自治幹部名稱在各校雖略有差異，但多爲班長、副班長、風紀股長、學藝股長、體育股長、衛生股長、康樂股長……等。有的學校

或班級會依循自治市組織型態，另稱為市長、副市長、警察局長、教育局長、體育局長……等。此外，教師可依據班級事務與活動需求規劃各類幹部，例如：因應教學需求，可有教具長、作業長、各科（尤其是科任課）小老師……等；教室例行生活上，可有早修長、午餐長、整潔長、電燈長、門窗長……等；針對特別任務，可有資訊長、圖書長、攝影長、義工長、慶生長……等。學生擔任幹部可以定期輪流更替，讓學生從不同的幹部職務中，達成發揮長才、開發潛能、服務他人的多元功能，也讓所有學生不論才智都有機會參與班級事務，一方面肯定自我、發展人際關係；一方面提升對班級的向心力。但是不論幹部的職稱為何，各幹部職責都應具體化條列化，讓擔任幹部的學生清楚明瞭自己的責任歸屬並克盡職守。

### 3. 幹部的輔導與考核

不論班級選出部分同學當幹部或形成「全班都是長」的狀況，教師都應輔導幹部具有榮譽心與責任感，盡己所能為同學服務；也要教導其他同學配合幹部的領導，並對幹部的服務心存感恩。教師需密切觀察留意幹部的表現，一方面對負責盡職的人給予公開稱讚，一方面也要隨時傾聽學生擔任幹部的困難，給予協助與鼓勵。

### ㈡班會的規劃指導

九年一貫課程實施後，學校多未安排特定班會時間，教師可依需要利用彈性時間機動召開班會。開班會是班級自治的重要活動，藉此建構一個能充分溝通與互動的情境，讓學生體驗民主的議事程序，具有學習民主生活、解決班級問題、聯絡師生感情……等等功能。但教師如果沒有用心指導，往往會弄得沈悶尷尬或手忙腳亂，甚至成為批鬥大會。因此，教師在班會的指導上應注意以下要點：

1. 教師應先說明開班會的意義、程序、禮儀，必要時示範指導。經過幾次演練，學生很快即能習慣開會的方式。

2. 班會的基本程序通常包括：宣布班會開始；宣讀上次會議記錄；主席致詞；幹部工作報告；提案討論（或討論題綱）；臨時動議；老師講評；宣布散會。但師生可共同設計，增加內容項目或視需要改變班會型態。

3. 班會的內容或型態不一定要一成不變，有時在程序上加進一些較生活化的項目，可以使學生更有興趣、場面更熱絡，例如「唱班歌」、「生活檢討」、「優點轟炸」、「有話要說」……等；也可安排專題，如「好書介紹」、「假期遊蹤」、「慶生會」、「一週大事」……等等；其他像康樂活動、才藝表演……，都可使班會更生動。師生可於學期初就配合行事曆將每次班會的重要活動規劃好，以免產生刻板化或無事可做的情形。

4. 學生剛開始學習開班會時，教師可選取儀態大方、表達力佳的同學當主席，口齒清晰、機智靈巧的同學當司儀，文筆流暢、組織力強的同學當記錄，因為開頭的同學具示範作用，應特別用心。待同學較熟悉會議的進行後，可全班依號序或專長編組為會議工作人員，並排定輪值表，讓每個人都有參與、練習的機會。

5. 幹部會議盡可能在班會前先召開，以便擬訂工作計畫，溝通協調任務的執行，並於班會中各股工作報告時提出，視需要全班進行討論和表決。因此班會程序上，先由班級自治幹部就職務執行情形做報告，再針對班級事務現況做討論與建議。同學可以針對幹部職責範圍提出質詢，由幹部加以說明。藉由民主的程序與理性的溝通，共同解決班級事務。

6. 班會儘量依行事曆召開，讓學生瞭解班會乃重要集會，不是可有可無的活動。每次散會前，老師都應給予講評，讚揚優良表現，如：主席主持引導有方、司儀把握得當、發言人簡單扼要……等等，也不忘指導開會程序或內容上的缺失，以求改進。學生在學習開班會初期，較不純熟，教師常須適時介入輔導；待上軌道後，教師應儘量讓學生自行運作，再善用講評時間做綜合指導。

學校實施學生自治活動是學生學習民主法治的重要管道。教師若能巧思安排與指導，不僅班級事務得以有效率處理，學生更能從實務體驗中培養自治的能力與涵泳民主的素養，為日後成為社會優良公民奠定重要基礎。

## 四、校外教學活動的規劃實施

　　學校是學生學習的主要場所，但校外有許多資源，可以輔助學校教學的不足或印證平日所學。目前國民中小學大多至少每學年（或學期）會舉辦一次校外教學活動。有很多學校或班級會在平日配合學習領域或主題統整的教學，設計各種校外教學活動。教育部也已於102年3月，將中小學實施已久的「畢業旅行」正名為「校外教學」，而非純粹旅遊的活動。因此不論是古蹟巡禮、自然探索、參觀體驗……等等活動，都須做萬全的規劃和準備，才能真正發揮校外教學的意義和功能。目前有的學校會將校外教學活動委由旅行社代辦，省去交通食宿等事務之麻煩，但學校除了慎選合法有口碑的旅行社外，仍應切記教師才是專業教學者，負有校外教學活動規劃督導之責。

### ㈠事前的規劃與指導

　　為配合不同年齡、程度學生的興趣和需要，通常校外教學的具體規劃都分年級或班群實施（規模較小學校可能分年段甚至全校合併舉行），同學年教師可共同商討，不論重點在配合各領域教學或在增廣見聞，將活動的主題和方式確定下來，再決定地點、時間、交通工具……等等，老師們依任務分工合作。事前規劃是校外教學順利成功的關鍵，下列事項應妥善考量或準備：

　　1. 選擇地點應考慮距離遠近、花費時間、學生興趣和體力……等等問題，當然最重要的是教育意義和安全性。

　　2. 決定時間應考量主題、目的地、氣候、交通工具……等問題，如：春天容易下雨、夏季炎熱多颱風；賞花郊遊應在花季，看展覽應配合檔期，參觀機關、工廠應配合辦公或生產作息……等。

　　3. 選擇合法、信譽良好的交通公司與交通工具。若是由家長支援交通工具和接送，應事先規劃聯繫分組或集合時、地等相關事宜，並辦妥平安保險。

　　4. 分發家長通知書，敘明校外教學計畫，並請家長填寫同意書。目的在使家長和學生瞭解校外教學係學校課程的一部分，應該配合出席，並

鼓勵家長參與，親子共同學習，也能協助教師照顧學生。

5. 針對校外教學主題，設計學習單，提醒學生活動的目標與重點，而非出去玩玩而已。例如參觀美術館，學習單的內容可包括：參觀的項目、內容摘要、作者介紹、最喜歡的作品、欣賞的原因、參觀的心得……等等。教師如果有引導的重點或要學生觀賞的特定對象，也可列在學習單上，讓學生去尋寶。目前許多社教機構或各項特展，亦提供現成的學習單供不同年級或程度的學生參考使用，教師可事先瞭解、選擇。

6. 指導學生事先蒐集校外教學的相關資料，使學習更充實、印象更深刻。

7. 實施安全編組，做好工作分配，如負責醫療、清潔、點名、秩序……等等，並指導校外教學應帶裝備及注意事項。

8. 蒐集校外教學行程中及目的地之警察機關與醫療院所聯絡資料，以備不時之需。

（二）**活動中的叮嚀和安排**

校外教學過程中應注意的要點包括：

1. 出發前再次強調乘車和活動過程應注意之安全、秩序、環境維護……等問題，提醒小組長確實掌握小組人數和行動。

2. 上下車務必清點人數，每次教學活動前（或下車前）均應明確規定活動範圍和上車時間。

3. 活動中應適時說明學習的重點，並與事先蒐集的資料加以連結、印證，教師的講解固然重要，更應鼓勵學生多觀察、思考、尋找答案，並不忘提醒學生隨時筆記。

4. 行程中應與同校各班級教師多聯繫配合，勿擅自作主。遇特殊狀況須改變活動計畫（如行程、時間）時，亦應共同商討，作萬全之策，並以學生安全為最基本考量。

（三）**事後的檢討與考核**

師生平安返校後，並不代表校外教學已經結束，不但還有後續的學習活動，而且校外教學和課堂中的教學一樣，也應該有評鑑的程序，以瞭解

教學成效。在此階段，教師應做好事後的檢討和考核工作。

　　1. 校外教學計畫的檢討，同學年老師應一起召開討論會，檢討從籌
劃到結束整個過程中應改進之處。

　　2. 班級校外教學的檢討，包括校外的各種表現：整潔、秩序、禮
儀、精神態度、職務分工……等等。

　　3. 針對校外教學的內容和心得，讓學生進行交流、互相激盪，教師
並做歸納整理和補充。

　　4. 評閱學習單，對學習認真、記錄詳實的學生予以獎勵，並可張貼
以供觀摩。

　　5. 依據事前擬訂的教學目標或主題統整教學計畫，進行校外教學活
動與相關領域學習的統整，並採用多元的方式增強學習效果及進行教學評
量。

## 五、運動會的指導

　　運動會是國民中小學的年度大事，通常配合校慶、節日舉行師生與社
區民眾的運動大會。大約自一個月前籌備工作開始展開，就可以明顯感覺
到學校忙碌和興奮的氣息。級任老師除配合協助學校各項工作的進行，更
須指導班級運動會相關事宜。在國小運動會競賽項目以高年級參與最多，
高年級級任老師的事責也較重；但中、低年級亦有賽跑、趣味競賽或表
演……等等項目，教師仍應配合學校計畫，做相關的準備。

### ㈠會前應完成之工作

　　1. 發送運動會請柬和程序表給家長，通常學校會安排家長參與趣味
競賽或親子活動，應一併調查家長報名名單。

　　2. 配合運動會進行教室的布置和環境整潔的加強。

　　3. 配合學校計畫進行大會舞、大會操和進退場行進的指導。除集體
性的練習外，級任教師應利用時間（如升旗後、體育課……等等）做個別
班級的加強，如姿勢的糾正、動作的整齊熟練……等等。

　　4. 配合學年（或年段）議決之團體競賽項目，進行編組和練習。如

賽跑、趣味競賽等,讓學生瞭解比賽規則並實際演練。短跑的編組通常以身高相近者同一組,但應注意將較善跑的學生分散各組;接力賽跑,則應配合體育老師做排棒的考量和接棒的練習……等等,以爭取班級榮譽。

5. 挑選代表班級參加比賽的選手。就教師平日的觀察、學生的興趣和體育科任老師的建議,挑選各項人才,並加強指導、訓練。

6. 班級啦啦隊的組訓,可增進班級團結,鼓舞選手士氣,教師可指導班上較有創意、活潑、具帶動性的學生,設計顯現班級特色的歌曲、班呼、道具等,增添熱鬧氣息。

7. 運動會相關安全的指導很重要,各種比賽項目的運動安全應事前強調並做練習。此外,應提醒學生著舒適運動鞋、勿打赤腳賽跑、比賽進行中勿擅闖場地……等等,以防意外傷害。

8. 秩序的指導除在平日建立常規外,運動會前更須叮嚀當日應注意的秩序問題,包括:會場上班級座位的安排;加重自治幹部責任,維持秩序;因事(上廁所、出任務……等等)離開座位須經班長同意,不可隨便亂跑;準備垃圾袋蒐集垃圾,維護場地整潔;有時家長會捐贈食物、飲料等,應全班共同享用,共同處理垃圾……等等。

9. 事前徵求班級中之熱心家長,於運動會當日到場協助班級學生安全與秩序之維護。

### (二)運動會當日指導事項

1. 級任老師在運動會進行中可能需要協助各競賽工作,未必能全程隨班指導,因此會前應再叮嚀安全、秩序、整潔等注意事項,並告知老師的去向,以備有事聯絡。

2. 當天家長除在參觀席外,亦可能到班級休息區探視孩子,並藉機向老師詢問孩子在校情形,因此教師應善加掌握此親師溝通的機會,並應對得宜。

### (三)會後處理工作

1. 指導學生清理班級休息區,並協助學校進行會後的整理與清潔工作。

2. 班級的物品全部歸位，學生自己的東西各自收拾妥當。

3. 善後工作完畢，除隨家長離校之同學外，仍應依日常路隊平安回家。

4. 當日或日後表揚爲班級爭光的同學，也鼓勵所有同學，分發獎品。對遵守會場秩序、表現良好的學生也給予獎勵。由於學生往往很在意比賽的輸贏，教師也應特別提示運動的精神與意義，讓運動會完美落幕。

 ## 參　特殊性的班級事務處理

### 一、班級網頁的建置與運用

在網路發達資訊爆炸的現代，學校網頁是家長與社會大眾瞭解學校辦學理念與績效的重要管道，而班級網頁也成爲教師、學生及家長溝通互動的重要橋梁。學習與資訊科技結合已是時代潮流，e世代的教師經由班級網頁的建置與應用，能使班級經營內涵更豐富，溝通與事務處理更見效率，也讓親師生關係更加緊密。

以往教師囿於資訊科技素養，要自行利用網頁製作軟體來設計班級網頁，實感費時費力。因此多年來有不少學者和教師也結合各種程式語言與資料庫，從事班級網頁系統的設計。網路上也已經有現成的網站（如優學網、亞卓市、Loxa教育網……等）提供班級網頁的操作環境，不僅有各種功能選單和編輯工具，而且提供教師班級網頁製作的教學，讓教師能輕鬆設計自己的班級網頁架構與內容。有的學校在建置學校網頁時，也設計提供教師班級網頁建置的動態網頁模組，方便教師藉由班級網頁的運用，以達到強化教學、班級經營與親師生溝通互動的多元功能。

而各縣市政府爲鼓勵教師建置班級網頁，作爲互動教學、經驗交流、資源運用、意見溝通的平臺，也會舉辦中小學班級網頁應用競賽。例如臺北市101學年度的中小學班級網頁應用競賽實施計畫，即公布其評審標準包括：1.網站內容（40%）：如班級資訊的即時性與正確性、班級事務、教師教學、學生學習、學生活動、親師活動、網站更新頻率等；2.親和性

（25%）：如操作及瀏覽難易度，版面及顏色配置、應用工具適當性、適用多種瀏覽器等；3.互動性（20%）：如公布欄、討論區、留言板、線上學習、班級聯絡簿等及其使用頻率；4.組織結構（15%）：如超連結適當性、按鈕配置、標題命名、網站地圖、超連結家長及學生之網站等。教師建置班級網頁雖不一定志在比賽，但由這些評審標準亦可見優良的班級網頁設計與應用時應掌握的原則。重要的是教師能依照自己教學與班級經營的需求和班級特色的塑造，來選擇班級網頁的功能與內容，並賦予具創意的名稱。以下略述班級網頁的一般性內容功能供教師參酌，教師可變化使用：

1. 歡迎首頁：有趣的動畫、有意義的班訓，或展現班級風格和特色的相片、作品等，都可以作為歡迎首頁的素材。

2. 導師資訊：可提供教師簡介、聯絡方式、教學與班級經營理念等。

3. 班級布告欄：班級最新活動或訊息的公告。

4. 班級聯絡簿：班級重要行事、作業、提醒事項的公布與交流。

5. 班級相簿：班級活動相片或影音檔集錦。

6. 討論與投票區：班級事務討論、意見發表及投票表決園地。

7. 學習練習與測驗：可提供各科學習單、練習題或學生自我測驗之用。

8. 學習檔案與成果展示：展示學生學習歷程與學習成果。

9. 班級榮譽榜：記錄班級榮譽事蹟、好人好事，表揚學生優良行為表現。

10.班級留言板：作為意見反應與溝通區域或班級聯誼聊天室。

11.網路資源連結：提供各領域教學資源或好站連結。

12.其他班級特色經營項目：如音樂欣賞、作文園地、親子加油站……等。

班級網頁的建置只是開端，要讓班級網頁發揮極致的功能，還需靠教師平日巧思運用與資料的不斷充實與更新。對於較高年級的學生，教師亦可教導其管理班級網頁，讓班網更受學生喜愛，並更符合家長的期待。

## 二、學生競賽活動的指導

　　為了激發學生的多元學習興趣，充實學生的學校學習生活，中小學有很多校內外舉辦的定期或不定期的學生競賽活動。這些競賽活動涵蓋語文、科學、體育、藝術、資訊……等領域，包括團體與個人項目的各類競賽，相當多元豐富。通常各校為了促進班級的交流互動，培養學生團隊合作的精神與愛護團體榮譽的態度，都會舉辦校內的班際團體競賽，較通俗的項目如球類運動、賽跑、合唱……等，也有依各校發展特色而舉行的比賽項目，如扯鈴、偶戲、樂樂棒球……等。而學生個人競賽更是琳琅滿目，單是語文領域競賽，就有演說、朗讀、說故事、寫字、作文、字音字形諸多項目。因此，對於級任老師而言，如何指導學生從團體競賽活動中提升能力並涵泳情操，或是從班級中發掘人才選出優秀學生代表班級參賽，卻是一個需要用心付出的挑戰。由於校內外各種競賽項目繁多，以下僅提出級任教師指導學生競賽活動的參考原則，讓教師配合學校實況加以活用：

　　1. 激發學生的榮譽心與士氣，讓學生能積極投入活動的學習與練習中，以共同爭取班級與個人的最佳成績和榮譽。

　　2. 強調班級團體活動中團結合作精神的重要，培養互相協助、互相鼓勵的情感。因此班級每一分子都要盡己之力承擔職責，共同為目標努力。

　　3. 團體競賽活動如果無法讓全班學生都參與，應該考量各類活動的屬性，儘量輪流讓每個學生都能參與班級競賽活動，給予學生自我肯定和為班級爭光的機會，也教導未參賽的學生給參賽者加油與祝福。

　　4. 對於各項競賽活動應該擬定計畫，包括人員的選拔、練習的時間與場地、需要的器材或道具、經費支出、人員分工……等。若有不足之處，儘快尋求支援與資源，使賽前的準備能順利進行。

　　5. 盡心盡力指導學生提升參加競賽的實力，並且激勵學生的信心。教師的積極態度會影響學生對活動的認知，教師的認真指導是學生發揮潛能的最佳動力。

　　6. 依照競賽活動性質的不同，教師可以發揮一己所長指導學生；對

於自己不擅長的活動，可以蒐集資料自我成長或請教具專長的同仁與專家有關指導的要領；也可以請託與競賽活動性質相近的班級科任教師，協助指導和訓練學生參加比賽。

7. 陪伴學生面對參加競賽的壓力與挑戰。適度的壓力讓學生不斷自我突破求取進步，但也更需要老師時時給予支持鼓勵，並關心其是否遇到困難，協助其解決問題。

8. 珍惜與享受競賽期間師生相處的機會。賽前的練習往往需要師生付出額外的時間與心力，但也是師生互相瞭解的機會。師生共同經歷準備競賽的甘苦點滴，讓師生感情更加緊密、班級更具向心力。

9. 活動結束後，不論成績輸贏，都應該肯定學生的努力付出。對於好表現要再加鼓舞，激勵學生更上層樓；比賽未如願獲獎，也應開導學生秉持風度接受結果，以平靜的情緒面對輸贏，並保有盡力後仍維持信心的態度。更重要的是鼓勵學生從經驗中進行檢討，找出不足之處與改進之道。

### 三、學生意外事件的處理

求取知識技能、涵泳道德情操是學生上學欲達成的目標，但安全的保障是最基本的要求，是家長最關心也是學校最應重視的問題。然而，學生活潑好動，生活周遭又潛藏著一些難以預知或掌控的變數，老師除了加強各項安全教育，預防憾事發生外，對於突發事件和意外傷害的處理，也應有所認識。教師平常即應叮嚀學生，在校遇有大小傷害或身體不適，應立即報告老師加以檢視處理，再告知家長做後續追蹤觀察。學校或班級也應在每學期開學後建立最新、最完整之學生緊急事件聯絡檔案，以瞭解聯絡人、聯絡人與學生關係、聯絡方式、指定醫院或委託學校處理就醫等相關事宜。以下以學生在校受傷為例，提供幾項原則，但教師仍應視情況當機立斷：

1. 防止傷勢惡化，進行急救措施。對於輕微的傷口，班級醫藥箱可發揮立即效用，但若傷勢嚴重或緊急，教師應依情況施以急救措施。

2. 沈著鎮定，安撫傷者與其他學生的情緒，視情況請求學校護士或

老師的協助，送保健室休息觀察或初步處理，如必須送醫，則進行車輛和醫院的聯絡。

3. 教師如需陪伴照料或就醫，臨時可交代學生做作業，請鄰班老師代為留意，再報告學校，請求沒課的老師或代課老師前往協助，務必使班級得到妥善安置，以免再生意外。

4. 進行急救或送醫後，應設法與家長取得聯繫（或送醫前請問家長是否指定特定醫院），說明事件過程和處理情況，輕者請家長協助送醫或帶回休養，已就醫者請家長逕赴醫院協助照顧。通知家長應態度冷靜、敘述清楚，勿增添家長疑慮或慌張。

5. 意外事件的發生應告知學校學務處，說明事件原委和處理過程，以利學校依事件嚴重程度進行分級通報。

6. 教師應關心學生療傷情形或病情變化，除本身前往探視，也可代為轉達班上同學慰問之意，回校並向同學報告復原情形。若有同學表示想前往探視，教師應加以指導，如：選出代表代為致意以免過度打擾病患；若利用課餘前往，教師務必和家長聯繫取得同意，並負責學生安全問題。事後教師應視需要給予學生補救教學，協助其正常學習。

7. 向其他學生機會教育，反省出事原因，指導相關知識或因應措施，避免傷害再度發生。

學校中意外事件除學生受傷外，可能還有學生發燒、身體不適；上、下學的交通事故；吵鬧打架……等等，都可依上述原則靈活處理，重要的是教師應臨事不亂，最好班級能備有醫藥箱，教師應學習基本的急救常識和技術，方不致不知所措。

### 作業活動

1. 參觀並蒐集學校教室布置優良案例，利用學校開學之際，以實習合作班級為對象，練習規劃並參與教室的布置。
2. 觀摩優良班級網頁，再以實習合作班級為對象，利用現成網站提供之操作環境或學校提供的網頁製作模組，練習建置班級網頁架構與內容。

# 參考文獻

朱文雄（1992）。**班級經營**（五版）。高雄：復文。

吳清山、李錫津、劉緗懷、莊貞銀、盧美貴（1990）。**班級經營**（再版）。臺北：心理。

李佳琪、柳文卿、簡良燕（2009）。**班級經營：教室百寶箱**。臺北：五南。

李園會（編著）（1989）。**班級經營**。臺北：五南。

林興兆（2007）。晨光活動提升學生體適能之規劃與問題探討。**學校體育**，17(3)，20-24。

張秀敏（1998）。**國小班級經營**。臺北：心理。

教育部國民教育司（編）（1993）。**國民小學班級實務手冊**。臺北：教育部。

章滄敏（2001）。多元智慧學習角──不一樣的晨光和午休時間。**學生輔導**，77，56-63。

黃政傑、李隆盛（編）（1993）。**班級經營──理念與策略**。臺北：師大書苑。

臺灣省政府教育廳（編）（1993）。**班級經營理論與實際**。南投：臺灣省政府教育廳。

鄭玉疊、郭慶發（1994）。**班級經營──做個稱職的教師**。臺北：鄭玉疊。

賴俊宏（2012.5.10）。我對班級教學網站的經營與應用，**臺中市教育電子報**，12。擷取自http://www.tc.edu.tw/epaper

推薦網站

天下雜誌教育基金會希望閱讀網站（閱讀）

http://reading.cw.com.tw/index.jspx

臺灣閱讀文化基金會愛的書庫（閱讀）

http://163.22.168.15/loveopac/index.aspx

亞卓市（班級網頁）

http://www.educities.edu.tw/cityFront/myclass.php

兒童深耕閱讀教育網（閱讀）

http://reading.tp.edu.tw/reading/cht/index.php

班級經營資訊網（班級經營）

http://class.heart.net.tw/

教育部全國閱讀推動與圖書管理系統網（閱讀）

https://read.moe.edu.tw/jsp/national_lib/pub/index_page.jsp?schno=000000

華山書院（讀經）

http://www.chinese-classics.com.tw/

慈濟教師聯誼會（靜思語教學）

http://teacher.tzuchi.net/teacher.nsf/

新竹教育大學數位藝術教育學習網（美勞創作）

http://www.aerc.nhcue.edu.tw/

臺中教育大學科學應用與推廣學系科學遊戲實驗室（科學遊戲）

http://scigame.ntcu.edu.tw/

臺灣讀報教育資源網（讀報）

http://www.mdnkids.com/nie/

遠哲科學教育基金會（科學遊戲）

http://www.ytlee.org.tw/

靜思語教學動畫（靜思語教學）

http://www2.tzuchi.org.tw/life/multimedia/index.htm

優學網（班級網頁）

http://tw.portal.uschoolnet.com/

Loxa教育網（班級網頁）

http://www.loxa.edu.tw/

賴清標

# 第八章

# 班級秩序管理

　　「學生不怕我，我已經對他們很兇了，但他們仍然不怕我，每天繃著臉對身體不好，但不這樣就壓不下他們，是不是必須壓他們一段時間，他們的常規才會建立？」以上一段話是一位實習教師提出的問題。不只是實習教師苦於班級秩序管理，即使是正式教師，也時常為維持秩序感到心力交瘁。

　　近年非常暢銷的《第56號教室的奇蹟》，作者雷夫‧艾思奎（Rafe Esquith）也在該書第一章提到：「很多教師為了維持教室秩序，什麼事都做得出來。……大多數教室都被一種東西控制著，那就是害怕。老師們害怕：怕丟臉、怕不受愛戴、怕說話沒人聽、怕場面失控。學生們害怕：怕挨罵、怕在同儕面前出醜、怕成績不好、怕面對父母的盛怒。……如果一個班級鬧哄哄的，就什麼事都做不成，也沒有所謂學習可言。」

　　以上引言可見班級秩序的維護是國內外教師共通面對的、最頭痛的問題，不僅初任教師感到困擾，即使有經驗的教師也不時因學生難以管教而深感挫折。有些教師更因管教過當引起家長抗議，甚至被告到法院判刑，為此心灰意冷。因此，為了有效進行教學，達成教育目標，並使教學成為愉快的經驗，必須熟諳班級秩序管理的技巧。

　　班級秩序管理可分為預防性、支持性和矯正性三個層面。預防性管理旨在使學生保持良好的學習行為，防止違規行為的出現；支持性管理是在當學生有違規行為徵兆時，適時運用技巧將學生導入正軌；矯正性管理則是在不良行為出現後設法制止、糾正。大多數教師預防性和支持性管理都沒有做或做得不夠，多數管理都是矯正性的，所以非常辛苦。

　　本章首先說明班級秩序管理的目標和影響班級秩序的因素，接著依序討論預防性的班級管理、支持性的班級管理和矯正性的班級管理，矯正性的班級管理分為一般違規行為的處理和嚴重違規行為的輔導兩方面，最後提出零體罰和正向管教的方法。

#  壹　班級秩序管理的目標和影響因素

## 一、班級秩序管理的目標

　　班級秩序管理是採取必要的方法和步驟，建立及維持良好的教學環境，一方面教師可以有效的進行教學，另一方面學生能順利愉快的進行學習，在知識、品德和身體等方面獲得健全的發展。

　　傳統的班級秩序管理如同紀律訓練，要求學生徹底服從、絕對安靜、正襟危坐、不准講話、不准亂動；對於違規學生則以嚴格的打罵加以糾正；晚近的班級秩序管理注重促進學生課業學習的行為，認為輕鬆活潑的教室氣氛有益學習，絕對的嚴肅和安靜並無必要。

　　簡言之，班級秩序管理以促進教學效果為目標，其本身只是手段，如果為了維持秩序而妨害到學習，乃是以手段為目的，失去教育意義。例如：教師只因學生偶爾不守秩序，就嘮嘮叨叨、長篇大論的訓話，耗掉整節上課時間；或採用嚴厲的懲罰塑造安靜服從的教室秩序，使學生感到緊張恐懼，類似這些作法都可能影響到學生的學習或身心發展，應該避免。

　　班級秩序管理既是在增進教學效果，大致上可將學生在教室中的行為區分為有益學習的行為和有害學習的行為。有益學習的行為，例如：1.備齊學習用品；2.準時進教室上課；3.安靜、專心的聽教師講課；4.積極投入學習活動，如實驗、討論等；5.準時繳交作業；6.不懂時踴躍發問；7.遵守班規；8.愛惜公物；9.與同學友善相處；10.尊敬老師等。

　　有害學習的行為又可分為不專注的行為和干擾他人學習的行為。不專注的行為如上課遲到，忘記帶學習用品，上課時發呆、睡覺、玩玩具、看課外書，害羞退縮不願參與學習活動，及不寫作業等，這些行為並不干擾其他同學的學習，但對自己的學習有不利的影響。干擾他人學習的行為約可分為五類：1.侵犯他人，如：打人、推撞等；2.惹人注意，如：扮鬼臉、不正經的回答等；3.親暱動作，如：耳語、傳紙條等；4.不守規定，如：任意講話、隨便走動等；5.反抗權威，如：公然頂撞、惡意批評等。

　　班級秩序管理的具體目標即在促進學生有益學習的行為，減少或消除

學生有害學習的行為，使教師能順利進行教學，學生能專心學習，以達成教學效果。

## 二、影響班級秩序的因素

班級秩序不佳無法順利進行教學，教師很少反省自己作為或檢討時空環境等因素，往往直接歸咎學生，批評學生不守規矩、調皮搗蛋。固然班級秩序不佳是學生不當行為所造成，如任意說話、隨便走動、捉弄同學等，但其原因未必全源自學生，也可能是教師行為或環境因素使然。在大多數情況下，是學生身心特質、教師教學表現和特定時空環境三者交互作用的結果。簡言之，影響班級秩序的因素，包括教師、學生和教室環境三方面。

### ㈠教師因素

教師的人格特質和教學表現對班級秩序有很大的影響。Good和Brophy（1990）認為要維持良好的教室秩序，首要因素是教師必須能為學生所喜愛。因此一般讓人喜愛的特質，教師應該努力去具備，這些特質包括：真誠、友善、快樂、情緒穩定等。其次，因為教師是具有權威的角色，權威人物讓人信服的特質，教師也應具備，這方面有：自信、冷靜面對問題、不慌亂、主動傾聽、不預設立場、遇事不退縮、失敗不怪罪他人或情緒化。此外，教師也應像父母一樣，對學生表示接納和無條件的關懷、設定清晰但留有彈性的限制、抱持積極的期望、解釋各種要求、堅定執行規則、及親身示範良好的行為。

Kounin（1970）的研究則發現，善於維持班級秩序的教師並非在處理學生不當行為上較為高明，而是較能引發學生專注於課業的行為。這些善於維持班級秩序的教師，具有以下特徵：

### 1. 機警

能隨時隨地掌握教室情況，知道每一個學生在做什麼，有眼觀四面、耳聽八方的能耐，能迅速而精確的處理各種事件，不會坐待事件擴大，也不會波及無辜。

### 2. 能一心兩用

有能力一邊進行教學，一邊處理個別學生的不當行為。如在帶領學生朗讀課文的同時，以眼神警告或移步走近蠢蠢欲動的學生，使其回復專注學習。

### 3. 教學順暢且能激勵學生

教學前已有充分準備，教學時步調明快，講解清晰，既不拖泥帶水，也不含混囉嗦，能激勵學生，吸引其注意力。

### 4. 作業富有變化且具挑戰性

能安排多樣化的作業，且難易適中，足以引起學生興趣。

## (二)學生因素

教室秩序不佳是學生不當行為所造成，學生所以會出現不當行為，朱文雄（民81）列舉以下原因：1.生理特質：精力過剩或身體虛弱、視力或聽力不良；2.無聊、無助：覺得功課無聊，努力也不會有結果，想不出有什麼事可做；3.想獲得注意、認可或地位：爭取關懷、肯定、重視和讚賞；4.為解除挫折或緊張；5.學業成就欠佳；6.個性脾氣及人際關係不佳；7.平日生活習慣不良；8.人格特質：情緒不穩定、缺乏自信和安全感等。

學生因素也有必要考慮年齡和性別兩個變項。一般情況，男生比女生好動、具有攻擊性，因此要求男生安靜不隨便走動，較為困難。另一方面，年幼的學生注意力短暫，不耐久坐，男女生都一樣，因此低年級的秩序較不易維持。Brophy和Evertson（1978）將學生依年級高低劃分為四個階段，分別提示每個階段的學生特質和相應的管理技巧：

### 1. 幼兒園和國小低年級

兒童初入學，開始學習學生角色和基本技能。他們大多把成人視為權威，願意聽大人的話，從取悅老師獲得滿足，得不到老師注意或喜歡就悶悶不樂。他們需要老師的指示、鼓勵、安撫、協助和注意。雖然秩序不易維持，但嚴重的行為尚不多見。

### 2. 國小中年級

這個階段的兒童已學會學生角色，但大多數仍停留在成人取向，頗為聽話，他們已習慣學校的常規和例行事務，因此秩序比低年級容易維持，而嚴重的行為也還少見，教師已不必像低年級一樣須耗費許多時間維持教室秩序，可以將心力專注於教學。

### 3. 國小高年級和國中階段

愈來愈多學生從取悅教師轉而取悅同儕。他們開始討厭權威式的老師，有少數學生行為問題嚴重，愈來愈難管教。教室管理成為老師的一項吃力工作。與第一階段比較，老師的主要問題是如何激發學生做出他們早已瞭解的良好行為，而不是像低年級一樣，告訴學生做什麼及如何做。

### 4. 高中階段

因為大部分不認真的學生已不再就學，而且學生也已較成熟，較能自治。因此老師可專注於課程的教學，不需要耗費很多時間來維持秩序。團體的管教已較無必要，個別的、非正式的接觸學生較能解決問題。

## ㈢環境因素

教學活動大多在教室中進行，教室環境可能直接影響學生的行為，也可能透過對教師行為的影響間接作用於學生，因此也是決定班級秩序的重要因素。

首先，班級學生人數的多寡對於秩序的維持會有影響。班級人數少，學生有較多參與活動的機會，有問題時較快獲得老師的協助，較不會產生無所事事的情形，老師也較容易瞭解及掌握學生。反之，班級學生人數太多，會增加學生的不滿意度及侵略行為，導致注意力降低（Doyle, 1986）。

其次，班級座位的安排也值得重視，傳統行列式的安排，使學生全部面向老師，較易專注聽講，老師也容易照應全班學生。圓圈式的排列方式方便全班討論，若為進行分組討論可採用小組成員聚合一起的方式，圓圈式或小組聚合式方便學生互動討論，但也使班級秩序較難維持，移動座位時更易帶來混亂，必須特別督導。

　　不少教師在安排座位時，喜歡將成績優秀的學生置於教室中間前面的位置，而將成績較差學生放在兩旁或後面的位置，有些眼不見爲淨的心理。這種安排方式會使成績好的學生愈來愈好，成績差的學生愈來愈差，對於教室秩序的維持也有不利影響。因爲教室中間前面的位置與教師有較多的目光接觸，連帶產生較多的互動和較專注的學習，而兩旁及後面的位置對於接收教師訊息，不論視覺或聽覺管道都較不利，導致坐於此處的學生不那麼積極的參與學習活動，不是靜靜的坐著，就是與鄰座同學交頭接耳，或逕自做些自己的事情。

　　此外，教室的空間大小、照明、通風、溫度等，也都會對班級秩序產生影響。人多擁擠、光線昏暗、通風不良或溫度太高等，都容易使學生因煩躁或倦怠而分心。

　　其他一些易造成學生分心，導致秩序問題的因素尚包括：教室外面嘈雜，噪音太大；日課表安排不當，連排數節耗費心神的科目；或時間上臨近中午及放學時間。

 ## 貳　預防性的班級秩序管理

　　有效的班級秩序管理是從根本上消除學生不當行爲出現的可能性，而非在學生已出現不當行爲時才費心去處理。簡言之，預防勝於矯正。預防學生不當行爲的出現，主要可從改進教學、指導學生訂定班規、以及妥當安排教室學習環境入手。

## 一、改進教學

良好的班級秩序奠基於有效的教學。如果教師教學生動有趣，內容難易適中，足以吸引學生的注意力，學生即不致分心吵鬧。有效教學的因素很多，針對班級秩序的維持，Stallings（1980）列舉以下要點：

1. 使用大約半數時間進行教學，如講解新教材、討論指定作業、發問或回答學生問題等。

2. 使用大約三分之一時間督導學生進行讀、寫、算或實驗作業。

3. 使用少於15%的時間在教室管理和其他事務，如收發學用品、活動轉換、解釋活動程序、安排座位和宣布事項等。

4. 訂定一組清楚有系統的行為規則（班規），公告並執行。

5. 事先計畫當天活動並公布讓學生瞭解。

6. 設計多樣性的活動在一節課中進行。

7. 敘述教學目標讓學生瞭解。

8. 要求學生閱讀教材以瞭解內容。

9. 實施簡短測驗並立即回饋。

10. 大部分教學針對全班而非個別學生。

11. 平均分配學生回答問題的機會。

12. 稱讚學生的成功和努力。

13. 當學生回答錯誤時，重述問題或提供暗示讓學生答對。

14. 在教新教材前，對學過的舊教材作歸納。

另一方面，Biehier和Snowman（1990）特別強調第一次上課的重要性：教師應在第一天上課時展現信心和有備而來。

到一個新班級上課，最初數分鐘的表現對未來的班級秩序有關鍵性的影響，如果恐懼、怯場，以後的秩序就很難維持。因此在上第一節前，老師應事先想清楚自己要做什麼，仔細計畫以確保進行順暢。第一天上課面對全班數十個陌生的學生，許多老師都會感到緊張。這時把注意焦點從全班轉移到個別學生可以減輕焦慮，有效做法是發下卡片，讓學生填寫姓名、地址、電話和嗜好等基本資料。收齊這些卡片可以做為瞭解學生的依

據。總之，不管最初數分鐘做什麼，要讓學生覺得老師具有自信且對所做事情早有準備。

## 二、訂定班規

班規就是在班級裡面，學生參與各項活動時，有關言行舉止，應行遵守的規範。沒有這些規範，班級容易失序，教學活動難以順利進行。通常學生進入一個新班級，面對新的老師時，都會產生不確定的惶恐感覺；班規的訂定，使學生知道老師的要求、期望或行為標準，由此產生安定感，可以專心向學。

訂定班規的時機愈早愈好，開學第一天或第二天就可訂定班規，以後數週則重複提醒，徹底執行。班規的範圍相當廣泛，包括學生在校活動和學習的全部層面，主要可概分為勤奮向學、遵守秩序、維護整潔和待人接物等四方面。例如：上課前備妥必需用品、上課時專心學習、保持教室整潔、和同學和睦相處、及愛惜公物等等。班規要使學生容易遵守，必須注意以下幾點：1.讓學生參與討論訂定，不過老師可以依自己的腹案提出建議或引導；2.規則明確、合理，有益學生學習和身心發展；3.項目不要太多、太瑣細（瑣細的規定乃屬例行活動程序），五到十項即可；4.公布後要貫徹實施，違規者必須督導處理。至於實際班規的訂定和執行，可依循下述步驟：

### (一)討論訂定班規的重要性

引導學生思考為什麼制定全體共同遵守的規則很重要，使學生瞭解班級如同一個社會團體，須有共同遵守的規則，才能發揮功能，大家愉快的生活，有效的學習。

### (二)制定一組規則

鼓勵學生提出所有他們認為重要的規則，教師加以修飾或做適當歸納、補充，然後輔導學生共同討論取捨，討論時協助學生舉出遵守及違反規則的行為實例，並說明行為可能導致的結果。

### ㈢促使學生承諾遵守

規則訂定後，應鄭重宣布，寫成書面，張貼於教室醒目處，同時印發學生每人一張，要求學生確實遵守，其法可責成學生在班規上簽名；必要時可要求學生將班規帶回家讓父母瞭解並簽名，表示願意協助督導子女遵守。不過，在提示班規給家長時，宜附上一封言詞懇切的信，說明訂定這些班規的理由。

### ㈢督導行爲及復習規則

在班規公布初期，教師應時常提示學生遵守，表現合宜行爲；必要時詳加指導，反覆練習，並在行爲後給予立即回饋；對於低年級學生尤須如此。對於行爲違反班規者，第一次提示，第二次鄭重警告，第三次則給予適當懲處。

## 三、安排環境

環境具有潛移默化的功能，適當安排環境可以引導或改變學生的行爲，這就是「境教」。

教室環境首重學生座位安排。教室座位安排應使學生能夠專注於學習活動，因此一般上課聽講，要採用行列式，使全體學生面向老師；分組討論則宜讓學生圍坐，便於互動。但學生圍坐時，因彼此互動增加，且有些位置側對或背對老師，教室秩序較難維持，可藉由分組秩序競賽促成學生自我約束。座位順序按學生身高排列，個子矮的學生坐前面，以免擋住後面學生視線。如採雙座，可以考慮男、女生同座，並盡可能將上課喜歡互動交談的同學分開。

教室內教師的座位，如爲拉近與學生的距離，增加師生間的互動，可置於前面，因爲師生間會有較多的眼神接觸，但這也使得學生可以清楚察覺老師的行動，當老師忙於批改作業時，學生可能趁老師不注意扮鬼臉或逗弄他人。因此，必要時老師可將座位置於學生後面，方便監控全班，也較能專心處理事務。

其次，教室適當的布置，保持美觀與整潔，有助學生提高學習興趣。

教室內學生主要走動路線保持寬敞，不要有物品阻擋，可方便學生順暢移動，不致因推擠或碰撞物品造成混亂。

再者，如學生交作業時排長龍或等待分發學用品的時間太長，都容易發生秩序問題。為縮短時間，老師可以指定班級幹部幫忙收發作業或學用品，也可以使用號碼牌，叫到號碼的學生才出列繳交或領取。

此外，班級內有許多例行事務，如收取各項費用、繳交作業、分發學用品、集合整隊、分配午餐等，也常容易出現混亂場面。對於這些例行事務的處理，教師應訂出清晰的流程，訓練學生依序一步一步進行，做到不須叮嚀，即能秩序井然的按照規定步驟完成。

最後，在有形的環境外，無形的環境——班級氣氛，也很重要。很多研究都發現，充滿溫馨和諧，每一個孩子都被老師接納，同學之間也彼此互相接納的班級，學生的行為問題最少；反之，被冷漠、猜忌、排斥等氣氛籠罩的班級，常常會有爭鬥、搗亂、破壞等各種問題行為出現。要培養溫暖和諧的班級氣氛，首先老師對於每一個學生，不論貧富、美醜、智愚，都要能一視同仁的接納關愛；由於老師並未歧視任何一位學生，同學們也就容易互相接納關懷，最後，每一個學生都會自我接納，覺得在班級內和諧快樂，違規行為自會減少。另外，老師也可以舉辦慶生會，鼓勵同學互致賀卡；更可藉由各種班際競賽，培養全班同學團結一致、榮辱與共的一體感。

**作業活動** .......................................

> 演練班規的訂定：推選一位同學當主席，主持討論，訂定班規。

 ## 支持性的班級秩序管理

支持性的班級秩序管理是在學生有不良行為徵兆時，教師適時運用技巧將學生導入正軌。換言之，學生不當行為將現或乍現，班級秩序略趨

浮動時，教師及時巧妙處理，消弭事端於無形，不使事態擴大，導致班級騷動，即稱為支持性的班級管理。要做好支持性的管理，必須把握許多技巧，以下擇要介紹。

## 一、熟記學生姓名

教師在知道接任班級後，未待開學，即應先行閱讀學生基本資料，熟悉學生姓名、家庭情況及過往表現；必要時還可向先前教過的老師請教，瞭解班上特殊人物，但須避免因此產生先入為主的偏見。開學第一天安排好座位後，即可製作班級座位表，開始認識並記住學生，將姓名和面孔配對。在姓名未熟記前，老師可依座位表指名。如能很快記熟，在學生蠢蠢欲動時立即直呼其名，會使學生感到既驚訝又敬佩，馬上收斂不當行為。

## 二、善用眼神傳達警告或嘉許之意

老師要有自信，不怕與學生眼神接觸。在每一節上課開始時，先以自信關懷的眼神掃過全班學生，然後才開始上課；下課前再以嘉許的眼神很快掃視全班然後下課。上課過程中，眼神可多停留在根據先前瞭解可能分心或違規的一些學生身上。通常學生在做出違規行為或從學習活動撤離前會先看老師一眼，判斷有沒有被老師察覺，若是當學生看老師時，立刻接觸到老師的眼神，他會覺得心虛，不敢造次。如果學生分心前未被老師注意到，因此已出現不當行為，老師可用警告的眼神盯著他，等待他的眼神接觸，必要時提高聲音誘他看老師，待眼神交接時，輕輕搖頭表示不可以這樣做。另一方面，認真專注學習的學生有時也會望一望老師，尋求注意，老師如能及時投以嘉許的眼神，可使學生感到滿足而更加努力。

## 三、善用聲音變化點醒學生

教師上課時，聲音如單調平淡，毫無變化，容易使學生失去興趣。故平時上課即應注意音調高低、速度快慢和聲音大小的變化。在講到重點時，宜減慢速度、提高音量，必要時反覆強調，以加深學生印象。若遇有個別學生不守規矩，則在其動作時，提高講課音量，示意他老師已經察

覺，促其收斂。如果全班有騷動現象，可以突然停止講課，靜默片刻，通常學生會因而警覺，回復安靜。

## 四、運用走動和停駐

教師平時上課，多半站在講臺中央，方便學生注視及必要時使用黑板。但如學生在座位練習或國語課帶領學生朗讀時，宜在行間巡視或移動，若個別學生有問題時，即趨前協助；不守秩序時，則在其旁邊駐留，待其警覺收斂才離開。

## 五、各種肢體語言的配合運用

研究顯示非語言的溝通比語言溝通更能傳達情感，並且當語言溝通和非語言溝通不一致時，人們傾向於相信非語言溝通傳達的訊息。因此在支持性的班級管理方面，善用肢體語言示警或嘉許是很重要的技巧。前述眼神、音調和身體距離都是重要的肢體語言，可以和其他臉部表情及手勢動作等配合使用，如逼近、凝視、皺眉、緊抿嘴唇、搖頭等併用，可以傳達強烈的警告或不同意；微笑、點頭併用則傳達出讚許和同意。

## 六、適時增強

行為主義心理學者認為個體的行為被行為後果所決定，行為帶來愉快的結果，這個行為以後會再出現；反之，如帶來痛苦的結果，這個行為會消失。因此，在學生表現良好行為時，教師應適時給予愉快結果的增強，切忌在學生出現不當行為時誤給增強。然而，有些教師卻正好增強了學生不好的行為而不自知，例如：在學生秩序不好時，講笑話、提早下課或讓學生打躲避球等，教師原意是藉轉換活動回復學生注意力，但結果卻是增強了學生吵鬧的行為。聰明的老師會在學生上課最專注但即將下課時宣布：「這節課同學最認真，現在離下課還有幾分鐘，老師來講一個笑話。」這樣可以增強學生以後上課專注的行為。

## 七、真誠讚賞每一位學生

人都有想獲得讚賞的需求，年紀愈小獲得讚賞的需求愈是強烈。但在一班三、四十個學生中，往往只有少數幾個資質聰慧、成績優異的學生能因課業上的良好表現時常獲得老師的稱讚，其他多數的學生獲得老師讚賞的機會很少，更有少數學生不但根本沒有得到讚賞的機會，反而時常受到斥責和處罰，這些學生的特徵多半是：家境貧困、資質平庸、成績低劣。由於他們再怎麼努力也贏取不到老師的歡心，得不到老師的讚賞，最後往往自暴自棄，出現各種偏差行為，成為破壞班級秩序的主因。因此，聰明又有愛心的老師會盡可能安排各種活動或情境，讓每一個學生都有表現良好行為獲得讚賞的機會，如此可以提高學生自尊，消弭不當行為。

## 八、隨時發問

講述是主要的上課方式，配合適當的問答，能夠強調內容重點，並保持學生的注意力。如果學生容易分心，可以在講解前提醒學生：「講完一段後，老師有幾個問題要問大家」，或說「現在老師提出幾個問題，這些問題的答案聽完老師的講解就能回答，等一下看看哪一個同學能完全答對。」在講解過程中，如遇個別學生分心或不守秩序，可以指名問他「剛剛老師講什麼？」或提出問題問他。問答時，如學生回答不出，可另指一位專心的學生回答，答完後再要求原學生述說一遍，確定其是否已專注聽講。

## 九、分組秩序競賽

如果平時上課秩序不佳或在上某些特定科目（例如自然科）時容易吵鬧，則可在上課前告訴學生「這節課老師要實施秩序競賽，看看哪一組（或哪一排）秩序最好？」宣布後，就在黑板註明組別或拿出預先備妥的表格張貼於黑板一角，若小組成員秩序好時畫○，秩序不好畫×；或秩序不好時不予理會，只在秩序好時畫○，如此做可能較好，因畫×易讓學生難過並指責犯過同學。下課前統計，給予優勝組別讚許，鼓勵落後組別下次努力。

## 十、調整座位

教師在安排座位後，如發現鄰座同學喜歡上課交談，可以將其中一人調離原座位。對於喜歡捉弄他人的同學，必要時則將其安置在正中第一個位置，方便就近監督。

## 十一、機敏豁達，善用幽默

老師如果具有機敏的心智和豁達的胸襟，常可用幽默化解一些難堪的處境，避免造成師生間的緊張或對立。例如：上課時發現黑板上有人畫了老師的肖像，老師可以顯出很感興趣的表情仔細端詳，然後說畫得太好了，下次可不可以畫在紙上送給老師並簽上畫家的大名。如此反應方式比勃然生氣，追查誰這麼大膽敢拿老師開玩笑，更能消弭事端，贏得同學的敬意。

### 作業活動 ..........................................

演練支持性的管理技巧：推選數位同學輪流扮演老師，其他同學扮演學生，表現不守秩序的行為。

 **肆　一般違規行為的處置**

即使預防性班級管理做得再好，仍然會有一些學生在某些時候出現干擾學習的行為。若這類行為在將現或乍現時，未能運用支持性技巧予以消弭，已經趨於明顯，甚至一再出現時，就必須使用方法予以矯正。可行的方法包括：說理、增強、示範、消弱、懲罰等。以下分別加以說明。

## 一、說理

說理就是提出合理的解釋，讓學生瞭解為什麼某些行為不可以做，

某些行為應該去做。例如當學生上課發出怪聲時,老師告訴學生:「不要這樣做,因為這樣做會干擾其他同學,使他們無法專心學習。」這就是說理。但是很多老師只是直截了當的警告學生:「再發出聲音,就不讓你下課。」這是以懲罰作為威脅。說理時心平氣和,威脅時則語氣嚴厲,前者使學生感覺受到尊重,較能誠心改變行為。

針對特定行為的改變,可以有不同的說理方式。例如要求學生不要去玩同學帶來的陶瓷娃娃,可以說:「不要去碰這個玩具娃娃,它很容易打破。」或說:「不要隨便拿別人的東西,因為這不是你的。」前一說法強調物品本身,後一說法提及所有權概念;對於年紀小的孩子,前一說法較有效果。如能說明行為對他人造成的影響,對年紀較大的孩子會較有效果,如:「不要去碰這個玩具,因為這樣做會使玩具所有者不高興。」就比:「不要去碰這個玩具,因為萬一打破了你會很難過」有效。簡言之,說理如能喚起對他人感受的瞭解,通常比只訴諸對當事人自己的影響,更能改變行為。

## 二、增強

增強用在支持性班級管理時是希望學生良好的行為能夠持續,因此在學生專心學習一段時間後,給予稱讚或提供學生所喜歡的活動。增強用在矯正性班級管理時,是針對不當行為的糾正,方法是增強與不當行為相反的正當行為。例如要矯正學生上課隨便講話的行為,可以在其隨便講話時不予理會,而當其安靜聽課時則給予讚許。

一個行為的持續出現,一方面是行為之後帶來某種當事人想要的結果,另方面是有某種先前刺激誘發行為,這就是所謂的「誘發刺激─行為─後果」的連鎖(ABC, Antecedents-Behavior-Consequence)。例如:一個學生每當老師轉頭寫黑板時即扮鬼臉惹來全班哄堂大笑。在這個扮鬼臉的行為中,老師轉頭寫黑板是前置誘發刺激,同學的哄堂大笑則是後果增強。因此老師如欲消除此一扮鬼臉的行為有兩個可行做法,一個是移除誘發刺激,即不再轉頭寫黑板;一個是去掉後果,可以要求同學不予理會,

不可哄笑。如能雙管齊下，同時去掉誘發刺激和後果增強，更能迅速矯正行爲。

　　凡是能增加或維持行爲頻率的東西都是增強物。增強物依性質分，可大致分爲三類：1.物質增強物，如食物、獎品、玩具等；2.社會增強物，如微笑、注意、稱讚等；3.活動增強物，如看故事書、看電視、打躲避球等。教師在增強行爲時可多使用微笑、稱讚等社會性增強物。Premack（1965）提出一個法則：兒童較常自動從事的活動可以作爲兒童較少自動從事的活動之增強物。亦即如果允許兒童在完成較不願從事的活動後，能夠從做較喜歡的活動，則兒童會認眞去做不願自動從事的活動。這個原則教師可以充分運用，例如當學生不專心寫作業時，教師可以宣布：「寫完作業的人可以看故事書」，如此一來，許多學生會收斂玩心，認眞寫作業。

　　在建立一個新行爲的初期，爲了使個體覺察到行爲及其後果的因果關係，最好在行爲表現後立即給予增強物，並且每一次表現該行爲都給予增強物。等到行爲大致建立後，即不一定要每一次給予增強，也可以在行爲表現後一段時間才給予增強。這種由連續增強轉爲間歇增強，由立即增強轉爲延宕增強的安排，可以使建立的行爲較不易消失。

　　行爲建立後，除了減少增強次數外，也可以將較貴重的增強物改爲較簡單的增強物。例如初期以獎品或遊戲作爲增強物，後期可改爲社會性增強物，如注意、微笑或稱讚。

　　有時候不當行爲或不良習慣已經根深蒂固，想要使用增強立刻加以改變不大可能。這時可以將行爲或習慣細分成幾個階段，依難易程度排列組織。開始時只要求學生做一點點改變，即給予增強，慢慢提高要求的程度，循序漸進引導學生達成整個行爲的改變。例如某一學生寫作業時四處遊蕩並捉弄別人，要這個學生立刻改變行爲，安靜寫作業如果做不到，則先要求他能在座位靜坐5分鐘，做到即給予增強，慢慢延長靜坐的時間，才給予增強；最後則靜坐寫完作業才給予增強。這種循序漸進改變行爲的方法稱爲「行爲塑造」（behavior modification）。

　　有時候學生的不當行爲屢勸不改，老師或許可以和學生訂定契約，

在契約上寫明老師希望學生消除或表現的行為，以及做到時可以獲得的獎賞和做不到時必須付出的代價（懲罰），這種做法稱為「後果關聯契約」（contingency contracting）。使用後果關聯契約時，老師須將學生找來面談，告訴他老師希望他改變的行為，及在期限內改變可得到的獎賞，和超過期限未改變將受到的處罰；徵得學生同意後，雙方訂立契約，簡單的可以口頭約定，正式的則寫成書面；教師和學生同時簽名，並各持一份以示信守約定。

## 三、示範

我們的很多行為都是不知不覺的從觀察他人的行為學來的。當然，我們不只觀察他人的行為，我們也注意到他人表現此一行為的後果，如果得到好處或被人稱讚，我們會想表現同樣的行為；如果帶來壞處或遭人譴責，我們較不會去做同樣的行為。教師可以利用此一原理促使學生表現良好的行為，抑制不好的行為。在學術用語上，稱被觀察者為「楷模」（model），安排楷模使觀察者學到楷模的行為，稱為「示範」（modeling）；從觀察者而言，則是模仿或稱「觀察學習」。示範是有力的教學方法，也是有效的行為改變技術。

廣義的示範包括行為表現、語言解說，和兩者的綜合。教師稱讚某一學生的良好行為，可能引發別的學生表現類似行為，此種見賢思齊的現象即是示範；教師懲罰某一學生的不良行為，其他學生不敢表現同樣行為，此種殺雞儆猴的作用也是示範。除了學生之間可能互為楷模產生示範作用外，教師更應成為學生最重要的楷模，如傾聽學生說話、對人禮貌、遇事不慌不忙、遭受批評虛心接受、不輕易動怒、不體罰學生等，都可以對學生產生示範作用。換言之，教師的以身作則是最好的示範，對於培養學生的良好行為有很大作用。

## 四、消弱

行為所以出現，乃因行為之後得到增強，如果去除增強，行為可能減

少甚至消失，這就是消弱。

　　有些不當行為的建立，是由於錯誤增強的結果，因此要除去這些行為，可以使用消弱，讓行為不再得到增強。兒童入學前，在家庭中能夠充分得到父母或家人的注意；入學後，一班數十位學生面對一位老師，學生競相爭取老師的注意；換言之，老師的注意對學生是一種增強。有些學生可以因表現良好而得到老師的注意、微笑，甚至稱讚，因而感到滿足；有些學生無法以良好行為獲得老師注意，可能做出一些不當行為來引起老師注意，如發出怪聲、扮鬼臉、隨便走動、任意插嘴等。老師對這些學生的行為通常以皺眉、斥責，甚至罰站等表示不予認可，但學生覺得已經受到注意，雖然這是消極注意，但對被老師忽略的學生仍具有增強作用。

　　對於這些視引起老師注意為增強的學生，可以使用消弱來去除其不正當行為，即對其企圖引起老師注意的不當行為忽視不予理睬。不過，有時候增強物是來自於同學的注意，儘管老師忽視行為，該行為仍可能因獲得同學的注意而繼續存在。因此打算使用消弱使學生行為不再出現，老師必須徵得同學們的合作，師生一起對希望藉不當行為引起注意的學生，在表現不當行為時不予理會。不過在忽視不當行為的同時，應設法在其表現適當行為時給予注意，使其獲得滿足。

　　藉忽視不理來消弱行為似乎是簡易可行的做法，然而忽視不理對於嚴重破壞秩序的行為或有危險性的行為，顯然不是適當做法。再者，忽視不理也容易使學生誤以為老師默許此一行為，或使學生以為老師知覺遲鈍無法覺察到他的不當行為，因而變本加厲。因此，Tanner（1978）提出使用忽視的四個規準：問題行為為時短暫、不嚴重也不危險、注意處理可能干擾教學、及該學生一向表現良好。如果符合這四個條件，忽視是適合採行的處理方法。

　　為了達成建立良好行為的目的，在忽視不當行為的同時，最好能設法增強與其相反的良好行為。例如希望藉忽視消除學生隨便發言的行為，必須同時增強舉手發言的行為。此外，有些老師視學生上課安靜、守秩序為理所當然，忽視不予增強，一旦學生吵鬧才注意糾正；倒不如在學生安靜聽課時，不時給予嘉許，更有助於教室秩序的維持。

### 五、懲罰

懲罰的目的在抑制甚至消除不良行為。懲罰的基本形式有兩種：給予不愉快的刺激或剝奪愉快的刺激。前者如沒有寫完作業罰站，後者如沒有寫完作業不准下課休息。

很多人反對懲罰，認為懲罰的使用應減至最少。反對的理由如下：1.懲罰是將注意力集中在不好的行為，沒有指出適當的替代行為；2.懲罰只是暫時抑制行為，無法根本消除行為；3.懲罰導致不愉快的情緒，會使受罰者感到恐懼、焦慮、緊張，因而討厭老師、學科，甚至害怕上學；4.懲罰方式，受罰者會加以模仿。

雖然許多人反對懲罰，但懲罰仍廣被使用，原因可能是：1.懲罰對抑制嚴重的破壞行為或危險行為較有效，其他處理方式可能緩不濟急。例如小孩用積木打人，立即抓住他的手是最好的處理方式；2.懲罰具有傳達訊息的作用，能讓受罰者瞭解該行為不當，不可以做；3.即使無法根本消除行為，能抑制行為即已達到懲罰的目的。

在教室管理上，懲罰事實上無法避免。不過，溫和的懲罰比嚴厲的懲罰有效，說明原因而後懲罰比只是懲罰有效，出自愛心的懲罰比發洩憤怒的報復性懲罰有效。

懲罰的種類很多，有些懲罰的負面作用太大，不宜使用，尤其是體罰。研究發現有反社會行為的罪犯，大多在童年曾遭受父母嚴厲的體罰，小時候受到體罰，感到恐懼害怕，長大後則充滿怒氣和怨恨；而體罰者的行為正好成為受罰者攻擊行為的示範，受罰者不知不覺的加以模仿。其次，罰寫作業也不是很好的做法，因為這樣做等於暗示寫作業是不愉快的事情。

此外，因一人犯錯而處罰全班也不合適。老師這樣做可能是希望借助團體壓力來抑制當事學生的不良行為。但其結果是逼使學生選邊站，是支持老師或同情同學，常見的結果是全班同學因無辜受罰而怨恨老師，反而同情起當事同學。即使果真出現老師希望的結果，全班同學指責當事學生，那對當事學生的傷害太大，也不適宜。

　　有效的懲罰往往相當溫和。如老師板起面孔說不可以或搖搖頭，即能使學生放棄不當行為；其次，指出不當行為並說明不可以做的理由，尤其是靠近學生做此表示，也頗有效。稍重的懲罰，可以在下課或放學後把有不當行為的學生留下，給予簡短訓斥然後放學，這招也很有效。

　　另外兩種可行的懲罰是隔離（time out）和反應代價（response cost）。對於在教室內大發雷霆或失去控制的學生，可行的處理方式就是把他送到辦公室冷靜一下，這就是隔離。較輕的隔離則是將干擾上課的學生叫到教室後面，面對牆壁罰站或靜坐。不過，隔離的時間最好不要太長，以免使學生課業跟不上。反應代價則是取消行為不當學生的某些權利，如借書逾期，停止其借書一段時間，打球不守規則，處罰其不准下場打球數分鐘。對於不寫作業學生的處罰，最好的方式是要他利用下課或放學後留下把作業寫完。

　　有人認為懲罰要有效，必須顧及以下幾個原則：1.懲罰使用前應提醒學生，並讓學生瞭解老師不希望使用懲罰，是學生自己的行為在決定會不會受罰；2.不得已而使用懲罰時，應有周詳考慮，避免不由自主的情緒反應；3.懲罰應盡可能溫和簡短，但也要確實使學生感到不愉快以激發學生改變行為；4.懲罰時應同時指出正面的期望或敘述班規，使受罰學生知道該怎麼做。

　　總之，真正有效的懲罰不能使學生產生報復心理，應使學生對自己行為感覺羞愧，使他們瞭解被懲罰的原因是自己行為不當所致。

## 作業活動

　　配合主題壹的作業活動，觀察並記錄教師對於學生有害學習行為的處理方式，並討論有無其他更合適的處理方式。

## 伍 嚴重違規行為的輔導

絕大多數的班級秩序問題都是偶發的、輕微違規行為所造成，這些行為的矯正，運用以行為主義心理學為基礎的行為改變技術，配合說理開導，通常很有效果。但也有少數學生，特別是高年級學生，出現嚴重的行為問題，如偷竊或欺負弱小同學，無論教師如何勸導和懲罰都無法改變，甚至益趨惡化。對於這些少數有嚴重問題行為的學生，或許改採以人本主義心理學為基礎的輔導策略較可能收效。以下簡介Dreikurs的目標導向處理和Glasser的現實治療。

### 一、Dreikurs的目標導向處理

#### ㈠錯誤目標

Dreikurs（1968）認為所有的人都需要存在與歸屬感，我們嘗試各種行為以獲得身分地位和認可。如果經由社會接受的方式得不到認可，就會轉向錯誤的目標，出現反社會行為。同理，學生如果在教室中缺乏地位和人際關係不佳，可能轉而尋求以下四種目標：獲得注意、爭取權力、尋求報復，及表現無能。

教師在處理學生問題行為時，第一步應該分析學生追求的目標是什麼：尋求注意者會破壞秩序引起騷動，但不會公開反擊或挑戰；公開反擊或挑戰是爭取權力者的做法，爭取權力者不會刻意傷害或虐待他人；傷害或虐待他人是尋求報復者的做法；而持續的依賴和要求幫助則可能是表現無能者的行為。

Dreikurs建議教師仔細觀察學生的行為，分析其真正的目標，然後私下解釋給學生瞭解。如果老師不能確定，則向學生求證，例如問學生：「我懷疑你這樣做只是想獲得注意」、「是不是你想宣示沒有人能指揮你」（爭取權力）、「你是否想要報復」、「是不是你要讓我相信你不能做任何事」（表現無能）。

## ㈡處理方式

當老師發現學生行為的目標是在「獲得注意」時，就該忽視所有這類行為，但同時儘量在學生表現好行為時給予注意。當有些行為已經干擾到上課，就不能只是忽視，這時老師可以冷靜的叫學生名字，但不加批判也不責罵，必要時直接面質學生「你要我注意你幾次」。

對於爭取權力者，大多數老師的反應是感覺受到威脅，因此會抵抗或壓制，結果捲入與當事學生的權力爭鬥。可行的做法是放棄使用教師權威，勸導學生合作或賦予他協助班級的責任，如告訴學生：「班上學生似乎都對你很尊敬，你能不能做個好榜樣，使全班更團結合作。」

尋求報復和爭取權力有密切關聯，當權力受挫可能尋求報復，這類學生覺得傷害他人是理所當然。老師很難心平氣和的對待這類學生，但他們卻最需要瞭解和接納。老師應以德報怨和這類學生建立友誼，設法說服他們以良好表現來獲得接納與地位。

表現無能者希望老師認為他無可救藥而放棄不管，老師也往往如此相信並放棄這些學生，老師放棄益發使學生覺得無價值和無能。因此老師不該放棄這些學生，要敏銳的去發現他們偶爾出現的微弱努力，給予鼓勵和支持，重視他們的努力而不計較成敗。

## ㈢邏輯後果

處理學生不良行為，Dreikurs反對任意的懲罰，而主張讓不良行為的後果發生。如此能使學生知道行為和結果的關係，好的行為帶來酬賞，不好的行為則帶來不愉快的後果。如學生破壞學校公物，要求學生修好或賠償；亂丟紙屑要求學生撿起；寫完作業的學生可以休息，沒有寫完作業的下課繼續寫。邏輯後果的運用，老師要將行為與後果之間的邏輯關係說明清楚，要以鎮定而友善的口吻發出指示，要表達對學生的關懷之情，要提供兩、三條行為途徑讓學生選擇，也要拒絕接受任何藉口（邱連煌，民80）。

## 二、Glasser的現實治療

Glasser將其現實治療理論應用到教室管理和學生行為問題的輔導上。他認為學校應該建立一種激勵的學習氣氛，不只是維持良好的師生關係，應盡可能讓學校和教室環境都充滿人性化，愉快、和諧、有團體感、開放的溝通。他相信學生都具有責任感。

在協助學生解決行為問題上，Glasser（1965, 1969）提出數種按部就班的處理方式，而以下列七個步驟的做法最為有效（Jones & Jones, 1990）：

### ㈠對有行為問題的學生表示溫暖接納，投入感情建立個人關係

Glasser認為如果能讓學生確實體會到老師誠摯的關懷，絕大多數的學生都願意檢討及試著改變自己的行為。因此改變學生行為問題的第一步是表現對學生的關懷接納，建立與學生的個人感情。老師可約定時間和學生面談，見面的第一句話可以充滿感情的說：「我很高興你來了，我關心你和你的學習情況。」

### ㈡釐清學生的問題行為

老師可以要求學生敘述自己的行為，促使學生覺察領悟。例如老師問：「告訴我你做了什麼，使小華那麼難過。」假如學生簡短回答：「我不好」或「我錯了」，則要他說明：「怎麼不好」或「為什麼錯了」。如果學生怪罪他人，則告訴他：「先談談你做了什麼。」如果學生否認說：「沒有啊！」則有幾種可能做法，第一種是告訴他：「我不是要責備你，找你麻煩，只是想幫你解決這個問題，我需要知道你做了什麼。」第二種是問學生：「要不要聽聽別人怎麼說」，用誠懇的語氣而非威脅的口吻表示。如果學生情緒激動，意味著他目前有困擾需要時間冷靜思考，此種情形應給予體諒，可表示：「現在談這個問題你似乎很不舒服，休息一下，待會兒我們再談好了。」讓學生有緩衝時間，也有助於問題解決。

### ㈢幫助學生對自己的行為做價值判斷

當學生說出自己的行為後，老師應幫助他判斷這個行為對不對。除非

學生自覺這個行為不對必須改變，否則不可能會有真正的和持久的改進。協助學生做價值判斷時可以問他：「這個行為對你有幫助嗎？對別人有幫助嗎？」當事學生多半會回答：「沒有」，如果答：「有」，再問他：「對你有什麼幫助？對別人有什麼幫助？」假如學生仍然堅持有，我們就直接指出這個行為對他和對別人造成的傷害。另一個協助學生作價值判斷的做法，是要他列舉出這個行為的好處和壞處或得和失。假如學生認為這個行為是可被接受的，我們應直截了當告訴他行為的不良後果。但不管學生如何強詞奪理，老師始終必須心平氣和，就事論事，以不帶威脅的方式協助學生澄清行為的後果。

### ㈣尋找改變行為的辦法

在學生承認行為不對必須改變後，下一步是協助他找出改變行為的可行計畫。老師可以問他：「你已經知道原先的行為不對，能不能想看看有什麼不同的做法。」或：「有沒有需要我或其他人幫助的地方。」假如學生提出一些空泛的回答，如：「我不再這樣做了」或：「我會努力」，這種說詞不能接受，可回答學生：「很高興你想要改進，但是你到底要怎麼做呢？」如果學生一時無法回答，可以給他一段時間思考然後向老師報告。假如學生真的想不出來，老師可以提出幾個建議供他選擇。

### ㈤要求學生承諾依照辦法去做

在確定學生已經瞭解應該怎麼做後，要求學生承諾照辦。老師可以說：「好啊！這似乎是個好辦法，現在我們都瞭解了，你準備好照做了嗎？」或「你認為這是個好辦法，願意試試嗎？」

### ㈥追蹤檢查執行情形

在學生做出承諾後，老師可以和學生約定何時見面以討論進行情況。這個步驟使老師有機會督促學生努力及討論可能遭遇的問題。假如學生已經照做，老師應讚許他的努力。追蹤檢查不須花很多時間，可簡單的問：「做得怎麼樣了」或「有沒有困難」。假如做得很好，除以欣慰的態度表示讚許外，可以問問學生他自己感覺怎麼樣。

(七)如果承諾改變的不良行為仍然持續，不要以消極的方式諷刺或處罰學生，但也不接受任何藉口

一個基本假設是：在積極、支持的環境中，學生會願意負責，願意表現良好的行為。因此學生未照計畫做不應給予懲罰，但也不應接受任何藉口。學生通常會怪罪他人使他沒有辦法做到，老師不接受這個說詞，只是和學生重新討論可行的作法，老師可以說：「讓我們繼續努力吧，我相信你一定可以找到一個行得通的做法。」或說：「我知道有些事情干擾，使你沒有做到，但計畫是你決定的，我們須要重新找出一個可行辦法嗎？」

總之，Glasser的基本觀念是學生能為自己的行為負責，而且應該為自己的行為負責。老師應盡其所能協助學生解決問題，但問題是學生的而不是老師的。

以上敘述Dreikurs和Glasser對於處理學生行為問題的看法，他們都偏向人本主義的觀點，基本上相信人性善，認為給予學生充分尊重，他們自會負起改善行為的責任。然而實際情形是：有時使用教師權力仍有必要，因為學生一直不負責任，因為不良行為對他們似乎深具酬賞，在此情形下，外力督促和有力的強制似乎難以避免。不過，教室管理良好的教師，其處理方式大多願意花較長的時間，協助學生瞭解及解決問題；而教室管理較差的老師則多半使用威脅和懲罰，只求立即有效的控制學生行為（Good & Brophy, 1990）。

## 作業活動

演練Glasser的處理過程：一個學生扮演時常欺負弱小者，另一個學生扮演輔導老師。

**零體罰與正向管教**

民國95年12月27日，《教育基本法》修訂公布，其中第8條第2項規定：「學生之學習權、受教育權、身體自主權及人格發展權，國家應予保障，並使學生不受任何體罰及霸凌行為，造成身心之侵害。」零體罰正式入法，臺灣成為世界第109個禁止體罰的國家。其實禁止體罰早經教育部三令五申，但仍不時傳出教師體罰學生的情事，因此在零體罰正式入法後，隔年教育部即研訂公布「推動校園正向管教工作計畫」，期能根本杜絕教師體罰行為，維護學生身心健康。

## 一、體罰與零體罰

體罰一詞看似具體，但如何界定範圍，卻有不同看法。民國84年在研訂《教師法》時，曾將體罰界定為「暫時性疼痛」，考慮納入教師管教辦法，後因引起許多批評而中止。幸好「暫時性疼痛」並未入法，否則暫時性到底時間多久，恐怕也有爭議。

在前述《教育基本法》納入零體罰規定之後，教師們紛紛要求教育部明確界定體罰定義，以免不小心觸法受罰。教育部訓育委員會的說明是：教師於教學或教育過程中，只要採用讓學生身體疼痛或不舒服的方式，不論是教師施加，像是毆打、鞭打、打耳光、打手心、打臀部等行為，或是教師命令學生自行為之，如交互蹲跳，都算體罰。

但是，有教師就問：罰站、罰勞動服務如掃地或清理廁所、罰抄寫課文等是否也算體罰？另外如罵學生笨蛋、白癡、豬等，是否也屬於體罰。言語上的嘲諷或侮辱雖非體罰，不會帶來身體上的疼痛，但對學生心理的打擊、傷害較諸體罰實有過之而無不及，是屬於霸凌行為，自然也是法所不許。

至於罰勞動、罰抄寫是否體罰姑且不論；但將勞動和抄寫做為處罰手段，顯示的涵義是勞動和抄寫都是不好的，因此成為犯錯的懲罰；傳遞學生這樣的訊息，殊為不妥。至於罰站，如果時間短暫不超過10分鐘，或許可被接受。

## 二、教育部「推動校園正向管教工作計畫」

教育部推動校園正向管教工作計畫，於民國96年6月22日訂定。計畫緣由旨在因應禁止體罰入法，促使教育人員深入瞭解體罰後果，改弦易轍，實施正向管教。以下摘述本計畫直接與中小學教師有關的要點：

### ㈠計畫緣起

雖然體罰可以暫時壓抑兒童的不良行為或導致短暫的服從；但卻會帶來更多的壞處。因此，教育人員應學習瞭解學生各種偏差行為的成因，以及如何管理情緒，並採用其他正向管教方式，以杜絕體罰及其他違法與不當管教所造成的負面影響。

### ㈡推動策略

1. 鼓勵教育人員對於體罰之後果與短中長期影響進行思辨，增加對體罰缺點與負面影響之認識，促使教育人員放棄體罰。

2. 鼓勵教師分享正向輔導管教策略，學習有效的行為改變技術，以及班級經營策略與技巧；並融入班級教學活動中。

3. 強化教育人員對學生各種不聽話、反抗、反社會行為以及兒童與青少年偏差行為之瞭解與處置等輔導知能，並且避免因個人或少數人錯誤而懲罰全體學生。

4. 透過教師成長團體及心理諮商，學習如何察覺與控制生氣或憤怒之情緒，避免教師於盛怒情形下管教學生。

5. 利用週會或學校相關集會，加強宣導正向管教政策，並透過學校日或親職教育活動與家長溝通，建立輔導管教之共識。

6. 協助教育人員處理輔導與管教學生之紛爭。

7. 檢討修訂教師輔導與管教學生辦法及校規，並參照相關法令及學生、家長等之意見，營造友善校園。

8. 協助各班修訂班規。

9. 有關學生服裝儀容之規定，應以舉辦校內公聽會、說明會或進行全校性問卷調查等方式，廣納學生及家長意見，循民主參與程序訂定，以

創造開明、信任之校園文化。

　　10.開設高關懷課程，協助處理校園之中輟及高關懷個案。

　　11.透過舉辦家長日或親職教育活動，對家長宣導正向管教之理念與作法。

　　12.依「友善校園人權指標」建構校園人權環境，並進行自我檢核及檢討策進。

　　13.訂定品德教育之核心價值與具體行為準則，並融入課程或相關活動。

### 三、班級達成零體罰的正向管教策略

　　臺灣在民國76年解除戒嚴之後，教育改革團體紛紛成立，人本教育基金會是其中最活躍的團體之一，其最主要的訴求為廢除體罰和貫徹常態編班。為了實驗推動人本教育，特別成立森林小學。森林小學和其他理念學校如種子親子實驗小學和全人中學等，都不以體罰做為管教手段；班級秩序的維持，強調的是講道理，也就是透過不斷的談話讓學生理解行為的後果，自己改變不好的行為。

　　森林小學的作法是：靠著「說出自己的感覺，體會別人的感受」，來協助孩子自我約束。每次有狀況時，老師只是不帶任何情緒的與孩子們談，聽聽他們的理由，也讓他們想想可能帶來的影響。原則是：誠懇、不設圈套、直接表達看法、並提供孩子足夠的安全感。

　　種子親子實驗小學強調：孩子自發性的成長來自成人深刻的信任和支持。教師絕對不可以體罰學生、辱罵學生，或以威脅、恐嚇、利誘等引起學生身心痛苦的方式，做為教育手段。為了維持課堂秩序，老師們天天都在談話，和孩子談，和家長談，和同事談，也和自己談（反省）；不採取任何人為的恐嚇手段，希望讓孩子在自然產生的經驗中學習。

　　理念學校以懇談的方式，讓學生瞭解不當行為對他人和自己所造成的傷害，從而改變自己行為，是相當耗神費時的作法，也未必會有效果；因此在班級人數較多的一般學校，教師通常沒有耐心使用。根本之道在於讓

學生不會出現不當行為或至少將不當行為降到最低，以減少處理的心力。

柏登（P. R. Burden, 2003）提出的塑造一個合作、負責的班級之作法，應有助於此一目標的達成，要點如下：

### ㈠建立積極的師生關係

覺得被老師喜歡的學生比覺得不被關心的學生，會有較佳的課堂行為和學業成績，因此良好的師生關係是正向管教的基礎。建立良好師生關係的策略包括：1.人際關係技巧，教師應展現羅傑斯（C. Rogers）強調的態度三原則：真誠、無條件的積極關懷、同理心。2.有效的溝通技巧，心平氣和的敘述，不帶批判語氣，專注的傾聽並真誠回應。3.公正、公平對待每一位學生。4.提供每一位學生成功的機會。

### ㈡提升學生的自尊

自尊的學生較不會出現不當行為；因自卑而自暴自棄的學生則時常表現各種不當行為。提升學生自尊的策略包括：1.協助學生覺得自己有能力：容許學生犯錯，幫忙改正錯誤，讓學生看到自己的進步，增加對成功的信心。2.幫助學生與同儕互動：接納每一位學生的個人特質，欣賞他的作為，表達對同學互助合作的喜悅。3.協助學生對班級做出貢獻：可行作法包括鼓勵幫助同學、協助老師日常事務、代表班級參加校內外競賽等。

### ㈢塑造團體凝聚力

團體凝聚力出於對班級的認同，可以使學生愛護班級，不忍做出傷害班級的行為。促進班級凝聚力的可行作法包括：1.激發全班同甘共苦的一體感。2.發展班級目標，包括課業表現、校內競賽成績等目標。3.安排各種合作學習活動。4.設計公開的班級象徵，如班徽、班服、班刊等。

### ㈣協助學生表現負責任的行為

設法使學生瞭解並遵守班規和各種程序，自我約束，表現負責任的行為。方法包括：1.說明班規、各種事務處理程序和期望的行為。2.教導學生自我覺察不當行為，告訴學生在表現行為前自問「這樣做好嗎？」同時指導學生憤怒時緩和情緒的方法，如深呼吸。

### ㈤增強適當的行爲

不要在學生出現不當行爲時才給予責備和懲罰，應該在學生有良好表現當下及時給予增強，如此一來，適當行爲可以取代不當行爲。適時的微笑、點頭、口頭讚許就能激勵學生繼續表現良好的行爲；另如在學生專注完成作業之後，給予看故事書或玩球的權力，也是有效的增強方法。

**作業活動** .........................................

討論體罰的利弊和各種正向管教的方法。

# 參考文獻

人本教育基金會（1993）。森林小學綠皮書。臺北：書泉。

朱文雄（1992）。班級經營。高雄：復文。

邱連煌（1991）。邏輯後果管教法（下）。國教天地12月號，頁17-32。

張秀敏（民1991）。給國小初任教師教室管理的建議。國教天地12月號，頁27-32。

雷夫‧艾斯奎（2008）。第56號教室的奇蹟。臺北：高寶國際。

Biehler, R. F. & Snowman, J. (1990). Psychology applied to teaching. Boston: Houghton Mifflin.

Brophy, J. & Evertson, C. (1978). Context variables in teaching. Educational Psychologist, 12, 310-316.

Burden, P. R. (2003).Classroom management-Creating a successful learning community.New York: John Wiley & Sons.

Doyle, W. (1986). Classroom organization and management. In M. C. Wittrock.

Dreikurs, R. (1968). Psychology in the classroom. New York: Harper & Row.

Glasser, W. (1965). Reality theraphy: A new approach to psychiatry. New York: Harper & Row.

Glasser, W. (1969). School without failure. New York: Harper & Row.

Good, T. & Brophy, J E. (1990). Educational Psythology: A realistic approach. New York: Longman.

Jones, V. & Jones, F. (1990). Classroom management: motivating and managing students. Boston: Allyn and Bacon.

Kounin, J. (1970). Discipline and group management in classrooms. New York: Holt, Rinehart and Winston.

Stallings, J. (1980). Allocated academic learning time revisited, or beyond time on task. Educational Researcher, 9, 11-16.

Tanner, L. (1978). Classroom discipline for effective teaching and learning. New York: Holt, Reinehart and Winston.

曾榮華

# 第九章

# 親師溝通與合作

　　所謂溝通，係指人與人間傳達情感、訊息、意見或事實，以產生相互瞭解，一致行動的歷程。處於今日社會，變遷迅速，家庭結構改變，生活競爭激烈，不僅加深彼此互動的難度，也使得雙方的互解不斷增加，如何建立共識，強化溝通，是極重要的課題。

　　教師是教育事業的主體，對班上的學生，所具有的是教育的熱忱和方法，而父母對孩子的愛雖然無可置疑，但有時難免缺乏適當的方法。因此，教師和家長若能建立「合夥事業」，藉著溝通，不但能瞭解孩子在學校與家庭行為的一致性，親師間也可彼此當作鏡子，一同引導孩子向上、向善。

　　近年來，由於相關教育法規的修訂，不管是課程或教學成果的評鑑都需要家長的協助，基於教育功能的全力發揮與教育目標的徹底落實，親師溝通與合作實有其必要性。然而，教師和家長在教養上所持有的觀點和立場是有些差異。教師是比較客觀理性地從橫切面來看學生，知道學生現在的發展狀況，該生在團體中的地位，並且企圖尋求一個最好的方法來教導所有孩子。但家長卻是比較主觀感性地從縱貫面來看待孩子，因為他們知道孩子的過去種種、關心該生的成長和需求，希望注重個別差異、個別化教學（黃怡雯，2006）。親師知道雙方觀點和立場有所不同，才容易在溝通過程具有同理心，而使溝通達成效果。

##  親師溝通合作的基礎

　　親師合作溝通的基礎，可以從「法理」、和「學理」二個不同角度來加以說明：

### 一、法理基礎

　　親師溝通的法理基礎是建立在父母的教育權上。所謂父母之教育權，是指父母對子女，有教育之權利與義務（謝瑞智，1992）。在中小學生學習過程中，學生身心發展未臻成熟，無法單獨主張學習權利，其學習權自應由學生父母協助或代為主張和執行。因此《民法》第1084條明文：「父

母對未成年子女，有保護及教養之權利義務。」

　　而在《教育基本法》中具體賦予家長參與學校事務的職責，如教育基本法第2條：「人民爲教育權之主體……爲實現前項教育目的，國家、教育機構、教師、父母應負協助之責任。」同法第8條：「……國民教育階段內，家長負有輔導子女之責任；並得爲其子女之最佳福祉，依法律選擇受教育之方式、內容及參與學校教育事務之權利……」《國民教育法》第20條之2也具體規定：「國民教育階段內，家長爲維護其子女之權益，應相對承擔輔導子女及參與家長會之責任，並爲保障學生學習權及人格權，有參與教育事務之權利……」

　　教育部依據《教育基本法》及《國民教育法》之規定，於2006年發布《國民教育階段家長參與學校教育事務辦法》共11條，辦法中清楚說明家長得參與學校教育事務，同時與學校及教師共同合作。凡此，皆爲親師合作提供了法理基礎。

## 二、學理基礎

　　在教師教育權的論點中，父母將其對子女的教育權託付給教師，由教師對其子女之學習，自由實施教育之權利。教師在學校中扮演有如父母的角色，指導學生學習，爲免教師將父母教育權誤用，老師應有針對父母在對其子女之學習權以及教育權上的主張進行瞭解；此外，父母也應瞭解教師教育哲學理念、教學與班級管理方式、以扮演「家庭教師」角色，分擔執行許多學校教師的工作，親師密切配合，才能使學生學習獲得最佳的效果。

　　從心理學的觀點而言，學生在受教育的過程中，父母及教師是非常重要的影響人物。當學生知覺家長和教師步調一致時，學習過程中就不會產生該聽誰的混淆心態；若教師與學生父母親能形成共識，積極協助學生身心發展與各種學習活動時，學生的心理狀態會更健康，心理知覺會更正向，投入學習的動機也會更強烈。

　　而從有效教學的觀點探究，良好的親師合作則是有效教學的助力，教

師與父母間良好的溝通及有效的伙伴關係，將使學生有較高的學習成就，獲得最大效益（Borich, 2007）。

**作業活動** ....................................

　寫一封給家長的信，說明教師的教學信念、管教與輔導學生方式，以及希望家長配合之事項。

 親師溝通的原則與技巧

　　教師與家長是教育的合夥人，合夥人之間如果彼此有共同的目標和看法，合作無間，溝通無礙，相信教育事業將更蓬勃發展，直接受益的當然是國家未來的菁英。而要進行有效的親師溝通，首先應瞭解家長對於學校教育所抱持的認知與態度類型；其次則是瞭解親師溝通過程中會有何種障礙？最後則是瞭解有效溝通的原則與技巧。

## 一、家長關心教育的類型

　　家長可能因其個人求學經驗、生活經驗、教育訓練、期望、社經背景、環境和其他因素，而對教師或學校教育抱持特有的態度。教師若能瞭解不同類型的家長對於學校教育的關心程度，在跟家長接觸時，就比較能有效掌控溝通時應注意的原則與技巧。

　　依據家長對於學校教育的關心以及合作程度，一般可以將家長分成四大類型（張民杰，2011；Williams, Alley, & Henson, 1999）：

　　1. **積極型**：這類家長高度關心學校教育，又有與教師高度合作的意願。教師可以請這類家長協助教學，以及參與學校教育事務和班務，例如協助規劃戶外教學、參與學校家長會……等。

　　2. **嚴苛型**：此類家長高度關心學校教育，卻對於老師提出的配合事項抱持低度合作意願。此類家長關心學校對其子女的教育，但對於學校或

教師的理念或作法，常會有不同的意見，甚至希望教師能多照顧自己的子女，進而干擾教師的教學，這類家長又稱為「怪獸家長」或「直昇機家長」，是教師最需要花時間去經營以及說明與溝通的對象。

3. 冷漠型：這類家長對於子女教育幾乎毫不關心、也不合作，家庭教育所能發揮的功能有限，通常有這樣的家長，也讓孩子處於高風險家庭的機率變高。教師很難跟這樣家長建立關係，雖然這些家長不會對學校教育有意見，但萬一學生在學校學習有出狀況，也得不到家庭的協助。

4. 放手型：這種類型的家長屬於高度與教師合作，但對於學校教育關心程度較低，也就是把教育子女的相關工作完全放手讓學校和教師來處理，對於學校需要配合的事項，他們也會抱持正面高度合作的態度予以配合。然而他們會有較低的關心，有可能是其教育程度以及工作因素所造成。對於這樣的家長，教師應思考提升他們的教養知能，例如可以在聯絡簿上提供一些教養觀念的文章，或通知相關親職教育活動的訊息，使家長有能力關心學校，而不要演變成冷漠型的家長。

## 二、影響親師溝通的障礙

教師在瞭解不同的家長類型後，在進行親師溝的過程中，還是會存著一些問題與困擾，而這些障礙常導致親師之間的關係形同水火，茲分析如下：

### ㈠過度的「親情」作祟

普天下父母都視自己兒女為寶貝，當孩子受到別人肯定或讚美時，內心真是充滿得意與滿足。相反的，一旦有人在面前數落孩子的不是，那真是「說什麼也不相信，我的寶貝孩子會如此。」因此每當教師與家長進行談話時，將準備好的資料——包括孩子在校的種種不當行為記錄，一五一十的稟告家長，並以為是十分盡責時，卻換來家長冷漠的態度。這種過度「親情」的作祟，使家長敏感的以為教師有意興師問罪。「養子不教誰之過」，在一時缺乏明辨是非時，家長與老師的溝通就成了困擾。

### ㈡家長主觀的防衛作用

初任教師或年紀輕娃娃臉及外表可愛的教師們，最常感困擾的莫過於家長主觀的防衛作用。大部分家長以為這些老師是「罩不住那班級」是「比不上資深老師厚重」，對老師起了防衛心，言辭中常提到「以前教我孩子的老師很好，很會教，今年孩子的學習好像不太好……等等。」如此一來，令老師大受委屈又如何談溝通呢？

### ㈢父母管教態度不一致

由學校老師與家長對話中，有時候可以發覺孩子的父母管教態度相當的不一致，就像是母親說：「老師，小華的身體不太好，凡事請多包容，若過於勞累又病倒，會把我急死的。」而父親說：「小孩子就是要嚴加管教，多給予磨練，若現在不管，以後就管不來了。」父母管教態度的不一致，最容易使子女無所適從，甚至於身心失衡；當然更棘手的是，老師真的不知如何與父母繼續溝通了。

### ㈣親師皆缺乏同理心

有「同理心」的人，能設身處地為人著想，這也是一種共鳴性的瞭解。當孩子決定要從事一種活動時，家長如果與老師都缺乏同理心，彼此的衝突必然是增加。最明顯的例子莫過於看電視與追求偶像，熱門的電視廣告或影集是孩子們間常有的談話題目，如航海王、火影忍者、海綿寶寶等；對偶像的瘋狂，更是時下多數孩子流行的活動。家長如果認為只有念書最重要，其他活動全都禁止，孩子無法與同學有共同討論的話題，心裡可能難過，必然會引起反彈，影響親情的維繫。而教師應有基本的專業素養，適時站在家長與學生立場來看問題，更是必要的。

## 三、有效溝通的原則與技巧

雖然親師溝通間可能存在著些許的障礙，然而為了下一代的教育，我們必須探索溝通的技巧，以達雙贏的效果。大原則性的溝通技巧如下：

### (一)消極方面

#### 1. 切勿感情用事

老師若一直告狀，家長可能會一味防衛，無法越過中間的鴻溝，事情將更見棘手，因此應避免感情用事，產生太多情緒化用詞。

#### 2. 不要搶先說話

先讓家長表達內心的困擾與不滿，如此才能掌握事情狀況，較能取得家長認同。

#### 3. 避免強詞奪理

溝通重在語氣緩和，不可為了面子與家長爭辯不休，使家長惱羞成怒，而拒絕溝通。

#### 4. 毋須急於一時

妄想一步改善學生態度，實為不易，過於求好心切常使老師徒增困擾。

### (二)積極方面

#### 1. 充分的準備

任何溝通行動前都應有充分準備，包括溝通名稱、目的、內容與途徑。如果是書面溝通，要留意文詞達意，口頭溝通要掌握語意，事先設計表達順序與回答的資訊。

#### 2. 安排適當的溝通情境

親師溝通儘量避免在孩子面前或在辦公室進行，以免有時為顧及面子而有過度情緒激烈的反應。校內無特定溝通場所時，只有借用校長室或輔導室。

#### 3. 設身處地並尊重對方

當家長訴說孩子的不是時，老師必須設身處地，站在家長的角度看問題；如果能重視家長與學生人格尊嚴，更可增加家長對教師的信任，溝通將更為順暢。

#### 4. 態度誠懇且目標明確

聰明機智的老師會用心研究班上問題，與家長尚未充分熟悉時，不要說孩子的缺點，逐漸信任後，再以誠懇的態度、明確的目標，請家長配合

與協助。

### 5. 共訂契約力求言行一致

與家長溝通，共同處理學生問題時，應彼此訂好契約，家長在家該做什麼，老師在校該做什麼，注意言行一致，溝通才眞正有效。

親師溝通可以解決師生間或學校與家長間若干問題，只要我們本著誠心、愛心和耐心，瞭解對方，尊重對方，相信在和諧理性的氣氛下，會有良好的溝通效果。

## 四、親師溝通的實務作為

教師若能充分瞭解親師溝通的障礙因素，針對個別障礙因素掌握有效親師溝通技巧與原則，相信必能提升親師和諧互助的關係。以下提供教師在進行親師溝通時的具體作法：

### ㈠一般性的親師溝通方式

#### 1. 家庭聯絡簿

透過親師手冊或家庭聯絡簿，教師可叮嚀學生記下每日交代的家庭作業項目，並聯絡家長配合督導，內容與格式的設計，可依學生需要而定。

#### 2. 家庭訪視

每一學期至少安排一次家庭訪視，尤其是現在臺灣社會貧富差距較大，學生家庭的狀況需要教師經由家庭生活的直接瞭解，較易掌握輔導的方向。

#### 3. 信函聯繫

藉由書信往返，可以表達彼此更多的看法，由書面資料，可知具有時空的保存價值。特別是一位新上任的教師，如果先發出一封懇切的信函主動與家長溝通，那份「誠意」不僅會降低家長主觀的防衛作用，更使家長「樂意」配合。

#### 4. 電話或網路通訊軟體聯繫

教師必須擁有全班學生家長的電話，或可利用時下流行的通訊軟體，例如Line等建立聯絡網，俾使立即發生的問題，能作最快的聯繫與處理；也能透過電話及網路通訊軟體，作意見的溝通。惟溝通必須注意：(1)瞭

解學生家長的作息時間，不要太晚打擾；(2)先寒暄再談重點；(3)談話時間不宜過久；(4)請家長轉達孩子「老師打電話來關心」，而不是「老師打小報告」，以發揮親師溝通最基本的功能。

### 5. 出版班刊

定期出版班刊，可傳達老師的意見、班務近況，及學生的學習成果等，是家長與老師間最好的橋梁。處於資訊發達，電腦文書處理快速的年代，如能經由家長協助，班刊製作已不再是極為困難的工作。

### 6. 建置班網

教師可以利用優學網建置自己的班級網站，可以隨時提供學生在校學習的成果與照片讓家長瞭解；也能立即提供一些學校活動通知讓家長知道。藉由班網也能增加親師之間無法藉由電話聯繫互動時的另一種溝通管道。

## (二)特定性的親師溝通方式

### 1. 家長日

一般依正常作業來說，開學日與校慶日，都可算是家長日，藉由這些特定日子，學校可聯繫家長，一同關心校務，並且認識班級老師，以進行初步的溝通。

### 2. 班親會

由級任老師透過團體性會議，先提出學校特色，使家長以孩子就讀本校為榮；其次，說明本班優點與急需家長配合和改進處；隨後，讓家長提問，勉勵彼此交流管教子女的看法；最後，再由教師統整歸納，加強教育的理念。團體會議後，可進一步給予需要個別溝通的家長，協助處理解決較特殊孩子的問題。

### 3. 配合時機的溝通策略

**(1)接新班時**：教師可運用口頭溝通，簡介自己並說明對學生的期待；其次運用文宣書面資料讓學生帶回，使家長瞭解教師的學經歷、本班的經營方向，及需要家長配合事項等。

**(2)成績考查前後**：配合學生個別差異，成績考查前一封叮嚀信或一

通電話，考查後的結果告知或一封勉勵信，都是必要的親師溝通，不僅有助於學生的學習，更能增進家長的信賴。

(3)**連續假期時**：以書面溝通，提供假期中校內外有益的活動，以促進親子關係，並提醒家長注意學生生活與安全注意事項，最重要的是假期起迄日期與作業目標，請家長配合支持等事項。

(4)**學期結束時**：可以採取多元溝通方式，以電話、書面，或以感恩活動，針對特別熱心或提供學生具體支援的家長，表達特別的感謝之意。當然，報告一學期來學生的學習狀況，以積極與期待的話語，多鼓勵學生是最重要的。

親師溝通，並沒有一種放諸四海皆準的策略，只是雙方有誠意、有共識，每位教師可以選擇適合自己個性，且配合家長特質的策略，相信在攜手合作下，共同為下一代的教育努力，充分發揮教育功效，應是指日可待的。

---

**案例討論一**

班上有一個叫偉偉的小男生，偉偉常常坐不住，很好動，這天偉偉正在跟老師說話，偉偉跟老師說：老師你看我，隨即馬上表演轉圈圈給老師看，在老師都還沒反應過來時，偉偉因為馬上旋轉繞一圈，一沒站穩，隨即嘴巴便立刻撞到了地板，一直流血，老師當下嚇壞了！趕緊做緊急處理，並在第一時間通知家長。

家長趕到了學校第一時間沒搞清楚由來，便當著老師的臉大罵，妳是怎麼顧小孩的，身為一位老師連小朋友最基本的安全也顧不好，憑什麼當老師，且妳班上的孩子也不多，才20位而已，這樣都照顧不好，真不曉得妳為什麼能當老師。

隨後家長帶孩子送醫時，在嘴巴部分縫了5針，家長非常在意，覺得孩子臉上本來都好好的，如今卻〈破相〉了！即使知道了孩子發生的過程，但還是認為都是老師的責任，如果老師及時制止，就不至於這樣了！

請問上述的個案，您覺得哪裡出了問題，該如何解決呢？

案例討論二

「我班上有一個學生家長，三天兩頭有事沒事就打電話給我，要不然就是直接來我辦公室找我談，講的又都是些很瑣碎的事情，譬如課本習作需不需要包書套啦、他小孩晚上睡不著要怎麼辦啦、他小孩子在學校都不喝水啦……真是不勝其擾。」

請問上述的個案，您覺得哪裡出了問題，該如何解決呢？

 ## 親師合作的原則與方式

在資訊不發達的社會中，學校是一個封閉的空間，教師具有權威的主要教育權，是學生習得知識的唯一管道。然而社會的快速變遷及時代的進步，學生求知的管道與方式愈來愈多元，僵化的教學模式不再滿足學生的需求，為了促進教育的進步、發展與開放，以適應變動的未來，因此教師如何引導家長共同合作，結合家長的共識與參與力量是迫切需要的。

### 一、親師合作的困境

近年來，親師合作是改革教育中極重要的指標，然而目前各級學校中「家長會」的主要功能，一直停留在財力支援上，對課程內容、教材教法、學校行政大都採消極的支持。各校推展的志工制度，雖有成效，但也停留在交通導護、愛心服務的層面，參與的家長仍是有限的少數。仔細探究親師合作的困境，可能原因如下（Weinstein, 2003）：

#### (一)家長擔心能力不足

自認能力不足的家長，唯恐無法達到學校要求，提供必要的支援，反造成內心的困擾，因此只是採取消極附和的方式。

### ㈡家長參與意願不高

非不能也，實不為也。基於社會功利導向影響，對無給薪的純義務之服務工作了無興趣，認為教育工作應由學校負全責。

### ㈢家長協助時間有限

處於今日工商業社會，大多數的父母忙於謀利營生，連晚上陪孩子的時間都沒有，更何況白天到學校參與教學活動。

### ㈣家長扭曲「合作」的意義

部分家長為自身利益，認為「合作」是老師必須完全接受家長的意見，包括不合理要求，因此給學校帶來相當的困擾。

### ㈤教師專業權威心理作祟

部分教師拒絕接受家長對學校教育有參與的權利任，或是個性不開放的老師，擔心親師合作後，可能影響其專業權威，因此抗拒家長參與。

## 二、親師合作困境的解決途徑

儘管親師合作有上述的困境，但學校與教師仍應積極鼓勵家長參與教育孩子的事務，不能只坐等家長上門，應極力排除萬難，從下列途徑去努力，以解決困境：

### ㈠溝通時胸襟宜開放

教師如果能以開放的襟懷接納家長的參與，充分肯定「親師合作」的價值，必能協助兒童過快樂充實的生活。

### ㈡建立教育反省與改革的共識

教師應體認親師合作的時代意義，並充分瞭解家長「教育參與權」的時代趨勢，建立彼此的共識，為兒童謀求更有利的教育情境。

### ㈢成立制度應採漸進式

任何新觀念新方式的導入，必須循序漸進，不可能一蹴即成。透過班親會的召開，可以率先傳達親師合作之理念，再進一步藉由分工達全面

之功能。例如將家長分為「親職教育組」協助辦理愛心家長之成長團體；「圖書設備組」協助辦理圖書教具之登記與借還；「交通導護組」協助路口定時定點站崗；「校園安全組」協助定時巡視校園；「課業維護組」協助低成就學生輔導；「資源回收組」協助每週定期回收資源；「綠化美化組」協助校園規劃設計與美化。

### 四設置可行的輪流表

「親師合作」立意甚佳，為擴大家長參與面，開學時可以經由家長興趣調查表，瞭解家長的專長，鼓勵參與各種組別，並分別建立可行的輪流表，以減輕家長的時間負擔。

### 五行政單位適時支援

由行政單位主動參與並關心親師活動，適時給予肯定與鼓勵，將是教師與家長最大的精神支援。

### 六成立「親師聯誼中心」

在學校人性化經營的理念下，應適當的布置親師聯誼中心。不僅方便親師於溫馨的場所中進行溝通，更使參與親師合作的家長有空間聚會，分享經驗，並建立歸屬感。

### 七展現學校特色

利用校慶或節日，學校時常展現經營成果，將會獲取家長認同及支持，成為家長參與教育的誘因。

## 三、親師合作的實務作為

受時代社會變遷之影響，人們必須處處學習、時時學習、事事學習，以迎合民主的、自由的、開放的社會。教育工作不再只是教師的責任與專利，要有計畫的再教育父母，讓父母參與教育孩子的行列。傳統僵化的教育模式，已無法滿足資訊發達知識暴增的時代需要，經由充分且有效的溝通，化阻力為助力，使學校從封閉、僵化的教學系統逐漸轉化為開放、靈活的學習系統。面對二十一世紀的教育，世界先進國家無不把親師合作列

為最重要的教育政策，期能使兒童的學習透過師生互動，親子偕同中，獲得更快樂、更自由、更高品質的教學成效。下列具體的親師合作可提供參考：

### (一)在生活教育方面

#### 1. 協助日常生活禮儀指導及品德教育推動

教師可以利用晨光活動時間，請家長協助學生日常生活禮儀的指導，以及利用說故事或是團體活動推動品德教育，除可讓家長瞭解學校生活教育內容，也可間接提升親子感情。

#### 2. 協助交通服務

「馬路如虎口」，面對交通擁擠的路口，大批兒童的上、下學成為學校老師極大的壓力。透過家長組隊，分布於學校四周或附近的交通要道，最直接的服務學童，是親師合作最佳之典範。

### (二)在學習輔導方面

#### 1. 協助早自習活動

在級任教師尚未抵達教室，或參加晨會的早自習時間，安排數學或語文遊戲，經由家長輪流協助，可以使學生得到良好的照顧，也能增加學習興趣。

#### 2. 協助教室布置

為了滿足小朋友的好奇心與探索欲，應時常配合時令或單元更換教室布置，能經由家長協助，共同經營一個多元化的環境理想，藉以促進學習。

#### 3. 協助教學資料蒐集與圖書整理

為了使學生受益，從事於各行各業的家長，如果發現有良好的教學資料，可提供教師參考；也可捐出家中已閱讀過之圖書，並進一步協助修補整理，如此可豐富班級圖書庫，經由學生相互借閱交流中，更助長了孩子的新知。

#### 4. 共同策劃教學活動與製作教具

「戲法人人會變，各有巧妙不同。」許多家長的「點子」不僅創新又

能迎合孩子的需要，可協助老師策劃教學活動，準備教具及實驗器材等。

### 5. 協助出版班刊

由於電腦資訊的快速與普及，有助於文書刊物的處理。如果能借重家長的能力，先由教師構思與編輯後，再交予家長輸入印出，相信班刊不難呈現，此亦是親師溝通中最直接的方式。

## 三在校外活動方面

### 1. 支援戶外教學

走出教室，迎向大自然，是許多孩子的渴望。戶外教學帶來了無窮的新鮮感與樂趣，所有交通、安全、餐飲等問題，更有賴於家長的支援，使孩子能快快樂樂出門，平平安安回家。

### 2. 辦理社區活動

運用社區學習資源，配合學區鄉土及文化背景，家長可協助學校辦理社區活動，使學校與社區結合，讓學校成為社區精神文化堡壘。

教育是百年大計，絕非老師孤軍奮鬥可達功效，如何與家長相互合作，彼此切磋，共同成長，使教育觀念落實而持久，是相當值得深究的課題。然而教學本來就是老師的職責，教室如同老師的城堡，家長又沒有受過專業訓練，有可能走進老師的教學活動嗎？事實是肯定的。因為不能否認唯有在親師合作與親師互動過程中，孩子們才有可能獲得適性教育，也才能培養適應社會環境的能力，建立正確的價值觀念。家長走入教學中，所給予的任何協助，都足以帶動孩子們日後回饋社會的情懷，相信在「親、師、生」三者活潑的互動中，高水準的教育品質將展現無疑。

### 作業活動 ................................................

　　設計一張家長人力資源調查表及服務意願調查表，對班上學生家長進行人力資源及服務意願調查。

## 肆　班親會的成立與運作

　　班親會成立的目的是讓老師和家長能針對孩子的學習狀況進行意見交流，同時也有助於教師的班級教學活動的實施。以下針對班親會的運作實務以及班親會召開的小祕訣，說明如下：

### 一、班親會的運作實務

　　為利於班親會的組成與召開，讓班親會成為教師與家長合作的平臺，教師可以考慮依照以下的程序，進行班親會的組織與運作（林進財，2005）：

#### ㈠事先瞭解班級學生家長的基本資料
　　教師經由事先瞭解家長的基本資料，可以大概得知學生家長的社經狀況，以及可以積極參與班親會的程度，有助於班親會的分工與活動辦理。

#### ㈡瞭解班親會相關規章
　　教師應先熟悉班親會的運作與功能，然後才能利用班親會召開的時間向班級家長詳細說明，以避免家長對於班親會功能的誤解，而產生班親會、家長會就是有錢、有閒的家長才能參與。如果有需要，教師可以先將班親會相關資料寄給家長做參考。

#### ㈢發開會通知單
　　教師可以設計一份溫馨的開會通知單，請學生回家轉達。在通知單發出之後，教師也可以考慮用電話、簡訊、或各種形式通知家長，全力邀請家長出席。

#### ㈣預想家長可能提出的問題及應對方式
　　教師宜預先構想家長可能會於班親會中提出的問題，並擬定腹案，以便做最適當的臨機處理；同時也可以先模擬可能情境的應變方式，例如萬一家長反映不熱烈時，教師宜設法轉化主題及方式來激發家長參與。

### ㈤布置會場

教師應配合班親會召開的內容，將會場加以規劃與布置，甚至可以讓家長一起參與。因為溫馨環境的布置與營造，除了可以讓班親會的召開順利，同時也可以讓家長感受到教師的用心。

### ㈥進行工作分配

教師應事先瞭解學校規定需要家長配合事項，以及教師經營班級需要家長協助之處，然後利用班親會，請家長組成工作小組，讓家長自由相互推選。在進行工作分配前，教師應該向家長說明班親會內各個工作小組的任務與工作內容，而各組人員的編派，教師可以進行協助，考量家長的職業背景以及擔任工作的意願，讓每位家長都可以為班級事務貢獻心力。

### ㈦舉辦各項家長成長活動

班親會成立之後，教師可以指導家長辦理各項成長活動，例如讀書會、聯誼會、校外參訪、志工訓練服務……等，活動的舉辦可以不限於校內，透過活動的進行，增進家長與教師之間的感情。

## 二、有效、溫馨的班親會召開秘訣

班親會的舉行可以是充滿溫暖感動與學習情境的聚會。老師可以進行一些創意的設計，安排一些親子互動的小活動，讓家長願意積極參與班親會的活動，分享一些充滿溫馨效果的祕訣（蘇明進，2011）。

### ㈠舉辦學生的學習成果展

在等待所有家長參加班親會親師座談會前，可以請已經抵達的家長們，先在教室裡欣賞孩子的學習成果展。學生的學習成果展示，除了由教師規劃外，也可以請學生自行來布置屬於他們的學習成果區。

這樣的規劃是有其用意的：1.由學生自己選擇呈現的內容，訓練其自主學習的能力；2.讓學生能有展現自我學習成果的舞臺；3.可讓平時認真完成作業的孩子，得到旁人的肯定與增強；4.相互觀摩之餘，可以刺激做作業較不認真的孩子，明白自己不足之處；5.讓學生與家長互動，增進

親子關係；6.家長在參觀的同時，也可思考自己管教輔導自己孩子時的盲點，有助於敦促孩子在家中的學習。

此外，家長也可以藉由學生學習成果的展現，相互詢問彼此如何指導與教養孩子，促成家長之間的交流與互動。讓班親會不僅是教師與家長之間的互動平臺，也能成爲家長與家長之間的分享場所。

### ㈡請學生寫一封信給自己的爸媽

教師可以先請學生寫信給參加親師座談會的爸媽，給參與班親會活動的家長一個大驚喜。爲了讓學生他能表達對父母的感恩心，教師可以請學生於信中呈現以下的內容：

1. 我知道您的期待是……
2. 我想對您說的心裡話……
3. 我知道爸媽您的辛苦……

### ㈢請家長寫給自己的孩子一張鼓勵卡

感動應該是雙向的，教師可以請參與班親會的家長在看過孩子的一封信後，將他們的心情化爲文字，寫一張小卡片送給孩子，讓孩子們隔天來學校時，可以發現爸媽給他們的大驚喜！親子交流的橋梁改變了方向，這回是來自於爸爸媽媽們濃濃的愛，與嚴厲背後的溫柔。

# 參考文獻

林進財（2005）。**班級經營**。臺北：五南。

張民杰（2011）。**班級經營：學說與案例應用（第3版）**。臺北：高等教育。

黃怡雯（2006）。親師衝突的原因、功能及因應策略之研究。**學校行政月刊**，45，230。

謝瑞智（1992）。**教育法學**。臺北：文笙。

蘇明進（2011）。3秘訣，營造溫馨親師座談會。親子天下，27，112-115。

Borich, G. D. (2007). *Effective teaching methods: Research-based practice*. Upper saddle River, NJ: Pearson Merrill/Prentice Hall.

Weinstein, C. S. (2003). *Elementary classroom management: Lessons from research and practice*. New York: McGraw-Hill.

Williams, P. A., Alley, R. D., & Henson, K. T. (1999). *Managing secondary classrooms: Principles & strategies for effective management & instruction*. Boston: Allyn & Bacon.

魏麗敏

# 第十章

# 適應欠佳學生的輔導

##  壹　學生適應欠佳行為的意義與類型與成因

### 一、學生適應欠佳行為的意義

學生適應欠佳行為（low adjustment students' behaviors）係指學生從事偏離常態的行為表現，而導致其在學習及生活適應上遇到困難或挫折，造成情緒、活動及生理、心理的不適應狀況，影響其身心正常發展者。6至12歲的兒童是模仿力、可塑性極強的時期，艾里克遜（Erikson, 1963）稱之為第四期的心理社會期，又稱勤奮進取對自貶自卑期，如果發展順利，將具求學、做事、待人處世的基本能力，如發展障礙則將缺乏生活基本能力且充滿失敗感，對人格及生活適應將有不良影響；13至18歲的青年期則為自我統合對角色混亂期，如果發展順利，將具明確的自我觀念，亦有肯定的追尋方向；如發展障礙則將缺乏生活目標，時常感徬徨迷失，將導致生活適應不良及自我迷失。因此早期預防與矯正，將有助於學生問題行為的減少與改善。

### 二、學生適應欠佳行為的類型

吳武典（1985）將適應欠佳學生行為的類型分為下列幾種：

1. 外向性問題行為

如逃學、逃家、不合作等違規犯過行為或反社會行為。

2. 內向性問題行為

如畏縮、消極、不合作、過分依賴、做白日夢、焦慮反應、自虐、自殺行為等情緒困擾或非社會行為。

3. 精神病行為

如精神分裂症、躁鬱症等行為明顯的脫離現實，屬於嚴重的心理病態情況等。

4. 學業適應問題

如考試作弊、不做功課、偷懶、粗心大意、注意力不集中、低成就等學業問題行為。

5. 焦慮症候群

如：緊張、發抖、嘔吐、噁心、強迫性動作、歇斯底里等由過度焦慮引起的行為。

6. 偏畸習癖行為

如吸吮拇指、咬指甲、口吃、偏食、尿床、菸癮、藥癮、性不良適應等。

## 三、學生適應欠佳行為的成因

當學生個人心理及行為發生障礙或異常時，其可能出現的行為癥候，原因多端，對每個人的意義也有所不同，因此必須先作原因探索，方能對症下藥，以便找出解決之道。以下提出造成學生適應欠佳行為的原因：

### ㈠家庭問題

家庭問題成因大致可分為下列幾項：

#### 1. 家庭結構不健全

如單親家庭、祖父母教養、性別出生序之歧視、未婚生子等。

#### 2. 家庭氣氛

如父母過分嚴苛或溺愛、父母時常爭吵、婆媳糾紛、兄弟姊妹時常比較而爭執、親子衝突等，皆會造成家庭問題。

#### 3. 價值與示範

家庭功利取向過重，長輩本身價值觀偏差，或從事非法行為等，將帶給學生不良示範，必影響其行為表現。

#### 4. 經濟問題

「貧賤夫妻百事哀」，家庭貧困缺乏經濟支持非但易造成夫妻為金錢爭執、煩惱，亦將造成子女因缺錢無法滿足物欲需求而導致偏差行為。

### ㈡學校問題

造成學生適應欠佳行為之學校成因，包括下列幾項：

#### 1. 教師管教不當

教師管教過嚴將造成學生懼學症或反抗行為；管教過鬆則使學生行為

散漫隨便，此外，師生關係不佳亦是造成行為問題之主因。

### 2. 學校教育政策失當

學校過於重視升學，給學生過重課程與教材，內容枯躁乏味，使學生排斥、畏懼，將影響身心健康。此外，法令不當、執法標準及教條或內容不符民主潮流，亦造成學生無所適從現象，也使校方行政人員處理學生問題頗感困擾。

### 3. 同儕友伴影響

學校同儕言行不當，相互模仿學習，物以類聚，使不良言行者帶動不良風氣，造成言行偏差、行為乖戾之後果。

### 4. 學校環境不良

如校園噪音太吵或空氣汙染，長年累積造成學生身心障礙，都市地區空間狹小、學生人數多，也是衝突增多及精力過剩導致行為不良的肇因。

### (三)社會問題

由於社會風氣丕變，民主及獨立思潮盛行，導致個人主義及享樂主義影響善良樸實社會習俗，加上傳播媒體常報憂少報喜，因而犯罪或偏差行為層出不窮，造成漣漪效應，使社會安定受到考驗。其他如功利主義及升學主義造成社會名利心、競爭性及價值觀改變，將使國民僅重眼前利益，而不重視未來發展及前程，如此將形成物質與功利導向的社會風氣，對兒童與青少年心理及行為會造成不良的影響。

### (四)個人因素

每個人在個性與能力各方面均有個別差異，且個人自我期許與價值觀均有不同，對事件看法及努力方向亦不一，故思想過度偏激、憤世嫉俗、要求完美、悲觀內向、過動外向特質常會造成自我及對他人的干擾，在行為及思想上有適應欠佳情形，非但妨礙個人身心發展，亦會導致他人及環境的不容或衝突而產生行為困擾。

##  學生適應欠佳行為的診斷輔導原則與方式

### 一、學生適應欠佳行為的診斷輔導原則

學生適應欠佳行為的輔導，必須先探討原因，再對症下藥，提出對策解決問題，在此提出下列診斷與輔導原則，作為輔導之參考（魏麗敏，1988）：

#### ㈠明確指導與描述學生行為

指導或規範學生的行為要「明確」，更正確的表明學生當為與不當為之處，對學生適應欠佳行為的描述也要確實。例如遇到電視上有火災鏡頭，就可明白告訴學生：「不能玩弄火柴，不能隨便開瓦斯爐，到公共場所要注意安全，否則可能會發生火災或意外事件。」這樣的說法，比學生拿火柴玩耍之後，再強迫沒收，並嚴加斥責要好得多，也明確得多。

#### ㈡精確評量與記錄學生的行為

教師應平時就要仔細觀察學生的行為表現，最好能予以精確的評量與記錄。這與第一原則相關聯，成為輔導學生與瞭解學生發展的依據。

#### ㈢共同討論

民主的管教與輔導方式，就是讓學生知道你要他們如何做，以及怎樣才適當，一切的管教與輔導方法，如果能取得學生的合作，則成功的可能性會大為提高。

#### ㈣教導前後一致

這一個原則相當重要，很多輔導失敗的例子，常起因於執法者前後言行不一，而自毀立場。教師與學生所訂立的規約，如：該做哪些事，不該做哪些事，做了哪些事會給予獎賞，做了哪些事要加以處罰等，要說到做到，不要開空頭支票，也不要隨便許下承諾，到時忘得一乾二淨，將讓學生對教師的服從性大打折扣。

### (五)注重學生的積極面

管教學生時應盡可能注重他們的積極面，對學生積極正向的行為表現給予讚賞，這樣孩子就不會以消極負向的行為表現，引來他人許多關切和注意，因而譁眾取寵，一再表現不良的行為。而且積極增強將可恢復學生的自尊心、自信心與自愛心，亦有助於改善偏差的行為。

### (六)獎勵勝於懲罰

懲罰只是讓學生知道什麼事不該做，但並沒有告訴他事情應當怎麼做；獎勵則具有鼓勵學生多表現好行為的效果，所以，與其懲罰學生站著，不如鼓勵學生坐下；記住，要擔任一位酬賞的提供者，獎勵一定勝於懲罰，要肯定學生是在進步中，他們會表現得更好，而不是擔心學生表現得愈來愈差，用懲罰加以遏阻行為問題，則將導致更多問題行為的出現。

### (七)循序漸進

俗語說：「羅馬不是一天造成的」，學生適應欠佳行為必須慢慢改善，無法一天之內就讓教師覺得完全滿意。因此改變學生偏差行為要有耐心、有毅力，它並非一蹴可幾的（Sheldon, 1982）。

### (八)不往壞處想

管教及輔導學生不往壞處想有三層意義。第一，不要專挑學生的壞處或缺點，他將更自暴自棄；第二，不要認為學生比別人壞或比別人差，否則將更缺乏向善向上的自信心，第三，不要認為管教及輔導會失敗，將造成未戰先敗、自我歸因的不佳效果。每位學生都有往健康方向發展的可能，凡事往積極面看，發掘學生良好特質及表現，積極增強好行為，消弱不良表現，將使學生偏差行為有所改進。

### (九)讓學生有努力的目標

成為一位成功的教育贏家，應不斷的找新的目標來努力；輸家則不斷對失敗找藉口作辯解。因此教師應靈活設計積分卡或獎勵卡，建立榮譽制度，以獎章、貼紙或代幣方式積少成多、零存整付，鼓勵學生奮發進取，爭取最高榮譽，如此讓學生有努力的目標，並配合獎賞制度，將能使學生

改進不良行為，積極努力，成功乃是可預期的。

### (十) 永不絕望

輔導學生與發展並非樣樣順利，一時失望與灰心是難免的，有時候教師會覺得獎勵並沒得到回報，有時候覺得學生改變太少，但不管如何，不要絕望。學生在成長當中，他們改變的可能性非常大，教師對學生絕望，就如先用「比馬龍效應」（即自我應驗的預言）原理來斷定學生沒出息，將阻塞學生往好的方向發展的可能性（Cheesman & Watts, 1986）。

## 二、學生適應欠佳行為的診斷輔導方式

學生適應欠佳行為輔導過程與方式，可分為下列三個階段（又稱「輔導三部曲」）：

### (一) 建立關係階段

即教師應與學生先建立良好關係，在民主開放氣氛下，讓學生有被尊重接納的感覺，方能打破僵局（ice break），在愉快氣氛中暢所欲言，達到心悅誠服、積極改變的目標。

### (二) 問題探索階段

學生的問題行為成因先做瞭解，蒐集相關資訊後，方能對其問題行為的成因、心態與活動有所澄清，以便找出合理解決方法。

### (三) 輔導策略運用階段

上述兩個階段中，教師與學生建立良好關係後，亦對學生問題行為有所瞭解，便可以對症下藥，提出解決方法，即教師應根據學生問題的類型、成因與需求，提出最適合的解決方法，方能真正對學生問題行為的糾正與消除有所助益。

而學生適應欠佳行為的輔導策略，可分為下列幾種方式：

1. 積極增強法。
2. 描述行為後果。
3. 代幣法。

4. 飽足法。

5. 隔離法。

6. 漸進原則與行為塑造。

7. 消弱法。

8. 相互抑制法。

9. 楷模法。

10.環境調整法（賴清標等，1996）。

 **參 各類型學生適應欠佳行為的輔導方式**

### 一、偷竊行為的診斷與輔導

偷竊行為成因很多，例如物質缺乏、滿足慾望、報復心理、引起他人注意、嫉妒或習慣使然等，皆可能造成學生偷竊行為，其處理方法如下：

1. 與個案會談，瞭解其偷竊原因，並減少原因的再現機會，對症下藥，提出適當輔導方法。

2. 進行家庭訪問，明瞭個案家庭經濟狀況及教育方式，建議父母給予適當零用金，使其滿足購買喜愛物質之慾望，並保管好金錢，對孩子來路不明的物品要加以詢問，養成孩子正常用錢及正確獲得所需之良好行為。

3. 聯絡相關社會救助單位，對家境清寒學生多予以補助，並運用社會資源加強法治教育觀念，使其減少不良偷竊行為，增進其道德良知。

4. 在課堂上或個別輔導時強調所有權觀念，鼓勵孩子將自己物品保管好，避免遺失，亦能尊重他人物品，不可拿他人東西據為己有。

5. 運用飽足法適當滿足個案需要，如係報復心理而偷竊之學生，應培養其愛人與助人的觀念，並化報復為心平氣和心態，增強團體合作精神，提高其團體榮譽，減少偷竊行為；如為引起他人注意者，則應在課堂上鼓勵其發表或賦予責任。使其良好行為受到肯定，上述因素及偷竊行為即會消失。

6. 發現學生有偷竊行為時，如係臨時起意或初犯，應予以保密，使其知過能改，將偷來物品放回原處或請父母照價賠償，由個案以工作或服務方式折價現金，為自己行為負責；如係累犯，則應建立長期個資料追蹤輔導，平日嚴密注意其言行，並隨時提醒所有權概念及法律常識，使其知法而不犯法，教師亦可安排同儕陪伴，一方面下課與之活動，使其無從下手，另一方面亦注意其言行，然而仍不應予以「標記」，應祕密進行，使個案逐漸改善不良行為。

7. 在班級中，教師應建立學生清廉誠信態度，平日可多講述清廉操守故事，並告誡偷竊嚴重後果，且提供相關資訊、影片或書籍；有同學撿到物品能加以表揚，並設置「誠信招領箱」，鼓勵學生非自己物品不隨便拿之良好習慣。

8. 對屢次偷竊者應通知家長處理，並提升家長教化能力，對金錢物質觀念能有好的態度，且配合學校實施適當管教；以反應代價法或過度補償法讓孩子以服務或加倍努力工作等彌補其偷竊行為。

9. 如係學生無知或受他人指使，則須告誡其犯行將有何不良後果，防止再犯；另外受人指使者如為幫派分子，則應協調警政單位掃黑或協助管訓，注意個案遠離壞朋友唆使，以免影響其言行。

## 二、說謊行為的診斷與輔導

學生會說謊的原因很多，有的是父母不良的示範，有的是怕受罰或想獲得某方面的獎勵，亦有無意中說謊或想獲得他人注意與肯定之因素等，教師應針對學生說謊原因，提出解決對策，以免學生將說謊行為持續成習慣，亦即立刻糾正輔導方能避免說謊行為再度發生，其輔導策略如下：

1. 教師先與家庭聯繫，瞭解家長管教孩子態度，並與之協調溝通，勿在孩子面前表現不誠實言行或教孩子作假等，此外亦應言行如一，不以成敗結果論獎懲，以免孩子用欺騙說謊行為達到慾望。

2. 教師平日應常以誠信故事告訴學生誠實的好處，說謊的缺點，並鼓勵學生培養良好道德情操，能勇於認錯，不姑息屢次說謊者，使其瞭解

說謊的後果而能改進不當行為。

3. 如果教師發現學生有說謊行為，不必當眾予以斥責或懲罰，應私下會談，以瞭解學生說謊動機，再告訴他誠實的重要性，並鼓勵他勇於認錯，使其體認說謊並不能達到目標，反而受人排斥與不信任，而能以認錯勇於面對並改正說謊行為。

4. 如係無意中說謊如幻想、無知、不瞭解事實等，教師則須予以解釋與澄清，使其瞭解真相，自可消除說謊行為。

5. 多用積極增強方式鼓勵學生表現誠信行為，對誠實表現者尤須當場表揚，使學生養成良好誠實言行，蔚成優良班風。

6. 注意學生所交朋友，減少跟愛說謊朋友交往機會，免得受其影響；對屢次說謊者亦不可給予懷疑不信任眼光，產生「標記」效應，而應私下懇談，循循善誘，使其明瞭說謊的壞處，而能改正不好行為。

## 三、逃學行為的診斷與輔導

俗話說：「逃學為不良行為之母。」逃學乃學生無法適應學校生活的警訊，當學生有無故未到校上課情況時，教師應立即與家長聯絡，並配合校方訓輔人員處理尋回，以瞭解逃學原因作立即處理。其輔導方法如下：

1. 聯絡家長，瞭解學生逃學原因及可能去處，以便尋回。

2. 偕同家長與訓輔人員拜訪孩子親友，並對孩子個性及心態追蹤瞭解，請親友協助。

3. 與學生會談，瞭解逃學原因，對原因加以預防及處理，使學生不適應學校情況減少。

4. 建立學生良好人際關係，鼓勵班上同學與之為友。並發揮團隊精神分組競賽，使其具隸屬感而受朋友接納。

5. 培養學生挫折容忍力，勉勵個案遇到挫折不要逃避，應勇敢面對，並給予物質及精神上鼓勵與支持。

6. 減少學生作業量，多給予學習成就感，對低成就學生尤須做補救教學，使其減少學習焦慮及恐懼心，增強上學意願。

7. 如果學生受幫派控制逃學去做非法活動，則須加強法律常識教育，使其知法而不犯法；此外，亦須配合警政單位協助處理幫派問題，使其脫離非法組織。

8. 提供多樣化活動內容，以積極、耐心、愛心與學生建立良好關係，讓其喜歡來上學，並在活動中增進其學習興趣及學習成就，將可減少逃學行為之發生。

## 四、抗拒行為的診斷與輔導

造成學生抗拒行為的原因包括父母管教失當，如過嚴或過於溺愛，父母言行不一，要求規定過多等；其次為教師管教過嚴，規矩過多，使孩子無所適從；其他如學生個性過於倔強、正值青春期情緒不穩、向權威挑戰、喜歡標新立異等。學生抗拒行為的輔導方法如下：

1. 先與父母聯繫，瞭解其管教子女方式，如果太嚴，動輒得咎，應建議和顏悅色對待子女，並指導其輕聲細語、委婉溝通的方式以建立和諧家庭氣氛，如係父母教導過於溺愛，凡事順服子女，造成其驕縱抗拒指導，則請父母在關懷中建立原則，不予取予求，對其無理要求溫和而堅定拒絕，且能告之拒絕原因，使學生改善行為態度。

2. 教師先做反省，是否教條式規定太多，使學生疲於應付，則應簡化規定，並讓學生共同參與制訂班規，以民主態度建立遵循規則標準，可使學生心悅誠服，遵從管教。

3. 教師與父母對孩子管教須前後一致，且應以身作則，控制自己脾氣，讓孩子學習遇挫折或壓力適當容忍與因應的方法，自然會減少抗拒的態度。

4. 如果孩子個性倔強、主觀性過強、剛愎自用、不聽他人管教，則可提供社會技巧訓練，使其練習待人處世之道及人際溝通方法，多傾聽、同理、接納他人，慢慢可矯正其抗拒態度。

5. 對於正值青春期孩子，應採「逐漸還政於民」方式，減少規定或管教，鼓勵同學組織幹部或自治團體，由其制訂團規，大家共同遵守；對不當反應亦勿需過於斥責，而能適當抒發學生情緒，並以理性態度加以溝

通，使其在獨立性需求中亦能自治自律，服從師長領導。

　　6. 父母與教師應先與孩子建立良好關係，動之以情，使其感受師長的接納與肯定；如果一旦有違規則行為，應做適當管教，並能在言語及行為上做適當的表達，避免傷害孩子身心，且儘量少在大庭廣眾前斥責孩子，而能揚善規過，學生反抗行為即會逐漸減少。

## 五、過動行為的診斷與輔導

　　過動行為係指學生無法像一般孩子般安靜坐在教室中學習，自制力低，而會有到處走動、喧鬧吵雜，甚至怪叫或其他怪異舉動出現。其原因包括先天腦部病變、家長疏於管教、欲引起他人注意、學習挫折太多或失去學習興趣、精力過剩及其他嚴重情緒刺激造成困擾等。其輔導策略如下：

　　1. 教師先與家長溝通，以瞭解孩子生長史有何困擾，導致過動行為出現，並追究原因，對症下藥。

　　2. 若過動孩子係早年父母工作在外，孩子交給祖父母管教或父母工作忙碌疏於管教，則應加強祖父母及父母教育理念及教育方法，並建議家長晚上或假日多陪伴孩子，傾聽孩子心聲，多做親子溝通及活動，使過動孩子行為趨於改善。

　　3. 對先天腦部病變或後天腦傷小孩導致過動行為者，應請家長帶孩子接受醫院診療，配合藥物治療其過動行為。

　　4. 如欲引起他人注意產生過動行為者，教師應與之懇談，使其運用良好負責行為達到吸引他人注意的目的；此外，亦可讓他協助老師分發作業或管理秩序等，以正向負責行為減少過動偏差表現。

　　5. 對學習低成就，導致缺乏學習動機，放棄學習者，教師應安排小老師個別輔導，並降低成就標準或減少作業份量，逐漸引導其產生學習興趣與動機，方能減少過動行為。

　　6. 對精力過剩者應安排一些適當的體能活動，使其充分發洩體力，減少負向行為出現。

7. 運用「相互抑制法」，讓過動兒練習靜坐或需要思考的靜態活動，慢慢養成耐性與安靜上課之習慣。

8. 堅持原則，對其過動行為不可姑息放任，應隨時注意糾正，並應積極增強其良好行為，使其自我約束，聽從指導，改正行為。

## 六、霸凌行為的診斷與輔導

霸凌行為（bullying behaviors）是由於學生受到家庭暴力示範影響、社會媒體傳播渲染、同儕相處習慣、教師管教失當或個人生理因素等，意圖加害他人、重複地對不會報復的受害者施以身體或心理上的傷害，以達到個人目的的一種攻擊性行為。 霸凌的種類包含言語霸凌、肢體霸凌、關係霸凌和非直接霸凌等四種（Olweus, 1991）研究發現曾經是校園小霸王的學生，成年期之後，其犯罪率較一般沒有欺凌行為記錄的人高出許多；Peterson和Skiba（2001）研究更發現在學校有攻擊或霸凌行為的學生，青少年期過後很容易變成罪犯。臺灣立法院於2011年10月25日三讀通過《教育基本法》第8條修正案，增訂學生不受霸凌行為侵害，並授權教育部訂定霸凌行為防制機制等相關事項的準則，對於霸凌防制機制、處理程序及其他應行注意事項等作規範，以保障學生的身體自主權、人格發展權及學習權，並確保教育核心價值。

霸凌其輔導方法可分為預防、矯正與追蹤輔導三階段，分述如下：

### ㈠預防方面

1. 邀請家長會商，瞭解其子女在家生活及家長管教習慣，如係家長本身即常使用暴力，則應請其節制，良好家教才能根本改善學生暴力行為；如家長過於寵愛，凡事都順著孩子，使其成為「小霸王」，不高興即以暴力發洩情緒，則須提供管教輔導方法使家長適當管教，方能糾正孩子行為。

2. 多做教育宣導：校方應運用演講、參觀、比賽、角色演練等方式加強宣導學生品德、人權、生命、性別平等等教育，培養學生自重及尊重他人之待人處世態度，並辦理學校導師及行政人員霸凌防治研習活動，組

成霸凌防制小組，積極巡邏與宣導避免校園霸凌事件發生。

3. 對攻擊性強的學生應建立個案資料，及早瞭解其何時何處最易引發暴力行為，減少此情境的出現，讓個案減少暴力行為的出現。

### (二)矯正處理方面

4. 當霸凌事件發生，應立刻通報相關單位，並啟動霸凌危機事件處理流程，循「發現」、「處理」、「追蹤」三階段積極處理；此外，立即輔導安置被害人，並隔離處置輔導加害人，避免事件擴大，召開危機處理研討會並聯繫相關專業團體及社會資源介入協助。

5. 以積極增強良好行為代替暴力行為的注意，並賦予服務工作，讓其在工作中培養服務並尊重他人之美德，減少偏差行為出現。

6. 運用飽足法適當發洩其怒氣，例如生氣時打沙包、運動、作畫或唱歌等，以適當方法發洩其不滿情緒，則可減少暴力行為。

7. 鼓勵霸凌者「君子動口不動手」，可用言語適當宣洩其不滿情緒，教師應積極傾聽，且增強其為他人著想，減少主觀自我意識的固執心態。

8. 運用「合理情緒治療法」處理學生暴力情緒，將非理性觀念加以說服引導，使其產生理性觀念，而能以正向溝通代替霸凌行為。

9. 可用隔離法將霸凌者隔離，如不准參加其喜愛的活動、隔離引發霸凌之情境，剝奪其權利等，使其對不良行為產生後悔心態，而能以反應代價法承擔後果，以積極良好行為改善暴力舉動。

10.對腦傷或內分泌生理異常而產生霸凌行為者，則應請家長帶孩子到醫院接受診療，並運用藥物、物理治療或團體心理治療等消除其暴力傾向。

11.對社會媒體報憂不報喜，播放渲染暴力影片或理念者，應請新聞局或相關人士予以取締，家長亦應選擇兒童可看之影片，以免純潔心靈受到汙染。

12.啟動霸凌輔導機制，積極介入校園霸凌加害者、受害者及旁觀學生之輔導，必要時結合專業輔導人員協助輔導，務求長期追蹤觀察，導

正學生偏差行為。可打0800200885（耳鈴鈴幫幫我）24小時免付費投訴電話，以及早矯正、及早消弭霸凌行為。

### (三)追蹤輔導方面

13.政府應加速增修反霸凌法律條款並納入校園及法律中，以增進國人及校方對反霸凌方案的支持態度及投入意願，有效遏止校園及社會霸凌及犯罪行為。

14.結合學校、社會、個人與家庭層級的措施並密切聯絡，形成反霸凌安全防護網，一發生霸凌事件立刻通報合作處置，並強化教育、警政、司法界多方相互聯繫及支援機制。

15.對霸凌者及受害者持續予以關懷、諮商與協助，以保障學生的身體自主權、人格發展權及學習權，確保其問題解決及身心健康（魏麗敏，2003，2009）。

## 七、焦慮行為的診斷與輔導

焦慮是一種內在的持續不安、恐懼、不愉快的感覺，是由於學業、交友、考試等而激起內在的不安，亦可能引發循環、呼吸、消化系統的機能障礙，長期焦慮則會產生偏頭痛、慢性胃疾、肌肉痙攣、消化性潰瘍、便秘及精神官能症等疾病（魏麗敏，1988）。其處理方法如下：

1. 教師應與家長或有關人士溝通，瞭解學生產生焦慮的原因，然後針對原因及焦慮的事物採取輔導方法。

2. 讓學生有機會表達內心的焦慮，使孩子不需為焦慮而防衛自己，並能勇敢面對焦慮解決問題。同意孩子有焦慮的權利，乃正確輔導的第一個步驟。

3. 考試前後教師與家長應避免用威脅恐嚇的態度或處罰方式管教孩子，以降低學生對考試的焦慮，並於考試前後運用深呼吸或肌肉放鬆讓學生鬆弛肌肉放鬆心情，此外，師長的聲調和動作應柔和，避免顯出緊張不安或氣急敗壞的態度以免使學生受到影響。

4. 告訴學生輕度的焦慮不足為憂；相反的，適度的焦慮可提高學生

的注意力及警覺性，應加倍努力，完成既定目標，讓學生對焦慮有正確認識，而能加以面對克服。

5. 運用正向的增強法，如加分、口頭讚許、獎品、代幣等制度對學生正確的學習結果給予鼓勵，儘量避免呈現挫折情境加諸此類學生。當學生有因應焦慮的自制行為時，即給予大量認可與讚許，避免對學生錯誤的行為或學習施予責罵、扣分、批評等，如此可降低學生的焦慮，增進學習的動機。

6. 讓學生建立自己每日的目標，而不難達成，這可讓他瞭解自己的優缺點，並建立責任感，鼓勵學生作自我競爭，讓學生去學習很多預防工作，如怕考試的可先準備功課，怕失去朋友的可先去幫助別人等，事先作好準備訂好目標，按部就班實行，可降低其焦慮。

7. 使學生熟悉焦慮的事物，先靜下來把焦慮的情況，清楚回想並仔細分析成焦慮階層表，再用系統減敏法配合肌肉放鬆訓練，逐漸改正其焦慮事物。

8. 實施親職教育與親師合作，建議父母提供孩子適當的讀書場所，強化孩子學習態度，培養較合理的期望，不過度保護溺愛等。對成就差的孩子父母應減少批評，接納孩子；父母意見不一時能互相協調，不在孩子面前爭吵或指責對方等。此外，假日中帶孩子參觀科學館、博物館及美術館等，使孩子與父母之間建立良好親子關係，並涵育良好氣質與做好情緒管理，可減少焦慮行為發生。此外，教師與父母亦應時常聯絡，溝通管教方式及孩子近況，才能增進彼此瞭解，及運用一致教育方式使孩子表現良好行為。

## 八、憂鬱行為的診斷與輔導

憂鬱行為係指學生具負向感情、無活力、憂鬱、不滿意與無助的傾向（魏麗敏，1992）。學生憂鬱產生的原因甚多，主要包括智能因素、情緒困擾、人格特質、教師或父母過度期望或管教、壓力或挫折過多及因應挫折策略缺乏等，因而導致憂鬱行為。其輔導策略如下：

1. 推展家庭教育，改善父母態度。父母管教過嚴，對孩子不滿或要求太多，長期將導致習得無助感，使孩子產生失敗、憂鬱、無助的感覺，造成憂鬱人格。

2. 提供父母適當管教方式，多用積極增強鼓勵孩子努力向上，不予太多苛責及與他人比較，應依其能力訂出適當期望水準，且在挫折中勉勵孩子勇敢站起來，面對困難尋求解決之道。

3. 對低智能或成就過低、學業挫折過多的學生，教師與父母應發掘學業成就以外的其他優點及潛能，如很乖、很會照顧弟妹、為同學服務等，使其獲得鼓勵讚賞，發展積極人生觀及自我肯定態度，可逐漸減少憂鬱沮喪心情。

4. 提供兒童克服困難挫折的偉人書籍，並講述樂觀處世故事及方法，讓孩子學會調適心情、處理挫折技巧，並能學習中外偉人成功歷程，成為成功、樂觀、自信的人。

5. 教導「合理情緒治療法」，教孩子認識憂鬱悲觀非理性信念，代之以理性態度，思考更有效解決困難方法，而能自我教導，減少負向情緒。

6. 介紹同儕與個案為友，增進其人際關係，並結交樂觀開朗友伴，在團體互動中增進社交技巧，且驅除害羞或憂鬱性情。

7. 舉行小型團體諮商，鼓勵成員學習自我情緒管理，人際社交技巧、合理情緒控制及學習求助資源的主動尋求等，以增加個案社會適應能力。

8. 如果憂鬱學生長期輔導未經改善，則可轉介至心理治療或精神醫療單位協助作鑑定與藥物治療，並配合輔導，以早日矯正早日康復，身心獲得健全發展。

## 九、內向害羞行為的診斷與輔導

內向害羞學生形成原因包括自幼缺少關愛、能力或智力不足，常受人欺負、父母或師長不當斥責、缺乏朋友及社交技巧、時常遭遇挫折失敗等。其輔導方法如下：

1. 先與父母溝通，瞭解個案在家狀況，並提供增強輔導方式，減少父母過於苛責或忽視，提升家中地位，多以鼓勵及耐心讓孩子逐漸恢復自信心。

2. 若孩子係能力或智力不足，應先提供工作較易完成的事物請其試做，並隨時鼓勵，降低期望標準，使其學習具興趣，獲得學習成就感。

3. 減少孩子「標記」現象，父母或教師在大庭廣眾之前不要強調其害羞個性，應鼓勵從事表現工作，增強其優點，使其消弱對此特質的敏感度。

4. 可作社交調查或人格測驗，瞭解內向害羞學生在班上的人際關係及某些個性的障礙為何，再運用明星兒與之為友；另一方面更教導社交技巧及合理情緒控制法，使其增進人際關係，並調適自己負向情緒，使人格趨於樂觀成熟。

5. 多鼓勵個案參加團體活動，如拔河、接力、合唱、集體創作等，在團體互動中增進人際能力；另外可參加體能活動，運用肌肉認鬆訓練紓解其人際及自我壓力，使其逐漸走出內向自我，積極肯定自己開創樂觀人生。

6. 課堂上避免要求學生獨自回答問題，可用系統減敏法，先讓整組同學做活動，再請個案好友與之合作表現，俟其逐漸驅除恐懼與緊張後，再讓個案嘗試獨自發表，並對其發表多加讚揚增強，如此將可恢復個案信心及發表的成功經驗，更加勇敢表現。

7. 每天選一節下課訂為「與老師有約」時間，可鼓勵個案和老師談心，教師不對學生隨便斥責恐嚇，在良好關係中建立信任與安全感，使個案逐漸消除內向害羞心理。

8. 如有些事個案講不出來，也可藉紙筆書寫出來，如有緊急事件，也可隨時和老師有約，讓學生用不同方式與教師或同學溝通，以增進其社會互動能力。

9. 可用說故事或角色扮演方式，讓學生瞭解勇敢積極表現的重要性與方法，降低其焦慮害怕失敗心理，培養其挫折容忍力，當面對困難時不再逃避退縮，而應勇於承擔與面對，找出解決方法。

## 十、自傷（自殺）行為的診斷與輔導

　　自傷或自殺學生行為成因，包括失去愛、經不起打擊、孤獨無助感擴大、與父母、教師或同學相處不佳、成績一落千丈、常遭指責、缺乏挫折容忍力與被虐待心理等。其輔導方法如下：

　　1. 平日注意觀察其言行，一有異常即作緊急危機處理，如安排同儕陪伴、給予緊急聯絡電話隨時求助、通知家長及相關師長多予關愛以減少想不開自傷或自殺行為發生。

　　2. 對受到重大打擊之學生，須立即做會談及心理重建工作，使其勇於接受挫折打擊，而能以理性面對，在這段痛苦階段中應安排教師、家長或同儕陪伴，讓其獲得關愛度過難關。

　　3. 注意個案平日所接觸事物，如灰色思想書籍、歌曲或內向性友伴，而應積極提供正向樂觀有趣之書刊或歌曲，結交外向樂觀朋友，並安排多種活動鼓勵參加，使其遠離不良刺激，避免自憐自艾而傷身傷心。

　　4. 鼓勵學生說出或寫出壓抑、難過或憤怒的事情，可用「我的心聲」或「祕密大會串」等團體輔導方式加以瞭解，並讓其丟沙包、運動、遊戲等減低其煩惱與激動情緒，用適當情緒發洩法消除內心的痛苦。

　　5. 對有被虐待傾向者應減少處罰或譏笑之行為，多予以鼓勵增強，使其恢復自尊與自愛心，並給予責任與關愛的工作，如送他生日卡，讓他飼養心愛的小動物，請他為更多失去健康與殘障的人服務，種植花草樹木等，由愛與責任中恢復其對生命的熱愛與領會，激起對世界責任與愛的希望，更能消除自傷（自殺）行為。

　　6. 讓個案瞭解自傷（自殺）後果的嚴重性，並請父母及相關人士多予以注意與關愛，並且不刻意強調不要自殺或相關字眼，免得增強其印象。

　　7. 多予以成功經驗，減少挫折打擊，使其對人生充滿信心與希望。此外，以系統減敏法逐漸培養其挫折容忍力，並給予支持鼓勵，使其由勇敢面對克服困難中減少以自傷或死亡來逃避問題，並能逐漸消除悲觀無助感，恢復自我效能感與自尊心。

8. 對屢次自傷與自殺者應成立個案研究或緊急危機小組，隨時保護個案，避免發生意外。嚴重者並應聯絡醫療單位加以鑑定是否精神異常現象，並作藥物治療或住院治療，以早日治療個案。

## 十一、不寫作業行為的診斷與輔導

造成學生不寫作業原因很多，例如父母疏於管教，孩子家務過多，玩心太重、學習低成就、懶惰成性，報復或被動等。其輔導策略如下：

1. 先與家長溝通、瞭解孩子在家生活情形，如果家務過多，沒時間完成作業，則請父母減少其家務，讓孩子做完功課再幫忙做家事；如果家長太忙，晚上不在家或疏於管教，則請父母多留在家指導孩子功課，或約法三章，規定孩子做完功課方可看電視或遊戲，讓孩子確實完成作業。

2. 教師在課堂上先與孩子明訂契約，規定作業應回家立即做完，並可簽註作業始做及完成時間，養成即做即行態度，且可運用聯絡簿請家長協助指導學生按時完成功課。

3. 對常缺交作業者先減量作業，並瞭解其不交作業成因，如因動作慢即可重質不重量，減少作業份量，再慢慢增加，且每完成一項就給予增強物，使其養成寫作業習慣及速度；如係分心、懶惰者，則可運用同儕制約法，將不寫作業者分散至各組，每天小組成員皆完成作業則給予獎牌或本組畫「蘋果」鼓勵，如此將發揮同儕制衡效果，在群眾壓力下，讓個案完成作業以維護團體榮譽。

4. 採小老師制協助完成作業，並剝奪其自由權利，下課時不可參加其喜歡的打球、遊戲的活動，而需留在教室完成作業，將使其儘快完成作業去做喜歡的活動。

5. 變化作業內容及方式，讓學生對作業具有完成的興趣，減少連續抄寫或機械反覆運算教材，而能代之以操作、研究、創意活動較佳。

6. 對學習低成就或不懂作業內容者除個別作補救教學外，亦可修正作業內容，先做其能懂且教材程度稍淺的課業，並積極鼓勵學生努力完成工作，如此因材施教，效果將更為顯著。

### 十二、自閉行為的診斷與輔導

自閉症（autism）是由卡納（Kanner, 1943）所提出，乃先天性腦部機能受損引起的疾病，使人產生知覺、認知、語文或人際溝通的障礙。其產生原因為遺傳、腦損傷、濾過性病毒感染、新陳代謝失調或環境影響，如輻射線、染色體異常及重金屬汙染等。

國內常用克蘭西（Clancy, 1969）所編「克氏行為量表（Clancy Behavior Scale）」來評量兒童十四項行為以鑑別是否有自閉症癥狀，包括不易與人相處、聽而不聞、強烈反抗、不顧危險、不能接受變化、以手勢表達需要、活動量高、莫名的笑、旋轉、動作怪異、對周遭漠不關心等特徵。其輔導策略如下：

1. 藥物治療：可使用中樞神經刺激劑或適當藥物治療孩子不適應身心行為。

2. 感覺統合治療：治療師引導家長配合作治療性訓練活動，由易而難逐次訓練。

3. 藝術治療：運用音樂或美術等藝術治療，可達到改善患者生理及心理的作用，增進其注意及溝通能力。

4. 行為改變技術：運用增強、消弱、類化等原理加強孩子良好行為之建立，亦可增加與外界之互動及配合能力。

5. 遊戲治療（play therapy）：在遊戲過程中，孩子可自然獲得肌肉協調、動作學習及社會適應能力，亦可紓解壓力、增進其學習樂趣及社會興趣。

6. 職能訓練：運用個別輔導方式為孩子設計適合其身心發展潛能開發之課程，就其喜歡的事或特殊才能進行工作訓練，以培養其獨立生活的能力（臺北市自閉症教育協進會，1992）。

### 十三、性騷擾行為的診斷與輔導

性騷擾（sexual harassment）係指以暗示、明示、脅迫、恫嚇、暴力強迫、藥劑或催眠等方法之方式，從事不受歡迎之性接近、性要求，使他

人不能抗拒而遂行其性接觸意圖或行為者。亦即凡不受歡迎之性方面示好之舉止、性要求，或其他含有性意涵的語言或行為等，均屬性騷擾行為，而性騷擾由較輕的言語騷擾、性引誘、性要脅乃至最嚴重的性侵犯等，均屬不受歡迎之行為，如發生必須在24小時內向相關單位通報（教育部，1999）。

青少年常因對性的無知與性衝動，而有性困擾，並因此作了不當的性冒險如性騷擾甚至性侵犯，而產生了性犯罪，甚而罹患性疾病，終於造成遺憾。其輔導方法如下：

1. 提供正確的性知識及兩性交往知識：父母與教師應注意孩子青春期變化，適時提供正確的性知識及兩性交往知識。Thornberg（1982）認為學校的性教育應提供青少年正確的性知識、探索青少年面對性訊息的情緒反應、關心其生理問題，協助其發展道德信念以符合個人及社區道德標準、激發自我覺察力，以增進其性的自我決定與自我保護能力等（黃德祥，2008）。

2. 平時即運用演講、研習、演劇、徵文或繪畫活動等加強家庭教育、學校教育與社會教育等對性別平等意識及作法，培養學生正確的性別平等意識，尊重各種性別（或性傾向）的差異，以消弭校園性侵害或性騷擾的事件。

3. 遇有疑似性騷擾或性侵犯事件應立即通報：根據兒童及少年福利法第34條規定「教育人員知悉兒童及少年有下列情形之一者（含「強迫、引誘、容留或媒介兒童及少年為猥褻行為或性交」等），應立即向直轄市、縣（市）主管機關通報，至遲不得超過二十四小時」，因此如發現有疑似性騷擾或性侵犯事件，應立即向上級通報並作處理與安置。

4. 對受害者進行諮商輔導及安置：有疑似性騷擾或性侵犯之受害者應通報後應進行諮商輔導。根據性別平等法第24條規定「學校或主管機關處理校園性侵害或性騷擾事件，應告知被害人或其法定代理人其得主張之權益及各種救濟途徑，或轉介至相關機構處理，必要時，應提供心理輔導、保護措施或其他協助。」其諮商輔導、心理治療或法律協助包括彈性處理當事人之出缺勤記錄或成績考核，並積極協助其課業或職務、尊重被

害人之意願，減低當事人雙方互動之機會、採取必要處置，以避免報復情事、減低行為人再度加害之可能等。

5. 教導學生遇到有性騷擾或性侵犯事件應依循下列五步驟進行處理：(1)勇敢拒絕說「不」。(2)保持冷靜、保護生命。(3)尋找機會、趕快逃跑。(4)適時呼叫、阻嚇歹徒。(5)發生事件時，要趕緊告訴可靠的親人或師長尋求協助。

6. 疑似性侵害者輔導除通報相關單位處理治裁外，如係校內學生必須施以性別平等教育課程、隔離與受害者相處、心理諮商輔導、適當宣洩性衝動及正確兩性交往及法律相關知識，必要時得轉介他校或作精神鑑定與醫療處置，以矯正其性犯行。

7. 學校需建立良好之通報系統及處遇系統，建立家庭、社區及社會資源緊密聯絡網，並編制處理性騷擾的專業單位與人員，以確保性騷擾案件能獲得公平、適當之處理，遇有疑似性騷擾或性侵犯，立即起動危機處遇機制進行通報、處置與輔導。

輔導是一種有技巧、有耐心、有熱忱、更具挑戰性的教育工作，為人師者除傳道解惑外，更須投入大量心血，與學生建立關係，並針對學生的個別差異與身心不適應情況尋求最好的輔導方法。上述例子僅為常見的學生行為問題成因與輔導策略，仍有許多問題與困難有待教師、家長與學生共同合作與突破解答。相信唯有不斷地關愛瞭解學生，蒐集各種輔導資料、配合教師、家長、學生及各種社會資源一起來輔導行為偏差學生，才能發揮更好的輔導教化效果，以協助每位學生更加認識自己、瞭解自己，達到自我成長，發展潛能與自我實現的目標。

##  青少年輔導相關法規及網站

### 一、兒童及少年福利法

http://www.6law.idv.tw/6law/law/%E5%85%92%E7%AB%A5%E5%8F%8A%E5%B0%91%E5%B9%B4%F7%A6%8F%E5%88%A9%E6%B3%95.htm

## 二、性騷擾防治法

http://w3.tpsh.tp.edu.tw/sex/link5.html

## 三、性侵害犯罪防治法

http://www.6law.idv.tw/6law/law/%E6%80%A7%E4%BE%B5%E5%AE%B3%
E7%8A%AF%E7%BD%AA%E9%98%B2%E6%B2%BB%E6%B3%95.htm

## 四、教育部維護校園安全實施要點

http://edu.law.moe.gov.tw/LawContentDetails.aspx?id=GL000492&KeyWordHL
=%E5%AE%B6%E6%9A%B4&StyleType=1

## 五、兒童及少年性交易防制條例

http://210.241.100.212/CBI_2/internet/main/doc/doc_detail.
aspx?uid=131&docid=956

## 六、家庭暴力防治法

http://www.tw-angel.com.tw/law_force/01.html

## 七、心理師法

http://www.coun.ncnu.edu.tw/psychologist.htm

## 八、校園性侵害性騷擾或性霸凌防治準則

http://edu.law.moe.gov.tw/EngLawContent.aspx?Type=C&id=84

## 九、性別工作平等法

http://laws.cla.gov.tw/Chi/FLAW/FLAWDAT01.asp?lsid=FL015149

## 十、中輟生預防追蹤與復學輔導法

http://edu.law.moe.gov.tw/LawContentDetails.aspx?id=FL024363&KeyWordHL=
&StyleType=1

### 作業活動 ........................................

一、適應欠佳學生有哪些成因類型與輔導方式，請加以說明。

二、劍豪今年15歲，去年國二因覺志趣不合，缺課過多中輟而休學，今年申
請復學重讀國二，眼見同學都升上國三，自己重讀國二，內心焦慮不安，
面對陌生同學亦不主動聯絡，導致學習動機低落，生活適應及人際關係欠
佳。身為教師的你會運用哪些方法進行諮商？請說明個案分析、技術與輔
導過程。

# 參考文獻

吳武典（1985）。個案輔導的基本原理。**輔導通訊**，15，3-6。

教育部（2005）。**大專校院及國立中小學校園性騷擾及性侵犯處理原則**。http://edu.law.moe.gov.tw/LawContentDetails.aspx?id=FL008466&KeyWordHL=&StyleType=1

黃德祥（2008）。**青少年發展與輔導**。臺北：五南。

臺北市自閉症教育協進會（1992）。**自閉症兒的探討與輔導**。臺北：臺北市自閉症教育協會。

賴清標等（1996）。**師範學院教育實習課程及教學設計**。教育部人文社會科學教育改進計畫。

魏麗敏（1989）。學生焦慮行為的輔導策略。**輔導月刊**，25（7-8），38-41。

魏麗敏（1992）。**國小兒童家庭因素、情緒困擾對成就與適應影響之分析研究**。高雄：復文。

魏麗敏（2003）。校園欺凌行為、家庭環境與學校氣氛之關係。**臺中師院學報**，17，21-50。

魏麗敏（2009）。校園欺凌行為防治與課堂輔導活動教學課程之設計。**教育研究月刊**，182，66-74。

Cheesman, P. L. & Watls, P. E. (1986). *Positive behaviour management*. London: Nichols Publishing CO.

Erikson, E. H. (1963). *Childhood and society*. (2nd ed.), New York: Norton.

Olweus, R. G. (1991). *Organizational behavior in education*. Englewood Cliffs, NJ: Prentice-Hall.

Peterson, R. L. & Skiba, R. (2001). Creating School Climates That Prevent School Violence. *Clearing House*, 74(3), 155-163.

Sheldon, B. (1982). *Behaviour modification. London*: Tavistock Publishing.

侯世昌、溫子欣

第十一章

# 學校行政實務

　　教育之意義與價值在於傳承人類的文化與知識，而學校教育的興起，則是希望透過集體教學的型式以及定制化的學校規範，將教學的效能極大化，促使人類文明的流傳與提升。學校是教育組織體系中最基層的機構，也是與師生教學關係最密切的教育行政組織，其負有領導與支持教師教學之功能，亦即所謂「以行政支援教學」。為使學校組織發揮應有的效能，學校會依其規模之大小，分置所屬的行政單位，以分工辦事，使學校能夠順利運作，並發揮其教學效能。

　　學校行政的目的是要使學校中的各個成員能夠建立共識、齊心努力，以使學校在目標計畫、教師素質表現、教師工作滿意、校園規劃設施、校長領導、行政運作、學生表現、外部評價等方面，均有良好的績效與表現，進而能達成學校預期的教育目標，並滿足學校組織內成員的需求。理想的學校行政包括學校教育目標的明確性、各處室工作計畫的擬定、上級政策及本校計畫的執行成效適配性。故需具備：1.完善的組織與計畫。2.明確的目標。3.良好的氣氛和學校文化。4.合宜的校園規劃。5.有效的領導。6.良好的公共關係。7.民主的決策。

　　為建立學校行政支援教學之體系，依《國民教育法》第10條（2011.11.30）規定：「國民小學及國民中學，視規模大小，酌設教務處、學生事務處、總務處或教導處、總務處，各置主任一人及職員若干人……國民小學及國民中學應設人事及主計單位，學校規模較小者，得由其他機關或學校專任人事及主計人員兼任。」因此國民中、小學之行政實務，主要可分為教務行政、學生事務行政、總務行政、輔導行政、人事行政、主計行政等，惟因人事行政與主計行政部分，歸屬於國家公務人員體系範疇，故本文僅由教務行政、學生事務行政、總務行政、輔導行政實務分別述之。

 **壹　教務行政實務**

　　教務行政傳統上即被認為是與教師教學以及學生學習最直接相關之行政工作範疇，位居「以行政支援教學」學校行政設計中的核心位置，直接

影響師生教學之主客觀感受。一般而言，教務主任也大多是學校校長的第一職務代理人。依據《國民教育法施行細則》（2014.3.28）第14條規定，教務處掌理事項為：「課程發展、課程編排、教學實施、學籍管理、成績評量、教學設備、資訊與網路設備、教具圖書資料供應、教學研究、教學評鑑，並與輔導單位配合實施教育輔導等事項」，茲將教務行政實務工作敘述如下：

## 一、課程編排

　　課程編排主要由教務處教學組負責，自教育部推動九年一貫課程以來，國中小排課方式已由傳統的科目課程更改為領域課程，依國民中小學九年一貫課程綱要（2012.5.15）總綱規定：國民教育階段之課程應以個體發展、社會文化及自然環境等三個面向，提供語文、健康與體育、社會、藝術與人文、數學、自然與生活科技及綜合活動等七大學習領域。國民中小學全年授課日數以200天（不含國定假日及例假日）、每學期上課20週、每週授課5天為原則。「領域學習節數」與「彈性學習節數」各年級每週分配情形如下：

| 年級＼節數 | 學習總節數 | 領域學習節數 | 彈性學習節數 |
|---|---|---|---|
| 一 | 22-24 | 20 | 2-4 |
| 二 | 22-24 | 20 | 2-4 |
| 三 | 28-31 | 25 | 3-6 |
| 四 | 28-31 | 25 | 3-6 |
| 五 | 30-33 | 27 | 3-6 |
| 六 | 30-33 | 27 | 3-6 |
| 七 | 32-34 | 28 | 4-6 |
| 八 | 32-34 | 28 | 4-6 |
| 九 | 33-35 | 30 | 3-5 |

　　學校課程發展委員會應於每學年開學前，依規定之百分比範圍內，合

理適當分配各學習領域學習節數。

1. 語文學習領域占領域學習節數之20%-30%。但國民小學一、二年級語文領域學習節數得併同生活課程學習節數彈性實施之。

2. 健康與體育、社會、藝術與人文、自然與生活科技、數學、綜合活動等六個學習領域，各占領域學習節數之10%-15%。

3. 學校應依前揭比例計算各學習領域之全學年或全學期節數，並配合實際教學需要，安排各週之學習節數。

4. 學校應配合各領域課程綱要之內容及進度，安排適當節數進行資訊及家政實習。

### (一)排課流程

學校之課程安排係由教務處及課程發展委員會負責。一般而言，課程安排的方法大致上是先訂出各領域學習節數及各領域教師授課節數，再依學校排課的原則，排定各班週課表、各教師授課表、及學校課程總表等，由教務處呈請校長核定後實施。茲將排課的主要流程分述如下：

1. 成立「課程發展委員會」，下設「各學習領域課程小組」，於學期上課前完成學校課程計畫之規劃、決定各年級各學習領域學習節數。

2. 分析校內教師領域專長及第二專長，做為未來排課及配課之參考。

3. 調查教師任班及任課意願。

4. 參考教師任課意願、學校行政職務安排及教師領域專長、第二專長等，決定教師工作安排，包括導師、科任教師及每位教師任教領域等。

5. 由課程發展委員會討論，確立學校本位課程、彈性課程。

6. 依直轄市、縣市政府有關教師授課節數之規定，決定導師、兼任行政教師及科任教師之授課時數。

7. 成立課務編排小組，進行排課作業。

8. 確立專科教室課表。

9. 排定科任教師授課課表。

10. 由導師依科任教師課表，完成各班課表。

11.教務處彙整各班課表，完成學校總課表、各教師授課課表。

㈡排課的注意事項

為充分運用學校人力資源，使學校課程編排達到最大效益，排課時應注意下列事項：

1. 應考量教師領域專長，專才專用。

2. 應充分尊重各學習領域課程小組意見，並經課程發展委員會決議通過。

3. 應配合學校現有師資結構，考量學校現況、學區特色、領域學習節數、教師負擔、學生與家長期待、縣市政府教師授課節數限制等相關規範與需求。

4. 重練習的科目，應分散排列，避免反覆練習造成學生過度疲勞。

5. 偏重腦力科目與使用體力的科目，宜間隔調節。

6. 需用細小肌肉課程，不宜排在大肌肉活動科目之後，例如體育課後，不宜安排寫字課。

7. 午餐前後不排設劇烈活動類科目。

8. 需使用特別教室之科目、連續上課之科目、以及年級或全校全體參加之科目（例如週、班會，社團活動），宜先排定。

9. 特殊教師需求（如公假進修）宜在不影響整體課務安排下協調處理。

10.上午宜多排思考性科目，下午宜多排操作性或體能性科目。

## 二、學籍管理

學籍是學校管理學生的主要依據，為教務處註冊組工作之一。學籍管理主要有新生報到、註冊、編班、編學號、建立學籍記錄表、辦理學生轉出、轉入、休學、復學、中輟生之通報、註銷、訪視等。兒童入學後，註冊組應依照兒童入學先後或排序，編定各兒童學籍號碼，簡稱「學號」，一般而言，學校應為七碼，前三碼為入學或畢業之年度碼，第四至第七碼為入學順序之流水號，例如102年9月入學學生之學籍號碼為1021001，則

表示該生為102年入學（或畢業），且為當年度該校第1001位入學學生，學籍號碼經編定後，自入學至畢業，均不得變更，轉入學生之學號，應銜接同年級學生學號之末號接續編定，轉出學生再轉回同一學校就讀者，應使用原編定之學號。同一學生不得同時擁有二個以上學籍。

　　學籍記錄表及學號於一年級入學後由註冊組發給各班級任教師，級任教師於調查學生基本資料後，填入於學籍記錄表，依《國民教育法》第6條規定：「國民小學及國民中學學生學籍資料，應以書面或電子方式切實記錄，永久保存並依法使用；其學籍管理辦法，由直轄市、縣（市）政府定之。」一般而言，學籍資料內容應登載下列事項：

1. 核准學籍文號及學生照片。
2. 學號、姓名、性別、出生年月日、戶籍地址及身分證統一編號（僑生僑居地、外籍學生國籍及護照號碼或居留證號碼）。
3. 家長或監護人姓名、性別、出生年月日、戶籍地址及身分證統一編號（外籍父母國籍及護照號碼或居留證號碼）。
4. 入學身分別、學歷及入學年月日。
5. 中途輟學（以下簡稱中輟）或復學記錄。
6. 轉學（含轉出及轉入）記錄。
7. 成績記錄。
8. 畢業年月。
9. 其他學籍管理有關事項。

## 三、編班

　　在教務行政工作中，編班是十分重要的。由於家長與教師對於班級之編成方式皆甚為重視，學校必須依法訂定合理的編班方式，以減少來自各方的質疑。目前我國國中小班級編成原則皆是依據教育部《國民教育法》第12條第2項規定：「國民小學及國民中學各年級應實施常態編班；為兼顧學生適性發展之需要，得實施分組學習」，以常態編班為原則。並依《國民小學及國民中學常態編班及分組學習準則》（2009.7.14）之規定，

進行編班。班級一經編定，除國小三年級及五年級或另有增減班情形者外，國中小各年級應維持原有編班。其編班方式如下：

1. 國中新生之編班得採測驗再依成績高低順序以S型排列，或採公開抽籤方式，或採電腦亂數方式為依據，分配就讀班級；編班後補報到之新生或轉學生，由原辦理單位採公開抽籤方式分配就讀班級。

2. 國小新生之編班得採公開抽籤方式，或採電腦亂數方式為依據，分配就讀班級；編班後補報到之新生或轉學生，由原辦理單位採公開抽籤方式分配就讀班級。

3. 國小二年級、四年級、六年級與國中二年級、三年級因增減班需重新編班，或國小三年級、五年級需重新編班者，得採測驗再依成績高低順序以S型排列，或採公開抽籤方式，或採電腦亂數方式為依據，分配就讀班級；編班後報到之轉學生，由原辦理單位採公開抽籤方式分配就讀班級。

學校於各班學生編班作業完成後，應立即將學生編班名冊（含就讀班級及姓名）於校內公告至少15日，並自公告日起7日內以公開抽籤方式編配導師（級任教師），抽籤時應邀請學校教師會代表及學生家長會代表出席。

## 四、教學進度編訂

學期開始前，各學習領域課程小組應經由充分討論、審度教材的內容、分量，依照教務行事曆所規定的實際上課週數，將教材內容適度分配在各週當中。教學進度編訂時，應注意下列事項：

1. 編訂進度時，應考慮實際上課時間，並扣除考試、國定假日、重大活動（如校慶、運動會、校外教學等）。

2. 各學習領域課程小組應充分討論，以取得共識。

3. 應充分考量各單元之分量與難易度做適度分配，避免將各單元平均分配於各週，務使每一次定期考查時，學生的負擔約略相等。

4. 教師須隨時核對個人教學進度與學校教學進度的符合性，而教務

處也可依據教學進度表進行相關督導與協助。

## 五、辦理學藝競賽

學藝競賽為認真學習的學生提供了發揮的舞臺與積極肯定的機會，也為學校拔擢具備特殊優異才華的學生。透過學藝競賽所挑選出的校代表，如果在縣市競賽乃至於全國競賽中取得佳績，更可以激勵全校師生，並增加師生、家長與社區對於學校的認同。學藝競賽更可實現「由做中學」的精神，培養學生問題解決的能力與抗壓性，因此學校應可考慮多加舉辦。

目前國中小學藝競賽十分多元，例如：演講、朗讀、繪畫、作文、合唱、字形字音、查字典、說故事、科學展覽等，學校舉辦各項學藝競賽時，應注意以下原則：

1. 學藝競賽之舉辦應與學校教學配合，培養學生活學活用的能力，並藉此驗收學生學習成果。

2. 學藝競賽辦理時，宜擴大參與人數，並多設獎項，以鼓勵學生積極參與，並增益其自信。

3. 學藝競賽舉辦以不妨礙正常教學為原則。

4. 學藝競賽設計與舉辦，宜邀請相關領域教師或年級導師參與規劃，並納入活動主辦團隊之中。

## 六、圖書管理

在強調自主學習與多元學習的現代，教務行政當中，圖書管理部分尤顯重要，透過圖書的閱讀，學生可以豐富自己的課外知識，並進行自主選擇的快樂學習。而圖書管理主要分為圖書選購、登錄編目、典藏、借閱四部分，茲敘述如下：

### ㈠圖書選購

學校之圖書選購時，應兼顧教師教學參考以及學生興趣閱讀兩方面，並配合學生的閱讀程度購買；因此，選購時可徵詢教職員及學生意見，必要時也可以設置圖書推薦系統或手寫圖書推薦單供師生填寫。教務處也可

以於各學習領域課程小組開會時，徵詢購書推薦意見，使教學與圖書選購關係更為緊密。此外，同一書本的採購冊數也應考量學校規模與閱讀率進行調整。目前部分國中小班級也採行班級圖書室的設計，由學生與家長認捐書籍以供學生借閱；因此，此類學校在書籍採購時，也可以考量其重疊性，多添購學生與家長較難取得的書籍種類進行採購，以求書種之互補。

### ㈡登錄編目

圖書購入後，即應按順序予以登錄、編號，目前圖書管理皆已電腦化與線上化，相關軟硬體設備，學校可視需要加以採購。分類編號後，即製備書標書名分類號碼並貼於書背，以利借閱與管理。

### ㈢典藏

圖書編目完畢後，應依分類及書號排列，放置於架上。一般而言，圖書室或圖書館宜設置於學校的中心位置，以方便師生前往借閱圖書，而國中小圖書館室設計時，尤須注意書架的高低大小，以符合學生身高情況，方便學生取書。

### ㈣借閱

圖書典藏後，學校應訂定圖書資料借閱使用規則，規定圖書室開放時間、借書手續、借書數量、時間限制及遺失賠償規定等。另外，也可以規劃各課程領域參考教材或補充讀物專區。學校也可安排閱讀課程，讓學生在上課時間能夠至圖書館室閱讀書籍；此外，學校也可以開放午休時間讓學生於圖書館室自由閱讀，因此圖書館室應準備足量之桌椅，若空間許可，甚可另闢閱讀小間。而班級書車也是部分學校所採取的推廣閱讀方式，藉由圖書室的書籍巡迴，增加圖書的利用效率以及學生的閱讀機會。

## 七、教具管理與供應

教具是教師教學的輔助，而設計精良的教具，甚至可以成為單元教學的主角，使學生理解容易，使教師教學達到事半功倍的效果。而教具在日常教學中，具有提高兒童學習興趣與吸引學生注意的功效，因此除教師

自製教具外，教務處宜妥善規劃教具的購置、存放與管理，以提升使用效率。教具管理之注意事項如下：

1. 教務處與課程領域教師之間維持緊密與經常性的溝通，透過各學習領域課程小組會議與其他反應管道，切實掌握教具需求。

2. 教具之採購，應注重其安全性，檢視其是否經過合格之檢驗，以維使用之安全。

3. 教具購入後，需進行分類、編號、登記、列入財產後，再分配保管。

4. 專科教室之教具可集中於專科教室進行儲放與管理，因此在專科教室設計時，應安排充足之收納空間。

5. 體育器材一般另闢體育器材室儲放，器材室應有專業的收納設計，避免堆疊，以免取用時發生危險。

6. 一般課程之教具，可於班級教室另置教具儲物小櫃儲放。

7. 教具儲放櫃可製作標籤標示，另可製作中英對照標籤，增加學生英語學習的機會。

8. 教師與教務處設備組應隨時掌握教具損壞與消耗情形，隨時補充，並避免教具損害造成使用上的危險。

9. 搖晃易碎與笨重之教具應避免儲放於上層收納空間。

10.化學藥品或具有毒性之教具素材應特別標明，並另視需要，裝置附鎖櫥櫃以維持存放安全。

## 八、學生成績的評量與處理

學生成績評量可讓學生據以瞭解自我表現，並調整學習方法與態度；也可讓教師據以調整教學與評量方式，並輔導學生適性學習；學校則可依學生成績評量結果調整課程計畫，並針對學生需求安排激勵方案或補救教學；就家長而言，學生成績評量可以讓他們瞭解孩子在學校的學習表現，並與教師、學校共同督導學生有效學習。因此，成績評量僅是方法，改進教學與學習才是目的，尤其政府已開始推行十二年國民教育，成績評量的

自我檢視與促進成分將會更高。

　　學生成績考查包括定期評量與平時評量，定期評量每學期至多三次，平時評量則以教師在課堂舉行的隨堂測驗為主。通常定期評量由教務處註冊組辦理，國小大多一學期辦理二次，國中大多一學期辦理三次，而不管是定期評量或平時評量，其成績結算與登記相關工作均由註冊組負責。

　　國民中小學成績評量係依據《國民小學及國民中學學生成績評量準則》（2014.4.25）規定辦理，學生成績評量，應依學習領域及日常生活表現，其評量原則如下：

　　1. **目標**：應符合教育目的之正當性。

　　2. **對象**：應兼顧適性化及彈性調整。

　　3. **時機**：應兼顧平時及定期。

　　4. **方法**：應符合紙筆測驗使用頻率最小化。

　　5. **結果解釋**：應標準參照為主，常模參照為輔。

　　6. **結果功能**：應形成性及總結性功能並重；必要時應兼顧診斷性及安置性功能。

　　7. **結果呈現**：應質性描述及客觀數據並重。

　　8. **結果管理**：應兼顧保密及尊重隱私。

　　學生成績評量之辦理方式則有：

　　1. **紙筆測驗及表單**：依重要知識與概念性目標，及學習興趣、動機與態度等情意目標，採用學習單、習作作業、紙筆測驗、問卷、檢核表、評定量表等方式。

　　2. **實作評量**：依問題解決、技能、參與實踐及言行表現性目標，採書面報告、口頭報告、口語溝通、實際操作、作品製作、展演、行為觀察等方式。

　　3. **檔案評量**：依學習目標，指導學生本於目的導向系統彙整或組織表單、測驗、表現評量等資料及相關記錄，以製成檔案，展現其學習歷程及成果。

　　雖然近年來極重多元評量方式的推廣，即包括表演、報告、實作等的方式，但一般學科目前仍以紙筆測驗較為常見。在紙筆測驗方面，隨堂測

驗由任課教師自行命題，定期考查則原則上由任教同一學年的各領域教師
輪流命題，命題完成後，再交由教務處統一印製。故在學生成績評量的行
政處理上，應注意下列事項：

1. 宜鼓勵多元評量，行政處室對於教師的多元評量方式應多加配合
支持。

2. 領域教師應體諒行政單位業務量與軟硬體限制，在評量形式與處
理方式上多溝通，共謀可行之道。

3. 學生成績之處理，應避免標籤作用之副作用，並謹守個人資料保
護法規相關規定。

4. 各校可逐步建制學生學習歷程檔案平臺，以簡化成績處理的繁雜
性，避免成績登記簿冊遺失所造成之問題，並使學生學習歷程易於追蹤與
檢討。

5. 對於成績優異學生，可多增加獎勵設計，以收鼓勵與典範學習之
效。

6. 與導師及領域教師合作，適時提供學生成績低落傾向之早期預
警。

國民中小學學生學習領域之成績評量結果，應依評量方法之性質以等
第、數量或文字描述記錄之。其等第與分數之轉換為：優等：90分以上；
甲等：80分以上未滿90分；乙等：70分以上未滿80分；丙等：60分以上未
滿70分；丁等：未滿60分。並以丙等為表現及格之基準。學校得公告說明
學生分數之分布情形。但不得公開呈現個別學生在班級及學校排名。成績
評量結果，應妥為保存及管理，並維護個人隱私與權益。

## 九、網路資訊設備

關於教務行政中之資訊網路設備，可分為資訊教育與行政電腦化兩
方面，茲因世界業已進入資訊網路化以及全球化競爭時代，對於資訊設備
以及網路的接觸與使用，已成為基礎教育與國民教育的核心，資訊競爭力
更是當代學生未來生涯發展的關鍵指標，因此網路資訊設備的充實已成為

國民教育政策與行政上的重點部分。又政府推行行政電腦化，以提升學校行政效率，對於學校行政進行系統性的知識管理工作，因此也需要網路資訊設備的配合，而此一部分的工作，往往由教務處資訊組或設備組進行處理。教務處網路資訊設備建置與管理工作範疇，因各校資源條件與政策而異，主要包括：

1. 設置電腦教室與進行資訊教育。
2. 行政電腦化作業。
3. 線上公文系統建置。
4. 學校網站建置與維護。
5. 教師網站或課程領域網站輔導建置與管理。
6. 班級網站輔導建置與管理。
7. 學生學習歷程檔案系統。
8. 辦理相關資訊教育研習。

## 十、教師研究與教師評鑑

　　近年來倡行學校本位課程，強調以「課程領導」與「教學領導」提升學校教學成效，又學校經營績效與問責制度成為政府施政與人民關注之重點，因此教師參與研究以及學校進行教師評鑑的情形逐漸普遍。

　　教師研究就其廣義言之，包含精進教師教學表現之一切研究與進修事項，包括教學觀摩、教師進修、講座舉辦、研討會舉辦、教師行動研究、教育實驗等等，教務處與總務及人事等處室需共同合作舉辦，或協助教師至校外參與。在教師評鑑方面，目前教育部已研議將教師評鑑正式納入教師法之中，政府亦正積極推動國中小教師專業發展評鑑，已有許多縣市與學校參與試辦，評鑑內容包括課程設計與教學、班級經營與輔導、研究發展與進修、敬業精神及態度等（教育部補助辦理教師專業發展評鑑實施要點，2010），教師進階制度等也在研議當中，因此未來教務處必然會承辦更多教師評鑑相關業務，成為教師教學精進業務的主要行政單位。

**學生事務行政**

　　國民中小學學生事務處原稱為訓導處，由於近年來民間與政府提倡零體罰與愛的教育，故將其名稱調整為學生事務處，以去除「訓導」二字所可能承載的負面意涵。目前學生事務處下設有訓育組、衛生組、體育組與生活輔導組，主要負責業務範圍包括公民教育、道德教育、生活教育、體育衛生保健、學生團體活動及生活管理，並與輔導單位配合實施生活輔導等事項。茲將學務行政實務工作敘述如下：

### 一、始業指導

　　始業指導指新生剛入學或舊生剛開學之際，為了使學生能迅速的適應環境，學校所安排有系統、有計畫的特別指導活動。始業指導在一年級新生方面，包括認識環境、認識師長、校規指導、遊戲器材安全指導等；舊生方面，則包括環境整理、儀容檢查及指導、編排座次表及升降旗隊形、選舉幹部、說明新學期該注意事項等。

### 二、講座辦理

　　學務處辦理各式講座，內容含括公民教育、道德教育、生活教育、衛生保健各方面，常見的有反毒講座、民主法治講座、交通安全講座、體適能與健康講座、兩性平權講座、校園安全講座、防災講座等等。講座之辦理，需注意以下數點：
1. 避免影響正常教學。
2. 鼓勵師生共同參與。
3. 精選講師，以提升學生參與意願。
4. 設置雨天預備場地。
5. 防災與交通安全等講座，預先規劃演練場地與設備。

### 三、學生保健與校園衛生維護

　　學生保健部分主要由學生事務處衛生組辦理，透過環境衛生維護與學

生身體健康之確保，以維持並改善學生學習環境與條件。主要辦理項目包括：

1. 訂定衛生保健工作及實施要點。
2. 規劃全校整潔、環保工作。
3. 辦理學生健康檢查、指導學生維護健康要領並矯治其缺點。
4. 辦理預防接種。
5. 從事有關保健中心業務及緊急救護。
6. 進行有關衛生教育事項之辦理與推廣。
7. 管理保健器材與設備。

在規劃全校清潔工作方面，需辦理整潔區域劃分、整潔評分員選拔與管理、校園衛生巡邏稽查、清潔用具保管與發放、垃圾清運與資源回收業務等。整潔區域劃分則需注意以下原則：

1. 顧及學生身體發展成熟度：高年級可安排較為廣闊的清潔區域或難度較高之清潔工作項目。
2. 以距離接近為原則：公共區域掃區以接近各負責班級為原則，使學生易於打掃清理與進行檢查。
3. 掃區難度條件應與重視：較難打掃的區域或項目可分配予較多班級或學生進行打掃。
4. 注意校園安全死角或是有交通安全疑慮的掃區安排：此類掃區應規劃攝影器材，並由師長陪同指導，確保學生安全。

## 四、班級幹部管理

班級幹部所執行之工作多半與學務行政業務範圍有關，例如班長的訊息傳達、副班長的點名工作、風紀股長的生活秩序維持、衛生股長的環境清潔督導等，因此學務處需對於班級幹部進行協助與管理，適時支援並且教導班級幹部為班級提供服務的方法與技巧，並且發與幹部證書，並提供適當獎勵，以促進班級幹部的優越表現。

## 五、導護工作

導護即指導保護學生的工作，其工作項目包括學生生活的指導、秩序的維護、環境衛生的督導、交通、運動、遊戲安全的指導，偶發事件的處理及團體集合的指揮等。導護工作的編組，一般分為總導護、路口導護及校內巡查等。總導護負責推行各週中心德目及生活規範的實踐與反省；早晨、午睡及課間巡視校園，維護校內秩序，團體集合的整理、指揮，環境衛生工作的督導；偶發事件的處理等。路口導護負責各路口崗位學生上、下學交通安全的維護，並輪流記載導護日誌。校內巡查負責在早晨、午休及課間巡視校園，做整潔秩序的評分，並指導學生遊戲的安全事項。

導護工作每週交接，在移交會議上，應檢討本週導護所發生的問題，並提供改進建議，以提供下週導護參考。另學務處也需製作校園安全地圖，詳列校安死角，提醒學生注意並加強巡邏，且須呈報校長，並與總務處合作購買相關維安設備與監視系統，並裝設急救鈴，以確保校園安全。

## 六、社團活動

九年一貫課程施行以來，國民中小學教育更重視培養學生「帶著走的能力」，而學校的社團活動正是「多元學習管道」與「由做中學」的具體實踐。目前國中小學生社團可大別為才藝性、康樂性、科技性和體能性數類，學生社團的辦理與實施，具有以下重要且多重的教育意義：

1. 符合興趣原則，尊重學生多元興趣。
2. 符合民主原則，學生可體驗其自主選擇性。
3. 由做中學，培養學生十大基本能力。
4. 社團活動組織自理，培養管理能力與合作精神。
5. 外聘師資，引入社區與特殊專長教育資源。

學務行政學生社團辦理的主要流程，如下所示：

1. 訂定社團活動實施辦法與規定。
2. 規劃社團活動時間。
3. 受理社團申請與成立社團。

4. 妥適安排社團活動場地。

5. 聘請社團指導老師。

6. 學生自主選擇社團。

7. 社團幹部選舉、教育、管理與證書頒授。

8. 社團經費與器材支持協助。

9. 辦理社團成果發表活動。

## 七、營養午餐工作

　　由於社會型態改變，小家庭增加，雙薪家庭比例逐漸提高，因此政府為減輕家庭負擔及照顧國中小學童，減少學童中午返家用餐來往奔波所造成的交通安全顧慮，因此撥款補助國中小購置廚房設備，辦理營養午餐。營養午餐之辦理，學校需成立營養午餐推行工作委員會，下設採購組、教育組、帳務組、稽核組等，各校分組名稱略有差異。營養午餐推行工作委員會之主任委員通常由校長擔任，副主任委員則由家長代表及主任共同擔任，另設執行祕書綜理相關事項。營養午餐推行工作委員會設置委員若干人，其身分應包括行政人員、教師及家長代表，提供午餐工作建議及討論。學校辦理營養午餐工作應注意以下原則：

1. 遵照營養師建議，注意食材與菜色的營養均衡。

2. 定期公布菜單以供學生與家長參考。

3. 確實維護廚房整潔工作並注意用火安全。

4. 每日餐食皆需依照規定保留樣本，以備臨時檢驗之用。

5. 餐食運送之路線與方式須妥善規劃，以免發生危險。

## 八、體育活動

　　中小學學藝競賽主要由教務處籌辦，而體育類競賽主要由學生事務處體育組規劃辦理。近年來政府因應兒童平均體重上升問題，特別重視體育活動的舉辦以及學童體適能的增進。學校體育活動的主要內容包括：

1. 各項體育工作計畫擬定、推行與考核。

2. 辦理學童體適能測驗工作。

3. 辦理體育成績評量事宜。

4. 規劃及管理運動器材及體育設備。

5. 規劃及執行早操、團體活動。

6. 指導學童正確使用體育與遊戲器材。

7. 辦理體育表演、運動競賽等活動。

8. 訓練學童參加校外運動會、舞蹈等競賽活動、訓練校代表隊。

9. 辦理村（里）校聯合運動會或校慶運動會。

10.推展社區體育活動及教職員體育、康樂活動。

在各項體育活動中，又以辦理運動會最爲複雜且規模盛大。運動會通常搭配校慶活動而舉辦，爲了與社區結合，也有以村里民聯合運動會方式舉行，這樣的設計可增進親師互動的機會，也促進社區對於學校的瞭解與認同。爲使運動會順利進行，其組織分組及工作內容如下：

1. **總幹事**：統籌運動會的籌備工作，協調運動會工作分配和各項目的順利進行。

2. **總務組**：負責各項器材採購、請柬印製、寄發、聯繫、處理家長捐贈等。

3. **會計組**：經費監督與核銷事項。

4. **場地組**：運動場地規劃、整理、畫線和維護等。

5. **器材組**：各項運動器材的準備、搬運、設置和回收。

6. **接待組**：負責運動會當日來賓的接待工作。

7. **典禮組**：安排運動會開、閉幕典禮的進行。

8. **競賽組**：編印秩序冊和各項競賽事項、準備比賽用的各項登記表格、安排各項競賽的進行。

9. **表演組**：表演節目和表演順序的安排。

10.**裁判組**：組織和督促裁判到場執行裁判工作，並籌辦裁判相關會議與行前教育。

11.**檢錄組**：領取各項比賽名單，並執行點名工作。

12.**記錄組**：進行各項競賽成績的登錄、統計，並核算成績。

13.**宣傳組**：規劃宣傳方式，印製海報、邀請函、廣告傳單等等。

14.**醫護組**：提供運動會醫療救護服務。

15.**獎品組**：運動會獎狀和獎牌的設計、獎品的募捐、請購、包裝和頒獎。

16.**警衛組**：進行交通導護、管理校園秩序、維護校園安全。

17.**環保組**：環境衛生和善後場地恢復事項。

良好的規劃與籌備是運動會舉辦成功的要件，學校首先必須成立籌備委員會，由校長擔任主任委員，擬定實施計畫，包括辦理目的、舉辦時間、競賽及表演項目、競賽場地、各工作小組工作、經費預算和其他待協調的事項。籌備委員會議須召開數次，第一次召開即應確定運動會舉辦時間、規模大小、競賽項目、表演節目、工作分配等。學校辦理運動會應注意事項如下：

1. 盡可能讓更多的師生擁有參與競賽的機會。

2. 依據不同年齡學生之體適能狀況設計競賽內容。

3. 各項競賽技能養成應重視平時之訓練，並與相關領域課程搭配。

4. 場地與設備皆要事先盤點並進行安檢。

5. 多設計團隊競賽培養學生互助合作的能力。

6. 利用體育課程教學機會給予學童運動會舉行前的準備教育。

7. 賽前練習應避免影響正常教學。

8. 預先設計運動會雨天備案。

## 九、校外教學

校外教學為學校課程與教學之一環，依據國民中小學九年一貫課程目標，以學校本位課程為主軸，結合領域教學及彈性課程，規劃各年級有系統性的校外教學課程活動，據以實施。校外教學使學生透過校外參訪方式進行學習，以擴展其學習領域，增加學習經驗，整合學習效果，並能陶冶學生群性，發揮互助合作的團隊精神，其實施流程如下：

1. 各學年經學年會議通過，提出校外教學需求。

2. 由訓育組擬定實施計畫及經費需求表，明確訂定日期、地點、費用、出發及返校時間、路線、人員分配、經費需求後，請校長核示，召開校外教學活動籌備會議。

3. 經籌備會議討論後，即請總務處依採購法相關規定公開招標。

4. 招標完成，校長核定後，由訓導處印發通知單與家長同意書交由學生帶回填寫。

5. 活動費用由各班級統一收齊後繳交至出納組。

6. 活動前一週發給各班「校外教學注意事項」，並進行行前安全教育。

7. 活動前由各學年指派老師先行聯絡相關機關並勘查地點。

8. 活動當天須備有急救箱與必要之藥品。

9. 租用車輛應遵照教育部「學校辦理校外教學活動租用車輛應行注意事項」規定辦理。

10.活動前，分發學習手冊，由學生在校外教學間記錄參觀心得報告。

11.活動前，確認學生隨身攜帶緊急聯絡方式。

校外教學之實施首重安全，其中車輛租用更是重要，學校辦理校外教學活動租用車輛，其契約訂定應以交通部訂頒之遊覽車租賃定型化契約範本為依據，並應租用合法之營業大客車、車齡：五年以下年份較新之車輛為原則，且駕駛人一年內不得有重大違規及肇事記錄。行前需檢查租用車輛效期內之保險證明文件，並註記該次活動租用車輛車號、駕駛姓名，且不得任意更換駕駛。為利安全管理，校外教學活動之車隊管理及編組如下：

1. 各車次師生應建立緊急聯絡人名冊，留存學校。

2. 二車以上應編成車隊（車號粘貼於明顯位置），並指定有經驗之教師擔任總領隊，五車以上另增副總領隊一人或二人。

3. 每車至少派遣一名教師擔任隨車領隊，必要時得請行政人員、教師或家長協助，負責該車之安全及秩序維持。

4. 各車應實施安全編組，備妥急救藥品，並指派專人保管。

5. 依行車路線計畫行駛，不得隨意變更路線，必要時，應經總領隊同意始得變更。

校外教學既然是學校課程與教學之一環，故除安全要求外，其還必須具有教育性，學校在辦理校外教學時宜注意下列事項：

1. 校外教學課程活動內容以學生學習爲核心，增進自然與人文關懷、認識家鄉及愛護家鄉爲主要目標，避免流於以旅遊玩樂性質爲主之活動。

2. 校外教學宜以學生生活經驗爲中心，把握由近及遠之原則，如：國小低年級由在地社區出發，延伸至在地鄉鎮；國小中年級由在地鄉鎮出發，延伸至鄰近鄉鎮；國小高年級由在地縣市出發，延伸至鄰近縣市；國中則由在地縣市出發，延伸至鄰近縣市及全國各地。

3. 應考量節令氣候、交通狀況、環境衛生、公共安全、場館規模及教學資源等，結合課程設計及學習主題研擬周妥實施計畫

4. 應事先確認膳食、住宿及活動場所具合格建築使用執照、營利事業證等

5. 事先查詢活動地區醫療服務及求救管道，如至外縣市，宜有護理人員隨行，倘人手不足，可商請具護理經驗、專長家長或志工協助，並備妥急救藥品。

6. 落實行前安全教育，包含應遵守活動規定、安全注意事項、緊急應變措施、緊急聯絡電話及其他等事項。

7. 教師應指導學生運用學習單或學習手冊，並依教學目標就學生學習表現進行評量。

8. 校外教學結束後，教師宜結合校內課程，指導學生發表學習心得，以整合學習成果。

 **參　總務行政**

總務工作是學校的後勤工作，其主要的任務在支援學校教師教學以及各處室行政作業。總務的工作精細而複雜，需要耐心、細心與用心方能勝

任。總務處主掌學校文書、事務、出納等事項，下設文書組、事務組與出納組，茲將總務行政實務工作敘述如下：

# 一、財產管理

依照行政院所頒《財物標準分類》（2013.8.7）規定：財物，乃財產及物品之總稱。「財產」與「物品」在其定義範疇上有所區隔，財產包括供使用土地、土地改良物、房屋建築及設備、暨金額一萬元以上且使用年限在兩年以上之機械及設備、交通及運輸設備及什項設備，惟圖書館典藏之分類圖書仍依有關規定辦理。物品係不屬於前述財產之設備、用具，又可分為「消耗性物品」與「非消耗性物品」兩類。消耗性物品係指一般公用物品，經使用即失去其原有效能或價值者；非消耗性物品係指一般公用物品，其質料較堅固，不易損耗，使用期限不及兩年或金額在單價新臺幣一萬元以下者。財產管理包括以下事項：

## ㈠財產登記

學校因採購及其他原因增加財產時，均須進行財產登記。財產增置後，如驗收完畢，應填具財產增加單。財產登記包括財產分類編號、製作財產目錄並製作財產卡。學校之財產登記若已進行電腦化作業，則可另設計相關電子表單以為財產登記之用。財產完成登記之後，應定期造具財產增減表向上級機關報備。土地及建築物等不動產，於取得或撥入後，應於規定時間內，向當地主管機關辦理產權登記，變更時亦同。

## ㈡收發與保管

物品完成請購手續後，事務組通知廠商送貨，採購物品送達後，需辦理驗收手續及保管單位登記，再通知申請人辦理領用（消耗品）或借用（非消耗品）手續，並貼具財產條，方便後續的盤點與管理。

學校物品之保管人員，對於其所經管之物品，應負妥適保管的責任，如果發生遺失或損壞情形，除因災害、竊盜，與其他不可抗力因素所造成之外，保管人均應負賠償之責。物品賠償價值之標準，依物品損壞時之市價為準，並按已使用年限折價計算。若物品的損壞與遺失，是由於保管人

基於故意破壞，或是不法侵占及盜賣者，不僅須負賠償責任，還需追究相關刑責，依法究辦。

### (三)報廢

若財產已逾規定使用年限，即可進行報廢處理。財產報廢除應依程序由主管機關核准外，並須視需要以變賣、利用、轉讓、交換及銷毀等方式進行處理。此外，財產若因災害、竊盜，與其他不可抗力因素與意外事故而遺失或損毀時，則必須依程序報請審計機關核准後，始能解除該財產保管之責任，並依相關規定辦理報廢。財產報廢之後，應記得造具財產增減表，報請上級機關備查。

## 二、採購、招標

為建立政府採購制度，依公平、公開之採購程序，提升採購效率與功能，確保採購品質，學校行政人員或教師因公務或教學需要，凡工程之定作、財物之買受、定製、承租及勞務之委任或僱傭等，均應依《政府採購法》（2011.1.26）規定辦理。需求單位或人員先辦理請購申請，再由總務處依其請購要求，辦理採購手續，採購後再依規定辦理核銷及付款。

總務處採購之招標方式，可分為公開招標、選擇性招標及限制性招標。公開招標係指以公告方式邀請不特定廠商投標；選擇性招標係指以公告方式預先依一定資格條件辦理廠商資格審查後，再行邀請符合資格之廠商投標；而限制性招標則是指不經公告程序，邀請二家以上廠商比價或僅邀請一家廠商議價。招標方式之選擇需依據政府採購法之規定，非總務處承辦人員可以決定的。學校辦理公開招標或選擇性招標，應將招標公告或辦理資格審查之公告，刊登於政府採購公報並公開於資訊網路。

## 三、文書處理

文書處理主由總務處文書組負責，文書處理之內容包括公文擬定與處理回覆、印信之使用與保管、檔案管理、蒐集整理新聞資料或其他資料、全校性會議記錄與整理、學校大事紀之記載等。文書處理流程包括收文處理、文件簽辦、文稿擬判、發文處理、歸檔，各流程細部步驟如下：

### (一)收文處理

包含簽收、拆檢、編號、登記、分文、傳遞。學校收到來文後,除密件及親啟文件外,一般文件應行拆封編號登記,拆封時應核對並清點公文名稱、數量及附件是否相符。收文登記時,應在來文下方加蓋收文戳記,註明收文日期及登記字號,並登錄於公文登記簿。登記完成,即按來文性質、內容分文給各處室承辦的人員或教師。送文時並在公文登記簿之「收件人」欄內,請各業務主辦人簽收。

### (二)文件簽辦

包含擬辦、送會、陳核、核定。各處室承辦人員於收到公文後,視文內容簽註辦理意見,送請處室主任及校長批示,簽辦時須按公文處理時限規定,儘速辦理。

### (三)文稿擬判

包含擬稿、會稿、核稿、判行。來文須回覆或主動發文時,皆須先行擬稿。擬稿時,須用擬稿紙,並切實符合公文格式規定,文字簡明,層次清楚,措詞恰當,注意禮貌。承辦人擬完稿,須送請處室主管及校長核判後,始可發文。

### (四)發文處理

包含繕打、校對、蓋印及簽章、編號、登記、封發。文書組於收到判行之文稿後,即可進行繕打、校對、用印及簽署作業,完成編號登記之後即可封發。封發之前應再次檢查公文附件是否齊全,封套與文件是否配對正確,發文日期與字號是否確實填入等,經查無誤後,方可寄送。

### (五)歸檔

所有公文都須妥善歸檔存查,做好知識管理,以備臨時調閱或作為評鑑資料所需。學校對各種文書,應將之歸檔保管,以備調閱及查考。檔案管理作業,包括點收、分類編案、編製目錄、保管、檢調、清理等程序,分述如下:

1. **點收**:檔案管理單位將業務單位辦畢送來歸檔之文件,予以清點

受領。歸檔案件點收，應注意查文本及附件是否齊全，不齊者退還補正，附件不須歸檔者予以退還。

2. 分類：根據檔案內容之性質，歸入分類表中最適當之項目。檔案之分類可分為類、綱、目、節四級，以處事別為「類」；以組別為「綱」；依分層負責明細表各處室各組之分項工作為「目」；若欲再細分，則可編為「節」。由文書組編列檔案名稱及分類表，陳校長核定後實施。如非必要，應避免更改。

3. 編製目錄：編製目錄可依書本式或卡片式編制。

4. 保管：檔案應裝訂成冊，以一年一次為原則，依序標明年號、編號及案號。機密檔案，應指定專人單獨保管。

5. 檢調：檢調係指學校有關人員若需調閱案件時，能依目錄，迅速、確實查得所需之案件，供業務單位參考。借調檔案，需按一單一案填具調案單，經單位主管簽章後方准調閱。調閱機密案件，應陳奉校長核准。

6. 清理：定期檢查檔案，適時辦理銷毀。檔案之保存分為永久保存與定期保存兩種，保存年限依各直轄市、縣市政府規定之學校分層負責明細表辦理。

7. 保護：檔案保管處所，應具有防潮、防蟲、防災害等設施，檔案如有破損，應隨時修補。

## 四、出納業務

出納業務係指學校金錢收支，包括：學校一切款項之收支、簽發支票、保管現金支票暨公庫銀行票據、登記出納帳簿、填製各種有關出納之各種單據、編制差額解釋表、發放教職員工薪資等。

出納組因管理資金預算，因此在處理細節上尤須注意。出納業務應注意時限依時收付，一切收支均要隨時記錄，收受現金之同時，應開立自行收納款項統一收據或收款收據，於當日或隔日解繳學校公庫專戶。除零星支出以零用金支付者外，所有支出一律開立支票或電匯及撥入個人帳戶方式付款。對存款之現金、票據及有價證券等須定期或不定期盤點，並與會

計相互稽核。

## 五、校園規劃與設計

　　校園規劃與設計雖為學校行政總體工作項目，但仍由總務處負責主要工作，近年來，校園規劃已趨向活潑化，各式特殊設計的建築與校園環境規劃已開始出現在臺灣的校園之中。由於各項規劃與設計之實施，均需由總務處負責採購、招標、驗收等程序，因此校園規劃可暫列入總務處工作範圍中。校園規劃設計應注意下列事項：

　　1. 以人為核心的設計，考量學生的生理條件與心理需求，規劃設計需具教育性。

　　2. 無障礙設計需符合內政部營建署「建築物無障礙設施設計規範」（2014.12.1）。

　　3. 考量地質、日照、風向、噪音、等環境因素。

　　4. 以節能減碳作為核心設計原則。

　　5. 考量安全性，避免產生安全死角。

　　6. 重視美化設計，依規定搭配設置公共藝術。

　　7. 避免浮華不實的設計，兼顧經濟性與實用性。

　　8. 綠化設計採多層次植栽，綠化種植植物種類以地區或臺灣原生種為主，並可視場地許可，設置生態池。

 肆　輔導行政實務

　　輔導工作，其目的在於培養學生健全的人格，協助學童認識自己，適應環境，明瞭家庭、學校與社區環境的相互關係，使其由自我成長而達群性發展，並經由對兒童能力、性向、興趣與人格特質的瞭解，能充分激發兒童的潛能與創造力。輔導行政包括學生資料蒐集與分析、學生智力、性向、人格等測驗之實施，學生興趣成就與志願之調查、輔導及諮商之進行，並辦理特殊教育及親職教育等事項。茲將輔導行政實務工作敘述如下：

## 一、建置學生輔導資料

　　學生輔導資料表之編訂，應考量學校條件與學生組成之特殊性。一般學生輔導資料記錄表分為A表與B表兩種，其中A表由學生自填個人資料，B表則由教師填寫記錄輔導情形。學生輔導資料A表主要包括內容包括：姓名、學號、所屬班級與導師、個人基本資料、身心障礙與特殊疾病、家庭狀況、過往學習狀況、特殊身分、自述或自傳、未來規劃等。B表內容主要包括：姓名、學號、所屬班級與導師、學生生活適應情形、學生輔導重點、學生輔導記錄等。

　　新生入學之初，即需填寫「學生輔導資料記錄表」、「學生綜合資料記錄逐年檢查表」、「學生興趣及特殊才能調查表」等，學生填妥表件回收後，需以班級為單位裝訂成冊，平時由級任教師保管以方便查閱與紀錄，寒暑假時則交回輔導室集中保管，避免遺失。

　　輔導室建立之學生基本資料，因牽涉學生個資與隱私，需特別注意保管的安全性與責任，非權責允許範圍人員，皆不可任意翻閱。當一般學生有轉學、特殊學生有轉學或升學情形時，轉入學校需於學生到校的二個月內，向原學校索取相關資料記錄表，學校在處理轉移與交寄時，都需注意保護學生隱私。

## 二、辦理學生各項測驗

　　為能深入瞭解學生，以提升教學與輔導的成效，學校可以在學生同意的前提之下，以信效度皆優的相關心理測驗對學生進行施測。學校常用之心理測驗依性質可分為：智力、性向、人格與成就測驗等四大類，任何測驗須包含內容、實施、記分與解釋四步驟，且須注意任何測驗結果皆為參考之用，教師在輔導上，還要輔以對談與觀察，避免單純經由測驗瞭解學生所造成的標籤作用或錯誤印象。

## 三、實施學生個案輔導與團體輔導

　　輔導室空間須事先規劃，預留至少一至二個具私密性的輔導空間以供個案與團體輔導。輔導室與輔導諮商空間另需加以設計與布置，務求充

滿溫暖與關懷的氛圍，讓學生更有意願使用輔導室所提供的相關服務。輔導室外牆也可設置輔導專欄與輔導信箱。輔導專欄用以公布輔導室行政公告、相關輔導知識以及宣導事項，輔導信箱則方便學生投遞個人意見與求助訊息。

　　學生個案輔導時需注意空間的私密性，學生輔導後須進行追蹤，並妥善保存相關資料以免外流。輔導教師須隨時與級任教師保持密切的聯繫，共同合作進行輔導，必要時也須將家長納入溝通對象。如學生適應困難情形或偏差行為嚴重，則輔導室需進行轉介，部分嚴重情況例如虐童、家暴、性侵等，則須立刻依規定進行通報。現行學校實施的三級預防輔導制，實施流程與內容如下圖所示：

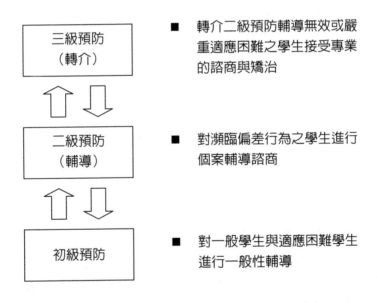

有時輔導之形式以團體輔導較為合適，例如處理團體問題或是輔導人際關係問題，團體輔導有時收效較佳。團體輔導有時也用以進行能力試探與性向測驗等等。一群人一起參加時，學生往往更有意願接受輔導室的協助與服務，因此，團體輔導乃輔導室輔導的重要形式，可讓學生更為信任與親近輔導室，使學生更樂於參與輔導室未來的活動或是接受單獨的個案輔導。

# 參考文獻

建築物無障礙設施設計規範。2014年12月1日。

國民小學及國民中學常態編班及分組學習準則。2009年7月14日。

國民小學及國民中學學生成績評量準則。2014年4月25日。

財物標準分類。2013年8月7日。

政府採購法。2011年1月26日。

國民中小學九年一貫課程綱要。2012年5月15日。

國民教育法。2011年11月30日。

國民教育法施行細則。2014年3月28日。

游自達

# 教師壓力與身心健康

　　學為人師的過程或許充滿憧憬、期待與熱情，憧憬著作育英才的成就感、追求以前受教過程中的良師典範、期待著和學生相處與啓迪智慧的樂趣。隨著教育實習的進展，第一線教學與學習行政實務的活動比重逐步增加，實習生所面臨的壓力也將如影隨形。接受教育實習的歷練、完成師資培育職前課程、參加教師檢定考試以取得合格教師證書等，關關都會形成壓力。如能秉持教育熱情，在往後參加教師甄試取得教職、從初任教師歷練的專業發展過程，也將充滿著挑戰。在從事教育工作的歷程中，或許不乏令人振奮愉悅的經驗，但也將面臨一些耗損教育熱情的事件。在學為人師的路上，需要去認識它、面對它，並加以因應調整。

　　當老師不全然像想像中如意，總可以在春風化雨的言談中達成教學目標，也未必如意料中風光，認為學生總是順從靈巧、動機勃發、求知若渴的。教師在教育工作上會遭遇許多的挫折、衝突、不如意，進而形成個人的壓力。如果壓力長期無法紓解，可能產生耗竭（burn-out）的現象，例如：開始厭惡到學校工作；以公式化、不在乎的方式進行教學工作；逐漸對工作不滿意；對學生不再具有耐心，甚至懷有敵意；認為教學是一件痛苦的事等。

　　教學是一件耗費心力的工作，需要專業知能加上持續的熱情。近年來，在教育民主化及行政革新的殷切期許下，教育環境體系已趨複雜且多元。諸如家長對老師的要求增加、學生學習與心理的問題日趨複雜、教育政策變革的速率增加、大眾媒體對教師的負面報導衝擊教師聲望或造成角色模糊、混淆等，這些都造成老師的壓力。除此之外，近年來，教師面對十二年國教的課程與教學改革、退休制度變革、教師評鑑、學生校園霸凌、教師超額問題等教育政策或教育議題，這些來自工作職場內外的壓力源都可能使教師感到困擾與挫折。老師需要認識這些壓力背後的心理現象與需求，也需要有一些策略來因應與紓緩這些壓力。由於社會大眾期待教師所扮演的是引導者、協助者的角色，教師們也是以此自期。不過，老師也是平凡人，有自己的心理需求、信念與價值，也有自己的生活與家庭。教師需要認識自己所面對的壓力，學習壓力的因應與調整策略。社會大眾也需要給予教師適當的支持、回饋。否則，老師如因長期壓力而產生耗竭

的現象，學校、學生、教師自身都將成為受害者。

　　教師的工作主要是教學、學生輔導與學校行政，而需要面對的對象除了學校同儕、學生之外，還有家長、社區人士等。在工作上有諸多的層面都可能造成壓力。因此如何幫助老師在千頭萬緒的壓力中，認識自己所面臨的壓力，學習調適之道，進而能與壓力共生，實為教師生涯的重要課題。有鑑於此，筆者將在本章內說明教師的壓力、壓力對身心的影響，並分析教師面對壓力的因應策略，讓（準）教師對此議題有所理解，並及早做心理準備。

 **教師壓力的意義與來源**

　　壓力為現代人普遍感受到的現象，工作本身即是壓力源之一。由於教師的工作具有強烈的人際需求，而其所扮演的角色相當多樣。有許多的研究指出，教學須面對複雜的人際互動，是高度壓力的專業工作。世界各國相關的研究也發現，大部分的教師都知覺到相當高的工作壓力。近年來社會多元變化急遽，大眾媒體對教師表現的負面報導，使教師職業聲望下降，教師地位大不如前，而校內行政領導變革、課程改革的幅度與步調加速、家長參與和期望的改變等，已使校園結構產生根本改變，教師在此變遷環境下的工作壓力也相對加大。教師所承受的壓力將影響其教學，衝擊學生的受教權益。

### 一、教師壓力的意義

　　教師壓力（teacher stress）乃是教師與工作環境之關係不協調的現象，這種不協調導致教師若干心理的、認知的、及生理反應，甚至造成身心俱疲的工作現象。換言之，當教師覺察到工作情境中所發生的狀況威脅到心理平衡，便構成壓力。不過，壓力一詞在心理學上其實有三種解釋取向：1.指環境中存在某種具有威脅性的刺激。外界的刺激施加於個體上會造成個體生理上的反應（緊張）。例如：噪音、天然災害均屬之。2.生活中具有威脅性的刺激引起的一種反應組型；只要類似刺激的出現，就會引

起同類型的反應。此種反應組型，稱為壓力反應組型。3.刺激與反應之間的交互關係；個體的環境中具有威脅性的刺激，經認知其性質之後所表現的反應。

雖然學術界對壓力有不同的定義與看法，筆者認為壓力乃是環境的刺激與個體交互作用的結果。個體與環境互動時，自我覺察到個人的知識、能力、經驗、資源等不足以應付內、外在環境需要時，所產生的威脅或緊張等狀態即為壓力。正如Gold和Roth（1993）所指出，壓力是個人心智、情緒、生理三方面不平衡的狀態。由個人對情境的知覺產生，而帶來生理、情緒的反應。情緒可以是正向的或負向的，主要是基於個人對事件的解釋。這個定義中有三個要點：

1. 壓力的感受是透過個人評估與知覺。壓力源是否構成壓力，是經由個人主觀認知的結果，並非所有的壓力源都造成壓力。

2. 壓力受到個人所經驗到的情緒所影響。

3. 它會影響到個體的身心狀況。壓力長期的累積，將影響個體生理機能，導致生理的病變，或心理疾病的產生。

工作壓力則是從壓力衍生而來的概念。個體在其從事工作時，因為職務要求、期望和職責及因工作情境因素引起不愉快的負面情緒反應便產生工作壓力。就教師而言，當教師對對工作情境的要求或變化，因其個人特質、能力與經驗無法有效應付，而導致生理、心理的負面感受（緊張、挫折、憤怒、失望、壓抑、焦慮、沮喪等）便會形成教師壓力。

教師工作壓力的研究先驅Kyriacou和Sutcliffe（1978）曾提出教師壓力模式（如圖12-1）。根據此模式，教師工作壓力產生的過程如下：

1. 可能的壓力源；

2. 經過個人的認知評估；

3. 成為實際的壓力源；

4. 透過因應策略或機制；

5. 產生教師壓力的反應；

6. 長期影響形成慢性壓力症狀。

此一模式中有四條回饋線：A表示因應策略（機制）對壓力源評估的

影響。當使用因應策略，透過重新評估，可降低「實際壓力源」的程度；
B表示教師壓力的反應可以直接再評估；C表示長期壓力所導致的慢性症
狀可能會造成「非工作壓力源」；D表示教師過去處理壓力的經驗會影響
個人對於壓力源的評估及其結果。此模式提供了理解與分析教師壓力的基
本參考架構。

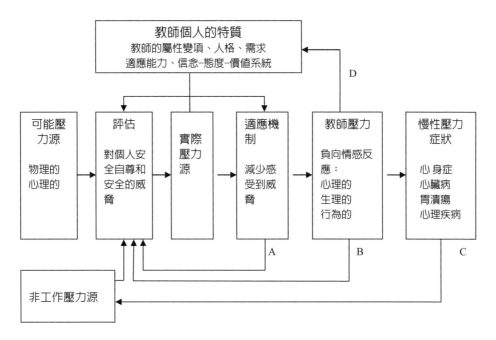

**圖12-1　Kyriacou 和 Sutcliffe 的教師工作壓力模式**

## 二、教師壓力的來源

　　教師對於可能壓力源（potential stressors）的知覺是造成心理壓力的主
要原因。存在於工作情境中的可能壓力源（如工作份量重、工作急迫性或
教室環境吵雜等），只有在教師知覺到對其自尊或福祉構成威脅時，方可
能導致教師工作壓力。可能的壓力源是否會發展成為實際的工作壓力源
（actual occupational stressors），係依教師對環境加諸的要求之評估而定。
老師的評估又因個人的需求、適應能力、價值、態度等特質而有不同，產

生不同強度的壓力。

由於教師壓力是工作情境因素、非職業壓力源與個人特質交互影響的結果，其來源錯綜複雜。學者們的研究指出，教師的壓力源主要來自於教師本身內在心理層面與屬於學校的外在的環境層面。教師本身心理層面包括個人的信念、期望、信心等。學校環境層面包括教學活動、同事人際關係、學生的管教問題、家長的支持度等。根據圖12-1，工作壓力源也可依照性質分為物理與心理兩種。高噪音、校園髒亂等係屬於物理性壓力源，而個人對工作品質的要求、人際關係不佳等則屬於心理的壓力源。不論是何種壓力源，當教師知覺到對其自尊或福祉可能有威脅時，則會產生工作壓力。此時，可能的工作壓力源就轉變成所謂的實際工作壓力源。

教師在不同生涯階段扮演的角色有所不同，承擔的任務有別，同事、家長對教師的期望也可能差異，因而會產生不同的壓力。實習教師處於過渡階段，且在學校組織中的角色獨特，又面臨不確定的未來，有其獨特的壓力源。初任教師則在導入階段，可能面臨陌生環境的適應和新手上路的不安，卻同時承受「有活力」、「具備新知」的期望。至於具有多年經驗的教師也可能面臨同事、家長對其展現專業自信、對教學駕輕就熟、游刃有餘等方面的高度期待而成為其壓力。以下的教師反應便是部分的例子：

開學前一週，我一直失眠還做惡夢，整個狀況非常的不好，那時候我已經知道班上有哪些學生，我聽說其中有幾個很不好帶，讓我非常的害怕也非常擔心，覺得自己不知道有沒有能力帶好他們。〔例一〕

小學老師真難當。要教的科目很多，教材又常常改來改去，我常常在擔心自己跟不上變化。還隨時擔心家長可能要求什麼，或是面對學生或家長給你「出考題」，讓人難以應付，常常覺得快喘不過氣來。〔例二〕

每天的工作備忘總是寫得滿滿的。除了要準備教學、批改作業之外，還要處理學校交代的代辦事項（辦什麼活動、發什麼通知）。另外，還要處理學生的衝突、關心沒有交作業的學生。一天當中，還有一大堆的學生

告狀要處理。〔例三〕

　　我雖然拼命的做、拼命的帶他們，但總覺得還是不夠。本以為該做的都做了，有時候聽到同事的做法時，又覺得還差他們一截，有時候還懷疑自己是不是做得不對，或者為什麼要這樣做。〔例四〕

　　這個問題就會反覆出現，有時就會想算了，我們就盡力就好，但到底這個盡力是我們覺得盡力？還是家長看來，說這個老師盡力了？所以到底要做到什麼程度才叫做盡力？就好像訂正作業。我們很盡力在要求學生訂正，但是總不能我們一直喊著學生訂正，……如果老師必須一直盯著學生去做，老師的情緒應該會非常的差，會影響其他的情緒。〔例五〕

　　在上述的例子中，教師擔心自己無法帶好班上的學生；擔心自己無法因應教材的變動或家長的要求；覺察自己工作繁忙，個人難以支應；對教學品質具有高度的要求，擔心做得不對或不夠好；覺察教師責任範圍的不明確性，難以釐清不同對象（行政當局、校方、家長、學生）對教師角色的期望。凡此種種，都是教師的可能壓力源。

　　就實習教師而言，其正處於由學校學生生活轉換成準教師的過渡狀況，又需要準備教師甄試以爭取高度競爭下的教職。實習教師正面臨生活改變、不穩定工作、角色模糊及衝突、實習工作繁瑣，與同儕人際互動等，此等情形均可能為實習教師之壓力來源。

　　實習教師在進入實習學校時，所面對的是新的、未知的情境，學校中的成員可能以「具新知」、「有信心」來期望他。面對此情境，實習教師可能陷入「新來的陌生不安」與「有信心有能力」的衝突矛盾之中。如果承認自己不懂，便可能受到指責非議；如果假裝懂，則可能冒出錯的危險。此種情況將使實習教師感到不安而形成其壓力。

　　初跨入實習現場的實習生或實習教師在面對教學情境時，不論在師生互動關係、教學計畫、課程安排、教材選用、擬定教學方法、問題解決或處理危機事件時，往往因經驗較為不足，而會有猶豫、徬徨、不知所措的

心情產生。研究指出,實習教師最關心班級常規管理、是否受學生及主管的歡迎及別人對他們的看法。實習教師的這些關注加上個人的人格特質、認知等因素,造成其壓力。

再者,實習教師也常因理想與現實的落差而造成不小的壓力。在師資職前培育的階段,師培生接受師長的指導,學習各種教育專業知能,往往形成理想的教師角色概念。當他們進入實習學校之後,可能會陷入「理想角色概念」與「實際角色期望」不一致的困境之中。這種與理想與現實的差距所帶來的「事實的震撼」(reality shock)將帶給實習教師極大的衝擊。這些衝擊會造成實習教師的困擾與挫折,使其知覺到困難,進而產生個人情緒上的緊張、不安狀態,因而面臨工作的壓力。

另外,初任教師、有經驗的教師也因其所扮演的角色、在學校組織中的任務、個人及他人對於角色的期待等的不同而有不同的壓力。教師工作壓力來源是多元的,是教師個人特質、學校情境因素、社會環境與非職業壓力源交互作用的結果。以實習教師為例,其工作壓力源主要可分為下列五個方面:

### ㈠人際關係方面

包括與實習輔導老師、實習學校之同儕、同事、家長或學生間,互動產生的壓力因素。教師在學校,與行政人員及教師同儕接觸之時間長,且基於教學工作需要討論與成長,教師無論是與其他教師或是行政人員、校長之間,若存在觀念不同、做法相異之情況,則可能缺乏支持與回饋,進而導致教學棘手、業務不順,同事間人際關係將備感壓力。

### ㈡角色壓力方面

教師對於角色期許、角色模糊及角色衝突所感受的壓力。在現行的教育實習制度下,實習教師集多種角色於一身,需適時扮演「學習者」、「助理者」、「教學者」、「協同者」、「服務者」或甚至是「人力支援者」等角色。簡言之,實習教師之角色介於「教師」與「學生」之間,加諸於這兩種角色之期望、角色模糊、角色衝突等,再加上實習教師在學校組織中並沒有明確的定位,角色模糊與衝突可能讓實習教師感受到無所適

從的壓力。

### (三)工作負荷方面

實習教師由於工作特性所產生工作時間及工作量方面的壓力。教師工作除教學工作之外，更須做教學前之準備、教學演示、課後批改學生作業及配合學校行政業務工作。例如：處理學生問題、協助行政工作推動及參訪活動、指導學生參加各項活動等等。實習教師需參與行政與教學實習，學校的工作負荷已頗具份量，若再加上準備教師資格檢定考試、教師甄試等的投入，工作負荷的壓力將更形加重。

### (四)教學專業方面

實習教師在教學過程中對於教學技巧、輔導能力、學生學習、班級經營所感受到的壓力。在班級管理方面，班級學生人人個性不一、興趣有別，教師如何引導學生，使班級學生朝向同一目標努力，實為不易。國內外的研究均指出班級秩序、常規管理、學生突發狀況處理等是實習教師相當困擾的問題。另外，學生衝突、學生的常規與不良行為、特殊學生之輔導等問題亦是壓力來源。

### (五)個人發展方面

實習教師對於工作發展性所產生的壓力，包括甄試求職、進修研究、專業發展等。當前的實習教師除了需建立本身專業形象、提升專業能力，完成實習階段的各項基本要求，還需要面對教師資格檢定考試、教師甄試等重重的挑戰與不確定性，構成實習教師獨特的壓力。

 ## 貳　教師知覺與壓力

教師壓力主要視教師的知覺而定。教師對於環境的要求及自己因應能力的知覺是壓力的重要中介變項。教師對於自我的角色、任務和工作負荷的主觀知覺如何？教師是否能符合獲達成所設定的目標？教師的能力面臨哪些挑戰？教師對威脅之知覺如何？對環境條件之知覺如何？能夠自我掌

握或控制的程度如何等，都是關鍵的問題。教師自我評估的結果將影響所知覺的壓力大小。

## 一、教師主觀知覺與壓力

心理學家A. Adler曾說：「我們不是被事實影響，而是被對事實的詮釋所影響。」這個觀點顯示，某一事件引起個人的某種情緒，但真正影響情緒之類型與程度的，乃是我們對事件的解釋與信念。換句話說，壓力是透過個人的知覺而產生。Gold與Roth（1993）指出，事件本身是中性的，本身並不必然產生壓力反應，是我們對事件的知覺與評價，讓我們產生壓力。

由於個人對於壓力的解釋在壓力經驗中扮演重要的角色，學者們將壓力描述為個人和環境的交易。在此交易中，個人對於環境的要求以及自身因應能力的知覺乃是重要的中介變項。教師個人對於所扮演的角色、任務、能力、抱負、環境、可控制程度等，會根據個人的認知經驗、適應策略之選擇、成功機率的認定等進行認知評估。認知評估所得的威脅程度之影響力有時比真正的壓力來得大。當教師面對某一項任務時，如果認定這個壓力是個人無法因應的，便可能產生自我應驗的預言（self-fulfilling prophecy）現象，預期自己將可能面臨挫折或失敗，壓力便會增加。反之，教師如果將所面對的任務視為有趣的挑戰而不是威脅，教師便可能認為這個壓力源會帶來成就感，終而導向美好的經驗。例如：實習老師在實習過程中需要進行教學演示，而多數實習教師均將教學演示視為一大威脅，深怕如果教得不順暢、不如意，會被實習指導老師、同事、主任等評價為能力低，因此產生壓力的反應，導致教師感覺在生理、情緒及心智狀態都產生改變。但是，如果實習教師將教學演示認定為檢視個人成長與缺失，透過他人的回饋以改進教學的機會，則其壓力便會相對較小。由此可見，決定教師壓力的因素，並不是他的實際能力，而是他對適應環境要求、能力的知覺。

## 二、個人特質與壓力

我們在日常生活中常會觀察到，兩個人雖然面對相同的壓力來源（如

連續的超時工作），但是兩個人的反應卻有相當大的不同。一個人覺得無所謂，另一個人卻可能覺得痛苦難耐。研究指出，個人的人格特質會影響其面對壓力的反應，也相對和健康有所關聯。1974年，M. Friedman和R. H. Rosenman發現兩種性格類型和壓力知覺之間具有密切的關聯。他們分別把這兩種性格稱之為A型性格和B型性格。A型性格的人具有以下幾種特徵：1.追求成就的傾向，傾向承受許多事務；2.有時間急迫感，常覺得時間匆促、不夠用；3.忽視工作以外的生活；4.講話較為快速，對動作、言語緩慢的人常覺得忍受不住。因此，A型性格的人工作非常勤奮，經常和時間賽跑，且對功名野心勃勃；常常在過程中感覺不到快樂；對挫折容易生氣等。相對地，B型性格的人則有較低的競爭慾、較低的時間急迫感，也較為隨和容易相處，願意去享受他們的生活過程。

由於A型性格的人總是對完成工作和追求成功有急迫感，而且容易因為事情沒有做好而生氣，因此容易將自己置身於充滿競爭性的環境或是時間緊迫的情境中。相對地，B型性格的人對工作壓力較無過度的急迫感，不急切追求成功，或對挫折的敵意也較低。兩種性格類型的人有相當不同的生活方式。研究發現，具有A型性格的人在生活及工作上的壓力比B型的人相對較大，也較容易產生壓力症狀。

 ## 參　壓力對教師身心的影響

適度的工作壓力可以激勵工作者，激發工作人員的潛能、發揮工作能力，增進工作效度。然而，過高或過低的工作壓力都會減損其效果，特別對於過度的工作壓力，可能會造成工作者緊張、焦慮、不安、不滿情緒等，而造成行為脫序的現象，甚至影響工作者的身心健康。

### 一、壓力的影響

壓力對個人產生的影響，包括生理、心理與行為三方面，教師的工作壓力對個人所造成的影響，亦是表現在生理、心理與行為三方面。就生理方面而言，Hans Selye在1950年代便發現，個體對於壓力的生理反應模

式經歷警報（alarm）、抵抗（resistance）、耗竭（exhaustion）等三個階段，他稱之為一般適應症候群（general adaptation syndrome）。個體在遇到各種壓力的初期係處在警報階段。此時處於備戰狀態，腎上腺素分泌增加，隨時準備對壓力做反應。如果個體知覺到壓力持續存在、無法因應或排除，則進入抵抗階段。此時個體將大部分的生理功能用來對抗原來的壓力，生理功能處於高昂的狀態。如果壓力持續存在而個體無法因應，則會進入耗竭階段。此時期個體喪失適應能力，身體資源消耗殆盡。如果壓力源仍持續存在，則會因用盡身體資源而產生危險，產生身體組織的病變、疾病甚至死亡。

雖然Hans Selye所提出的一般適應症候群理論，較能解釋人類適應環境中壓力的現象（如戰爭、天然災害等），並不能對壓力的調適做普遍的推論。不過該理論所指出，個體為因應長久而持續的壓力，處於高昂對抗的狀態，則會產生生理的病變，影響健康。學者們普遍相信，像高血壓、胃潰瘍等生理問題都和壓力有密切的關係。長期的壓力可能導致心因性疾病，也會因適應能量的長期消耗而進入耗竭階段，進而傷害身體健康。

就心理方面而言，壓力會產生不愉快的情緒，也會影響個人的認知表現。個人對壓力的情緒反應包括較正面的興奮到較負面的生氣、憤怒、焦慮、沮喪等。一般而言，壓力愈大愈容易產生負面情緒，持續的時間也相對較長。再者，壓力也會影響個人的注意力、記憶、問題解決等方面表現。由於人的注意力資源有限，如果把焦點放在認為具有威脅性的事件及個人的焦慮上，個人對因應問題所需的注意就會降低。注意降低，個人的短期記憶表現也相對受到影響。同樣地，壓力也會干擾問題解決、判斷與做決策的能力。壓力愈大，認知方面的功能與思考的彈性也會較差。

就行為方面而言，個體會因知覺到壓力的大小而導致不同的行為改變。一般而言，輕度壓力會使個體較為警覺，精力較為集中而使表現更好。中度的壓力會使人注意力減弱，耐心降低，也會產生重複、刻板的動作，出現對環境反應力減弱的現象。至於高度壓力則會抑制行為或產生壓抑、逃避、退化或攻擊等反應。

教師壓力是源於負面效果的反應症狀（例如生氣或失意），這些反應

經常伴隨著潛在身體病變（如心跳加快）；其起因出自教師工作的複雜而動態的特質，使教師面對工作諸多要求時，知覺到能力與要求之間無法取得平衡，並且感受到「威脅」的存在，於是造成對自我與健康的傷害，而必須動用自我防衛機制，以減少知覺到的威脅程度。長期惡性循環下，當個人的防衛機制再也無法調適時，個人不是無法再勝任工作，身心也遭受重創。

　　工作壓力並非全是負面的影響，適度的工作壓力有其正面的效益。壓力與工作績效的關係可由圖12-2加以表示。當壓力太大或太小時，工作績效並不佳，而適度的壓力下則有較佳的工作績效。不過，圖中所顯示的是理論上的關係圖。一項工作的壓力最佳點或圖中A、B、C、D、E各區的分界點究竟落於何處，會因工作性質、工作難度、組織特性、成員特質等因素而有差異。

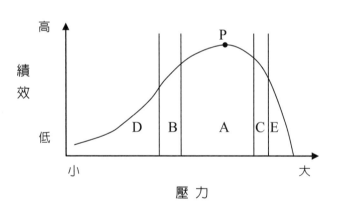

P點為「壓力最佳點」
A區為「壓力最適區」
B、C區為「過渡區」
D區為「危險區」
E區為「極危險區」

**圖12-2　壓力與工作績效關係圖**

## 二、壓力與工作耗竭

　　根據學者所研究的結果，長期的壓力會使人產生疲勞、無力感、無奈與無助，進而導致工作耗竭（job burnout）。許多研究都認為：工作耗竭是長期處在工作壓力下的結果，它是壓力的併發症，導因於個人無法有效因應工作的壓力。一般而言，工作耗竭被認為在經常與人作直接接觸的行

業中較容易發生。

「耗竭」這個心理名詞於1974年由臨床心理學家H. Freudenberger正式提出。在Freudenberger之後，許多學者對「耗竭」的現象持續探究，並提出自己的定義。Maslach（1982）分析不同研究者對工作耗竭的定義和內涵，綜合出工作耗竭的三個面向：1.情緒耗竭（exhaustion）：包括身體與心理的耗竭。身體的耗竭包括個體感到精疲力竭、活力不足、疲憊不堪等；心理耗竭方面則包括情感耗竭、喪失信任感、喪失樂趣、精神疲憊等；2.缺乏人性（depersonalization）：對他人互動表現出冷漠、缺乏情感反應、人際關係疏離、喪失服務熱忱、和以不當態度對待他人及同事的現象；3.低個人成就感（low personal accomplishment）：對自我與工作成就感降低、不滿意自己的工作、貶低工作價值、生產力降低等。

　　最近不知怎麼了，我開始變得很沒耐心，又常想東想西的。老是擔心課上不好，擔心教學會受到質疑……一到學校，總有做不完的事，改不完的作業，操不完的心，壓得我透不過氣來，整天心神不寧，情緒變得很暴躁。〔例六〕

　　最近工作提不起勁，備課、上課總是有氣無力的，感覺好像是被掏空了似的疲憊。以前對教學的熱情不見了。沒辦法像以前一樣，對學生付出滿滿的關心和愛。每天早晨起床的時候，一想到有一整天的工作要做，就感覺好像一晚上沒睡似的疲乏，不只是身體累，心也累。〔例七〕

　　上述例六的老師知覺到持續的工作負荷而產生負面的情緒；例七中的老師則出現身心疲憊、喪失熱情、沒有活力從事教學工作等現象，已呈現耗竭的徵候。若沒有得到適當的紓解，則老師們極可能無法再承受任何壓力，可能以退縮、不再付出、麻木自己的感情以對。

　　綜合來看，耗竭與個人體力耗盡、無助、無希望、生氣、不滿、沮喪、隔離及期望幻滅（disillusion）的感覺有關。耗竭乃是一個人長期處在壓力之下，沒有得到外來有助益的支持所產生的結果。從Freudenberger的

觀點來看，那些對自己要求嚴苛的人容易產生耗竭的現象。他們不論自己做了多少，總覺得不夠，完成的每一件事都還有改進的空間，他們無法接受自己，也害怕其他人無法接受他們。他們賣力地工作通常超過體力的負荷，但總是對自己不滿意（Gold & Roth, 1993）。

教師一旦產生工作耗竭，就會失去對學生的關心，並且導致身體、心理及情緒的嚴重不良症候，其結果除了影響教師自己身心健康外，也影響教師服務士氣與教學的效能，進而影響學生的學習效果和人格的發展。有工作耗竭現象的教師，不但服務士氣低落，也會出現缺席、遲到等行為。他們很少認真準備教學，對學生缺乏同情心，在教室中缺乏挫折的忍受力，常計畫離開教職。

工作耗竭是漸進發展、經過不同階段而發展。其症狀由輕微而嚴重。Edelwich 和 Brodsky（1980）依據在助人或服務專業上，工作耗竭產生的特徵與強度，提出工作耗竭形成的四個階段：

1. 熱忱（enthusiasm）：個人從事某項工作或職業時對工作充滿希望、鬥志，及不切實際期望的階段。此階段最主要的危險是過分認同工作，造成精力無效的消耗。

2. 停滯（stagnation）：當個體發現自己的努力結果很難評估與證實而面臨不斷的挫折，不再將工作視為生活的全部。雖然仍同樣工作，卻不再期望工作可滿足個人的需求。

3. 挫折（frustration）：個人開始懷疑工作的成效及工作本身的價值，可能採取三種反應：(1)自我破壞或非生產性的過度反應，而導致工作倦怠。(2)面對問題並採取改變的行動，以挫折感作為脫離工作倦怠的跳板。(3)退縮的反應，以避免直接表現挫折。

4. 冷漠（apathy）：為了避免直接表現出個人在工作上的挫折感，採取冷漠的態度做為對抗挫折的防衛機制。冷漠的態度使得個人僅為工作而工作，對工作不再充滿活力，並盡可能減少投入工作的時間，避免接受挑戰和新經驗。

可見工作耗竭是長時間逐步累積發展的結果。一旦產生工作耗竭，個體會表現出對自己的工作，失去熱忱，消極面對，最後導致有意的離職。

當工作耗竭的現象發生在教師身上時，不但會影響到教師自己身心健康，對班級教學、學校行政運作、組織氣氛的凝聚將產生負面的影響，也會因冷漠的教學態度、缺乏教育愛等而影響學生的人格發展與學習態度，影響可說十分深遠。

 ## 教師面對壓力的調適策略

如前所述，長期的壓力將造成教師身心受創，直接影響教學品質，因此，不論是教師個人或是學校主事者，一方面要積極認識教師的工作壓力，另一方面還需學習面對工作壓力的調適之道。積極面對壓力，轉化壓力，與壓力共生。

教師面對壓力，筆者建議可以從尋方、轉念、求助、紓解等四個方向加以因應調整。

### 一、尋方：策略修調（建設性的行動）

面對壓力源，教師若能針對問題、剖析問題，在策略上加以調整，進而付諸行動，乃是因應壓力的建設性策略。教師可以透過理性思考分析，並廣徵他人意見，以找出問題、蒐尋相關資訊，設立目標，構思替代方案或改變策略，以建設性的行動面對壓力。以下是幾種可能的做法：

#### ㈠工作負荷過重時

當自己知覺到工作負荷過重，造成強大壓力時，可以試著從時間管理、知能強化、協調分工、溝通討論等面向加以因應。

1. 時間管理：檢討個人的工作計畫、流程、時間分配等，透過事情輕重緩急的選擇、流程的調整、時間重分配等方式，以提升工作的效率。

2. 知能強化：分析自己的專業知能有哪些不足之處，而影響工作的有效性或效能。再針對需要強化的知能，尋求專業協助或補強。

3. 協調分工：透過與他人適度協調分工的方式，以減輕工作負荷。

4. 溝通討論：當知覺到自己的工作負荷過重時，也可以把困難和教師同儕、主任、校長等討論，讓他人瞭解你的困難與需求，尋求同儕協助。

### ㈡角色模糊或衝突時

由於教師角色的責任具有某種的模糊性，並不容易清晰的界定明確的責任範圍，也不容易立即地展現出確切的成果，再加上不同的對象群體對於教師的責任可能又有不同的期待，教師很容易因角色混淆或衝突、角色期待的落差而導致壓力。例如：教師很難證明自己獲得什麼樣的教學成果，也不知道教到什麼程度才算「完成」。對於自我要求較高的老師來說，可能自己覺得已經努力付出，但仍不知要做到什麼程度才是「盡心盡力」，不知是否符合家長的期待等。

當因為角色模糊或衝突而造成個人之壓力時，教師也需要先行剖析問題，方能擬定因應做法。

1. **壓力的產生是因為自己的期望和他人的期望不一致或不明時**：需要重新評估並和他人共同討論，重新確認釐清角色需求與期望，重新確立可以企及的目標（給自己和學生）。教師也需要認清自己的極限，避免過分投入於難以達成的目標而造成挫折。

2. **預先知道將面臨壓力情境時**：可運用「期望順應」（如提早準備、計畫，心理排練等）來減輕焦慮、增進信心。

3. **當角色衝突時**：與對角色要求的人員（如家長、行政主管）進行溝通，提出衝突所在，再一起協商解決。

4. **有確切的衝突發生時**：暫時避開衝突點，或稍加延宕而不即刻處理，等冷靜片刻後再思考因應，乃是短期順應壓力的可能做法。

## 二、轉念：認知調整（認知上的改變）

壓力源和資源可說是一體的兩面，端視個人的解釋而定，因此面對壓力的策略之一是「轉念」。轉念可以包括換個角度思考（改變個人的認知）和改變不理性的信念。所謂「山不轉路轉，路不轉人轉，人不轉心轉」。一轉念，換個角度思考，便可能讓原本的壓力獲得紓緩。面對山窮水盡疑無路，心一轉，退一步，便可能柳暗花明又一村。轉念之下便可能將壓力源釋懷，進而變成自己成長的資源與動力。下面例八中的老師，面對教學觀摩的挑戰，原本擔心教學時可能發生的狀況、患得患失。但是當

心念一轉，將可能的不預期狀況視為訓練自己應變能力的機會，原本的壓力便轉化成為自己學習與成長的契機。把「有問題」、「有困難」當作再自然不過的事，再從正面思考，「面對它、接受它、處理它、放下它」，壓力便可能緩解。

今天舉行國語科教學觀摩，情況跟設想一樣，很多狀況發生，甚至比平常更混亂。原本以為自己會在乎這樣的結果，甚至會覺得挫折，不過我卻發現我不僅不在意得失，反而慶幸有這些情況的產生，誰不會有「意外」的時候呢？在眾人面前去處理這些意外，反而是訓練自己應變能力的機會，所以我在這場活動中實在是收穫很多。〔例八〕

再者，教師也必須分析自己是否存在一些不理性的信念，並試著改變這些信念、改變自己的行為。教師如果對學生、對自己所負責的每件事都要求嚴格，凡事求全責備，則可能把自己和周遭的人弄得只剩下挫折與不滿，也讓自己增加莫名的壓力。分析與改變自己不理性的信念也是紓解壓力的重要策略。

Ellis與Lange（李璞良譯，民85）的研究指出了人們常見的十個不當信念。這些不當信念會讓自己產生更大的壓力，應該極力加以避免與調整：

1. 過度擔心別人對自己的想法與看法。
2. 過度擔憂失敗。
3. 對挫折的容忍度太低。
4. 把過錯推到別人頭上（諉責他人）
5. 事前不切實際的憂慮。
6. 期待最佳的解決方式。
7. 逃避問題（例如：我不論怎麼做都沒有用）。
8. 置身事外。
9. 找理由為自己的不當感覺或行為辯護。
10.以為事件或人是干擾我的真正原因（例如：壞的人和事物是不應

該存在的，如果不幸存在的話，就一定會嚴重地干擾我）。

調整自己不理性的信念，改變對壓力源的認知、改變對壓力源的自我挫敗想法，換個角度想、加以重新定義與評估。「退一步海闊天空」可能「柳暗花明又一村」，便可以降低壓力。這也是「放寬心情，什麼都變美」的道理。

### 三、求助：社會支持（人際支持的尋求）

個人要能因應壓力，達到心理健康的目標，來自他人的支持是不可或缺的一環。研究顯示，社會支持對工作壓力因應及身心健康增進主要有兩種效果：一是可以減低個體承受壓力事件衝擊的程度，且能直接增進個體身心健康，減低工作壓力對人的負面影響；另一則是透過社會支持達到緩衝的效果，個體藉由獲得社會支持，以減緩壓力對個體所造成的影響。

社會支持包含傾聽（不給予建議或判斷）、專業人員的支持、情緒的支持（有人站在你這邊，且欣賞你所做的）、社會現實的分享。其中以傾聽與情緒的支持最能達到減緩壓力的效果。因此，當教師知覺壓力時，不宜自己默默承受，獨自面對。教師可以尋求家人、同事、朋友的支持，將有助於面對壓力、對抗壓力。許多研究證據顯示，社會支持會使人減輕壓力的影響。如果有朋友可以傾訴，並從他們那裡得到關懷與接納，個體就比較容易處理各項壓力與困擾。因此，教師間尋求志同道合的同儕，建立支持網路，互相切磋互相支持與鼓勵，乃是因應壓力的重要策略。不論是較親近的友伴或同事的一對一支持，或是團體的支持，較為正向的、個別化的、有訊息為依據的支持，都能協助個體因應壓力。必要時也可以尋求心理輔導專業人員的協助。

### 四、紓解：身體調控（鬆弛紓壓的活動）

#### ㈠鬆弛活動

透過適當的鬆弛活動來放鬆壓力下緊繃的神經與情緒是抒壓減壓的常用方法之一。藉由冥想來鬆弛身體的作法在世界各地已經沿用數千年。透過坐禪、呼吸訓練或瑜珈讓身體放鬆也是常用的壓力紓解方式。這些鬆弛

活動可以進低肌肉的緊度，減緩呼吸、降低心跳速率。在此情況下，外在刺激輸入中樞神經的訊息也減少，而進入低喚起的狀態。這樣的做法有助於個體從壓力中復原。

依據學者的建議，要達到鬆弛反應需要有下列四個條件的配合：1.安靜的環境；2.閉上眼睛；3.舒適的姿勢；4.單一重複性的心智活動。前三個條件在於降低外在刺激的輸入；第四個條件則在降低神經系統的內在刺激（Benson, 1975）。教師面對壓力時可以參照學者的建議，藉由鬆弛活動來降低壓力所帶來的緊張反應。

### (二)體能運動

有規律的運動可以幫助我們的身體維持良好的狀態，不但可紓解壓力，也可使個人對壓力的抗拒力增加，同時有助於壓力的回復。透過經常性的運動可以鬆弛緊繃的神經與情緒，達到紓壓減壓的效果。

### (三)娛樂休閒

適當的休閒活動可使我們的生活更有變化，減輕工作與生活的壓力。如果老師們為自己的工作所束縛而沒有時間去追求自己的興趣，整天工作而沒有留下給自己的時間從事休閒娛樂，則終會帶來壓力、不滿。如果能定期接觸大自然，爬山、騎單車、散步以及各項與自然接觸的活動，親近大自然，聆聽大自然的聲音，皆有助於滌除心理之壓力。

## 作業活動

一、想想你的同事、朋友如何協助你因應教學上的壓力。你在教學工作上面臨什麼壓力？你可以向誰求助？誰能給你社會支持來協助處理壓力情境？如何增進教學中正向的社會接觸？

二、分析你個人在面對壓力時，最常用的因應方式有哪些？有哪些是你經常使用卻無益健康的方式？有哪些屬於較正向、建設性的行動？

三、利用下面的量表進行自我檢核，瞭解自己是否為A型性格。如果有A型性格的傾向，請思考如何改變習慣，放慢自己的步調。

## 表12-1　壓力人格量表

請依照您的直覺，圈選下列最適合描述您平時行為的分數：

| | | | | | | | | | | | | |
|---|---|---|---|---|---|---|---|---|---|---|---|---|
| 跟人的約定時間很彈性 | 1 | 2 | 3 | 4 | 5 | 6 | 7 | 8 | 9 | 10 | 11 | 從來不遲到 |
| 是個好的傾聽者 | 1 | 2 | 3 | 4 | 5 | 6 | 7 | 8 | 9 | 10 | 11 | 會打斷別人說話 |
| 永遠從容不迫 | 1 | 2 | 3 | 4 | 5 | 6 | 7 | 8 | 9 | 10 | 11 | 永遠匆匆忙忙 |
| 能耐心等待 | 1 | 2 | 3 | 4 | 5 | 6 | 7 | 8 | 9 | 10 | 11 | 無法耐心等待 |
| 做事情漫不經心 | 1 | 2 | 3 | 4 | 5 | 6 | 7 | 8 | 9 | 10 | 11 | 做事情全力以赴 |
| 一次只做一件事 | 1 | 2 | 3 | 4 | 5 | 6 | 7 | 8 | 9 | 10 | 11 | 手上同時作許多事 |
| 說話緩慢、不慌不忙 | 1 | 2 | 3 | 4 | 5 | 6 | 7 | 8 | 9 | 10 | 11 | 說話有力（有時會敲桌子） |
| 作事情不管別人怎麼想，著重自我的感受 | 1 | 2 | 3 | 4 | 5 | 6 | 7 | 8 | 9 | 10 | 11 | 作事情在乎別人的認同 |
| 作任何事情動作很慢 | 1 | 2 | 3 | 4 | 5 | 6 | 7 | 8 | 9 | 10 | 11 | 作任何事情動作很快 |
| 態度很隨和 | 1 | 2 | 3 | 4 | 5 | 6 | 7 | 8 | 9 | 10 | 11 | 態度很強硬 |
| 能自由地表達情緒 | 1 | 2 | 3 | 4 | 5 | 6 | 7 | 8 | 9 | 10 | 11 | 隱藏自己的情緒 |
| 除工作外對許多事情感興趣 | 1 | 2 | 3 | 4 | 5 | 6 | 7 | 8 | 9 | 10 | 11 | 對工作外的事情幾乎不感興趣 |

資料來源：不生氣的工作：第一本情緒問題的解決指南，邱永林，2008。臺北：高寶國際。

## 【總分說明】

| | |
|---|---|
| 13-64分 | 極端B型性格（非常不容易感受壓力） |
| 65-90分 | B型性格（不容易感受壓力） |
| 91-103分 | A型性格（容易感受壓力） |
| 104-132分 | 極端A型性格（非常容易感受壓力） |

# 參考文獻

郭生玉（1987）。教師工作壓力與工作心厭關係之研究。**教育心理學報，**
**22，**131-146。

邱永林（2008）。**不生氣的工作：第一本情緒問題的解決指南**。臺北：高寶
國際。

Ellis, A. & Lange, A.（1996）。**告別壓力：個人情緒管理最佳指南**（李璞良
譯）。臺北：博覽圖書。

Edelwich, J., & Brodsky, A. (1980). *Burnout: Stage of disillusionment in the help-*
*ing professions*. New York, NY: Human Sciences Press.

Gold, Y. & Roth, R. A. (1993). *Teachers managing stress and preventing burnout :*
*The professional health solution*. London, UK: The Falmer Press.

Guglielmi, R. S., & Tatrow, K. (1998). Occupational stress, burnout, and health in
teachers: A methodological and theoretical analysis. *Review of Educational*
*Research, 68* (1), 61-99.

Kyriacou, C. & Sutcliffe, J. (1978). A model of teacher stress. *Educational Review*,
29, 299-306.

Maslach, C. (1982). Understanding burnout: Definitional issues in analyzing a
complex phenomenon. In W. S. Paine (Ed.), *Job stress and burnout: Research,*
*theory, and intervention perspectives* (pp.29-44). Beverly Hills, CA : Sage.

國家圖書館出版品預行編目資料

教育實習新論／賴清標主編. — 初版. —
臺北市：五南, 2015.02
　　面；　公分.
ISBN 978-957-11-7906-3（平裝）

1.教學實習　2.文集

522.63307　　　　　　　103022203

1IYK

# 教育實習新論

| 主　　　編 | ― 賴清標（393） | | | |
| 作　　者 | ― 謝寶梅 | 江志正 | 顏佩如 | 任慶儀　呂錘卿 |
| | 楊銀興 | 陳慧芬 | 賴清標 | 曾榮華　魏麗敏 |
| | 侯世昌 | 溫子欣 | 游自達 | |

發 行 人 ― 楊榮川
總 編 輯 ― 王翠華
主　　編 ― 陳念祖
責任編輯 ― 李敏華
封面設計 ― 童安安
出 版 者 ― 五南圖書出版股份有限公司
地　　址：106台北市大安區和平東路二段339號4樓
電　　話：(02)2705-5066　　傳　　真：(02)2706-6100
網　　址：http://www.wunan.com.tw
電子郵件：wunan@wunan.com.tw
劃撥帳號：01068953
戶　　名：五南圖書出版股份有限公司
台中市駐區辦公室/台中市中區中山路6號
電　　話：(04)2223-0891　　傳　　真：(04)2223-3549
高雄市駐區辦公室/高雄市新興區中山一路290號
電　　話：(07)2358-702　　傳　　真：(07)2350-236
法律顧問　林勝安律師事務所　林勝安律師
出版日期　2015年2月初版一刷
定　　價　新臺幣520元